山田鋭夫

内田義彦の学問

藤原書店

内田義彦の学問

目次

問う

読む

内田義彦の学問

凡例

（1）引用文中、〔　〕は引用者による補足、……は引用者による省略、／は原文改行を示す。

（2）傍点は特に断り書きのないかぎり、著者のもの。

（3）既発表文の再録に際しては、文章の微小な修正や加除がなされている場合もあるが、逐一、断り書きを入れていない。再録に際して必要と思われる補足的な注記を〔　〕内に記した。

（4）便宜のため、本書が主として引用・参照・言及する内田義彦の著編書を掲示しておく。

『経済学の生誕』未來社、一九五三年（内田義彦著作集①）
『経済学史講義』未來社、一九六一年（著作集②）
『資本論の世界』岩波新書、一九六六年（著作集④）
『日本資本主義の思想像』岩波書店、一九六七年（著作集⑤）
『社会認識の歩み』岩波新書、一九七一年（著作集④）
『読むということ――内田義彦対談集』筑摩書房、一九七一年（著作集⑦）
『学問への散策』岩波書店、一九七四年（著作集⑥）
『河上肇集　近代日本思想大系18』（編書）筑摩書房、一九七七年
『作品としての社会科学』岩波書店、一九八一年（著作集⑧）
『読書と社会科学』岩波新書、一九八五年（著作集⑨）
『内田義彦著作集』第①～⑩巻、岩波書店、一九八八～一九八九年（第②⑨⑩巻は没後出版）
『形の発見』藤原書店、一九九二年。改訂新版、二〇一三年（没後編集・出版）
『ことばと社会科学』藤原書店、二〇〇〇年（没後編集・出版）
『時代と学問　内田義彦著作集補巻』野沢敏治／酒井進編、岩波書店、二〇〇二年（没後編集・出版）
『生きること 学ぶこと』藤原書店、二〇〇〇年。新版、二〇〇四年。新装版、二〇一三年（没後編集・出版）
『学問と芸術』山田鋭夫編、藤原書店、二〇〇九年（没後編集・出版）

序　「生きる」を問う

内田義彦（一九一三〜一九八九年）は戦後日本を代表する経済学者であり、そしてそれ以上に思想家です。しばしば、市民社会の思想家とも呼ばれています。日本社会に自由、平等、人権、民主主義が本当の意味で根づくのを何よりも願ったからでしょう。

ただし、同じような考えの思想家は多数いるなかで、ほかならぬ内田義彦の最も内田義彦らしい思考の根源は何かと問われれば、生涯にわたって「生きる」ということの意味を探求し、掘り下げていったところにあるのではないかと思います。市民社会というものを、一人ひとりの人間が日々「生きる」という営みの根源に遡って考えつめていったと言ってもよいでしょう。

生きる

生きる……。もちろんその第一の意味にして大前提であるところのものは、人間が一個の生物として、日々の生命をつなぐことです。「死」と対置された「生」です。内田義彦は五男一女の末っ子として生まれましたが、若くして兄姉全員を次々と結核で失ったばかりでなく、自らもこの病に冒されて青少年期、合計四年以上、療養のため休学しています。長じて還暦を過ぎた頃には、食道癌で生死を分ける大手術を行い、以後、病と闘いながらの晩年でした。

病気だけではありません。内田義彦の青春時代、日本は太平洋戦争へとのめりこみ、そして最終的に敗戦を迎えます。病気に加えて戦争による死の影も迫っていました。そんななかでの「生きる」の模索です。当時のことを内田義彦はこう回顧しています。

> 戦争はだんだん身近になって、生きているという保証はなくなってくる。そういうこともあって、納得しうる理論、生きているという証(あかし)が欲しい。　（『内田義彦著作集』第三巻、三九一頁）

生きる……。ここにいう「生きる」は、もちろん、たんに生命をつなぐことを越えて、一人の人間としていかに充実した生を送るかということであり、生活と思想の軸心をもつことです。これが第二の意味です。戦争という残虐と不安の時代にあって、「生きているという証」「ふんばる拠点」を求めての旅という意味での「生きる」です。いわば「人間として生きる」ことといってもよいでしょう。そしてそれこそが、内田義彦の学問と思想の原点をなすものでした。

この意味での「生きる」の探求は、「育つ」もの、「育ちゆく」ものとしての人間把握と不可分です。「育つ」のは子供だけでない。大人も老人も、およそ人間存在というものは、年齢と関係なく「育ちゆく」ものだという点に、内田の眼は注がれます。そしてそれがあってこそ、またそれだからこそ、学問や教育も本当の意味で成立するのだということです。この点は内田の人間観の重要なポイントですので、一、二の文章を引いておきましょう。

> のびのびとして旺盛な「育つもの」を自分のなかに持たなければ本当の学問はできない。そういう「育つもの」の感覚は本来人間に独自なもので、誰にでもあるものだが、そして学問・教育はその人間本性に沿って、それをさらに生かしてゆくはずのものであるべきだが、じっさいには、逆にそれを教育だとか学問だとかが止めている。（『学問への散策』九三頁）

根源的な悩み、あるいは悩みという問題は、残念ながらというかありがたいことにというか、永久に尽きないだろう。絶えず悩みが出てきて、それがあるがゆえにそれを取り除こうと努力をかたむけるなかで、いよいよ思想も深まり、人間に育っていく——。未来永劫といっていいと思いますが、そういう不思議な解決をせざるをえない存在が人間という特殊な生物で、その人間的存在に固有のものとして、そして不可欠なものとして科学もある。科学——その時々の今の科学——を超えるものを誠実に視野に取りいれながら、それを科学的に処理する努力をしていかなければならない。

（『改訂新版　形の発見』三三三頁）

このように、内田義彦の人間論はおのずと学問論や教育論へとつながっていきます。「生きる」「育つ」は「学ぶ」と切っても切り離せないものなのです。人間として生きること、育ちゆくことは、即、学ぶことなのです。学ぶとは「学問をする」ことでもあります。

ただし「学問」といっても、コチコチに身構えて受け取らないでください。内田のいう学問とは、自らの「生きる」と切れたところで専門知識を覚えるとか、専門の科学者になるとかいったことでなく、何よりもまず、大小さまざまな身辺の問題（「悩み」）を解くための方法や知恵を修得するということであり、それは育ちゆくものとしての人間が誰しも本来的に持っている——持とうと望んでいる——ものなのです。もっと言うならば、何かに役立つためにということとはおよそ関係なく、「人間の生きるという行為の本質的な一部分」（『内田義彦著作集』第七巻、四六四頁）

として「学ぶ」ということはあるのでしょう。それが内田のいう「学問」です。そういう意味において、社会のなかで人間らしく生きていくためには、一人ひとりの人間が学問的思考を有効に身につけることが必要だということです。

賭ける

人間だれしも学問的思考が必要だ。内田義彦はそう言います。もう少し話を進めてみましょう。人間が生きるということは、社会から孤立して生きることでもなく、また社会のなかに埋没して生きることでもありません。社会のなかにあって、社会とともに生き、しかも社会という全体のたんなる部品でなく、一人の個人として自分らしく、自分の納得のいく形で社会に加わって生きてゆきたいというのが人間です。少なくとも近代人はそれを希求して近代社会をつくりあげた。そのはずです。つまり社会に「参加」しつつも、そこに埋没することなく自らの「役割」を自覚的に分担しようと願っているのが、私たち現代人です。近現代の分業社会の一員であるということは、自らの役割を分担することによって社会に参加することなのです。

ここに「参加」とは、内田義彦が好んで何度も語っているように、たんに会合や宴会に「顔を出しておけばいいんだろう」といった無責任な顔出し型参加ではなくて、英語でいう take part (in)、つまり各自が「ある特定の部署（仕事）を責任をもって果たす」ことを意味します。近現代の分業社会は、責任をもって自分の仕事を果たすという、大変にきびしい姿勢を私たちに求めていますし、その責任が達成されるとき私たちは大きな喜びを感じもします。参加（分担）とは、このように一人ひとりが責任と決断を受けもつこと抜きにはありえません。

そして――いよいよ内田的人間＝学問論の本領に近づいていきますが――「一人一人が決断と責任をもって共同の仕事に参加するという行為の継続のなかでこそ、一人一人のなかに社会科学的認識のそもそもの端緒ができる」（『社会認識の歩み』一九頁）のだと内田義彦は言います。人びとが昔ながらの伝統的な共同体のうちに埋没し惰性で暮らしているのであれば、「決断と責任」をもって行動する必要もなかったでしょう。しかし近代人はそれを拒否したのであり、こうして近代社会とともに「社会科学」という学問も生まれてきました。つまり、もはや伝統やしきたり――それにもある意味で大切な面がありますが――に頼ることができず、各自が決断と責任を自ら負う存在になって、はじめて学問（とりわけ社会科学）が必要となったのです。人類の歴史においても、そして何よりも現代の私たち一人ひとりにおいても。

決断とは、賭けです。そして「賭ける」という行為を通じて、はじめて世界の客観的認識が生まれる。一人ひとりが「賭ける」人間になることによって、はじめて例えば社会の客観的認識が芽生える。つまり、社会科学の出発点となり、学問の出発点となる。繰り返しますが、社会科学の歴史においても、個人の内面的成長においても、なのです。このあたり、内田義彦に直接語ってもらいましょう。

決断、賭けということがあって、はじめて事物を意識的かつ正確に認識するということが、自分の問題になってきます。……賭けるということと同時に客観的認識が出てくるというと、不思議に思われる方もあるかと思います。……賭けといいますと、およそ合理的なものがないというふうに考えられますし、客観的認識……といいますと、非合理なものがおよそ含まれないというふうに考えられています。しかし賭けるということは本来知っているからこそ賭けられるんであって、でたらめに賭けるのは賭けではありません。……知って知って知り抜いたうえ、やっぱり最後に賭ける、それが賭けであります。事物の認識が深まれば深まるほど賭けらしい賭けができる。逆にいうと、深い賭けが出てきて、はじめて、主観とか希望的観測ではなくて、客観的認識が自分のこととして出てきます。(同 四四〜四五頁)

知って知って知り抜いても、なお百パーセント確実だという保証はまずない。残る一割か一パーセントかは、決断と賭けに託すほかない。それほどに人生や未来は不確実なのですが、それでも対象を「知って知って知り抜く」操作のなかに、学問の——私たち一人ひとりにとっての学問の

――端緒があるのだということです。

このとき「学問」とは、人類の共有財産として既にできあがった科学的体系そのものでなく、というか、そうではあるがそれ以上に、私たちがモノを見る眼を補佐してくれるよう活用すべき知的道具なのです。あたかも機械そのものでなく、機械を実際に使いこなしてこそ「技術」というものがあるのと同様、科学的体系そのものでなく、各自がその生きる現場で体系を溶かし、応用し、使いこなしてこそ、学問は真に「学問」となるのでしょう。死んで固まった学的遺産をそれとして習い覚えるのでなく（それもある局面では必要でしょうが）、固まったものを各自が溶かして活用してこそ「学ぶ」ことができ、それが上手に「賭ける」ために必要なことなのです。そのような「賭ける」存在としての一人ひとりがそれぞれの役割を担うことによって、社会に参加する。それに役立つ学問が要請されているのです。そして、社会科学もそういうものとして捉えなおされねばなりません。再び内田義彦に聞いてみましょう。

> 過去の、一人一人ではなくて、たくさんの人間が社会的に認識した認識の結果が凝結して、学問の諸体系の形で共有財産として蓄えられている、その共有財産を共有財産として受領するという面――その意味では、社会科学上の発見も自然科学と同じで後人は同じ発見の苦労をそのまままくりかえす必要がないわけです――と、一人一人の人間が、その完了形に凝結し

た学問体系をとかすというか、すでに学界で歴史的に検討ずみのものも、追体験の形で個人としてあらためて再検討、再確認しながら、それを使って自分の眼でじっさいに物を見、働きかけてゆく、そういう二つの面を、社会科学は持っていなけりゃならないはずです。

（『作品としての社会科学』一九〜二〇頁、傍点は内田）

伝える

生きることは学ぶことであり、学ぶことの端緒は一人ひとりが賭ける存在になることだと内田義彦は言います。しかし、これを逆にいえば、賭けることは社会科学的認識の端緒でしかないということでもあります。端緒からさらに進んで、学問を身につけ、身につけた学問で充実した生を開いていくにはどうしたらいいのでしょうか。これにかかわって内田義彦は、「読む」「聞く／聴く」という、私たちがほとんど無意識のうちに普段行っている行為へと視線を向け、また、そこにひそむ「ことば」――という、これまたほとんど無意識に使っているもの――の問題へと分け入っていきます。読む、きく、ことば……。これらをひっくるめて「伝える」ことといってもいいでしょう。名詞形でいえば「伝達」であり、あるいは現代風に「コミュニケーション」といえるかもしれません。

近代人は伝統的共同体から離脱し、自由・平等・独立の人格としてお互いに向き合おうと志しました。直接的共感だけで支えられているような親密空間とちがって、また互いに見知った者どうしの狭い共同体空間とちがって、近代社会は、見知らぬ人間どうしが取引し、交流し、語り合い、理解しあわねばならない空間です。市民社会で「生きる」ためには、誰にとってもこれが要請されます。このとき絶対に必要なのは、いかに上手に「伝える」「伝えられる」かです。あるいは「読む」「きく」かです。個人Aの経験を見知らぬ個人Bに通じさせる場合も、人類の過去の知的遺産から当代人が教訓をえる場合も、いずれも「伝える」の世界であり、そしてその媒体は「ことば」です。

ところが現実問題として、ことばは通じると限りません。何も外国語のことを言っているのでなく、例えば同じ日本語でも、個人Aと個人Bの間で会話が成立するとは限りません。会話らしい会話が成立して、お互いの認識が深まり、伝えあい学びあうことができるという保証はないのです。おそらくAとBが日常的に住んでいる世界がちがい、それぞれが使う日常語が狭くて特殊すぎるか、あるいは同じ日常語でも両者の汲み取り方がちがうからでしょう。

もちろん、日常語だけで十分に「伝える」ことができたらそれに越したことはないのですが、そして最大限、まずは日常語で伝える努力をすべきですが、日常語には個別的、特殊的すぎて普遍性がないという側面があります。そういう日常語の狭い殻を破って、見知らぬ人間どうしの会話を成立させ、さらには過去の人間（知的遺産）との会話をも成立させるものとして、近代社会は「概念」（学術語）という共通語を発展させてきました。近代人は「概念」という新しいことば——したがって「学問」あるいは「社会科学」——を修得することによって、はじめて広くかつ正確に「伝える」ことができるようになったのです。

例えば「あの国は豊かだ」という日常語的表現を、もう少し普遍的かつ精密に表現するために「あの国の一人当たりＧＤＰは何々ドルだ」と言います。このとき、ＧＤＰ云々は立派な「概念」です。漠然とした「豊か」に代わってＧＤＰ云々は、より正確かつ普遍的に内容を伝えてくれます。こうして概念は、個と個を、個と普遍を、また過去と現在をつなぐのです。つまり「賭ける」ことから始まった学問の芽は、概念ということば——それを組み立てた結晶としての社会科学ないし経験科学——をみなが共有することによって、互いの経験や過去の知的遺産を「伝える」ことができ、一人ひとりの「生きる」を充実させることができるのです。内田義彦はこう言います。

経験科学によって経験は客観的な伝達が可能となりました。その限り、修得は誰にでも——約束にしたがって努力するかぎり——容易になりました。各人がいちいち追体験・追経験しなくても、学説に通じることによって、ためされた経験をうけとることができます。……経験科学によって経験の客観的伝達の可能性が保証され、だから進歩が可能になる。

（『読書と社会科学』九八〜九九頁）

日本語が、社会科学の思考を育てあげる機能を果たしえないようでは、言葉として当然持つべき機能をまだ欠いている、といわねばならないでしょう。社会科学が日本語を手中に収めえないかぎり社会科学は成立してこないし、日本語が社会科学の言葉を含みえないかぎり、日本語は言葉として一人前にならない、こう思うんです。（『作品としての社会科学』三五頁）

概念や経験科学を通して客観的に伝えあう。日本語が社会科学の概念を含みえてこそ、日本語は日本語となる。つまり、ことばが本来もつべき「伝える」という役目を果たすことができる。本来はそのはずです。ところが、これまた内田がするどく批判しているように、概念は精密ではあるが部分的であって、概念にとらわれて全体が見えなくなってしまう危険もあります。例えば「豊かさ」とは精神面や人間関係のそれを含み、また市場的売買と関係ないモノやサービスの授受を含みます。それほどに日常語の「豊かさ」は多面的な内容をもつことばであって、何も市場化されたかぎりでのモノ・サービスで測ったＧＤＰ云々のみが「豊かさ」のすべてではないはずです。ところが概念に溺れると、それが見えなくなって、一人当たりＧＤＰという狭い眼でみえたモノこそすべてだという錯覚に陥ってしまう。こうして概念あるいは学術語は、日本語あるいは日常語と切れていってしまう。残念ながらそれが現実です。切れることによって、学術語は学者という専門家の独占物となり、専門家による素人の支配の道具となってしまう。学術語が「伝える」という本来の役割を失い、せっかくの分業社会が人びとの人間的成長へとつながっていかない。だから、概念の利点と欠点を十分にわきまえつつ、これを上手に使いこなしていくことが求められています。そういう形で私たち市民の側からの、そして下からの学問の創造と概念の共有を実現していかなければ、学ぶことは伝えること、生きることへとつながっていかないわけです。

そして再び、生きる

内田義彦にとって「生きる」とは、このように、「賭ける」「伝える」を内にもつ「学ぶ」「学問する」ことなのです。ところで「賭ける」を説明したとき、自分の仕事を責任をもって果たす(参加する)ことだとも言いました。まことに人間が人間らしく生きるということは、まずは仕事において生きることでしょう。ここに仕事とは、金銭的収入に結びつくか否かを問わず社会の一翼を担って活動することであり、それを通して他人に喜んでもらえるだけでなく、そこで自らも育ちゆく喜びを実感できる活動でしょう。現実の社会においてそんな理想的な仕事などあるのかという反問があるのは承知のうえで、ある純粋形において抽出すれば、仕事にこういう側面があることは否定できません。「生きる」の実質をなすものとしての「仕事」です。

「だいぶ前に黒沢〔明〕の『生きる』という映画〔一九五二年〕がありました。いったい『生きる』ということは何だろう」。こう始まる内田義彦の一節がありますが、それは以下のようにつづきます。人間という動物は、「生きながらつねに生きるとは何ぞやを問いつづけている」わけだが、とりわけ「人間が自然の懐に埋ずまっているのをやめてから」、つまり近代社会以降、こうした問いは切実なものになった、と。そして、例外のなかに典型を見るという内田独特の論法を駆使しながら、天才的な芸術家や科学者を例にとって、われわれ一般人が「生きる」とは何かについて語ります。

ピカソなり、キュリー夫人なり、あるいは湯川〔秀樹〕さんや朝永〔振一郎〕さんにとって生活とは何ぞやといいますと、アトリエに入ったところから、あるいは実験室に入ったところから、彼の――あるいは彼女の――本来の生活というのは始まってくる。どれだけ生きたかということは、どれだけ消費したか、どれだけお芝居を見たかとか、どれだけ音楽を聞いたかというようなことで量られるのではなく、どれだけ作ったかということで量られるはずであります。

（『資本論の世界』一〇四頁）

要するに、人間は「どれだけ作ったか」――つまり仕事（制作、成果）――のなかに「生きた」証がある。「生きる」とは、何よりもまず賭け、参加、伝達という営為を内に含んだ仕事のなかにこそあるということでしょう。その意味で、よき仕事人、よき職業人であってこそ、人間はよく「生きる」ことができるのです。分業社会のなかでは、これは専門分野で――とまで言わなくても、自分が担当する部署で――いい仕事をするということでもあります。私たちはよき専門人、よき仕事人とならなければなりません。それが内田義彦のメッセージです。

だがしかし、「生きる」とはそれに尽きるのか。尽きないのです。そこから、内田義彦のもう一つのメッセージが届けられます。しかもそれは内田にとって決定的に重要な見地です。「人間は仕事を通じてのみ人間たりうるという側面と、仕事において無能力でも、ただ生きているということで人間としての存在理由と妙味をもつという側面がある」（『学問への散策』三一一頁）。しかもこの二側面は、社会思想史的には宗教改革とルネサンスの問題に連なるという。この二側面をしっかと見据え、さらには両側面の葛藤を引き受けていこうとするところへと、内田の思索は深まっていくのです。この第二の側面、つまり、人間が生きているということそれ自体のもつ重みという点については、内田はさまざまな形で注意を喚起しています。

人間が人間らしく生きるということを自己目的として考える。……自己目的として行われる人間の力の発展というものを、遠いかなたに目標としてもっていないと、現に、資本が人間というものを蝕んでいる姿は見えない。そしてそれが見えてこないと、社会科学の対象すら、真の意味では見えない。生きているということそれ自体の意味・重さを捉えてこそ、社会科学が解決すべき問題が見える。……人間が生きているということそれ自体を悟らない限り、社会科学の本当のテーマは、現代的であろうとすればするほど、かえって深いところで見えなくなるんじゃないだろうか。

（『社会認識の歩み』二〇二〜二〇三頁）

何故芸術家が、つまり芸術が、このように冷遇されているか。それは、一人一人の人間が生きるということそれ自体のもつ絶対的意味、その絶対的意味にかかわって芸術がもつ（これまた）絶対的な意味が無視されるかぎり、芸術は何らの意味ももちえないからです。人間を手段化する雰囲気の下では芸術は育たない。……学問が真に社会的に意義あるものになるための今日的テーマの発見も、一個の人間がそれぞれに生きているということの絶対的な意味にかかわらせないかぎり、行われないのではないか。

（『学問への散策』三五七、三六三頁）

人間は仕事に生きることとおいて、さらに言えば有能な専門家であることにおいて、人間たりうるという面と、他方、仕事云々と関係なく、一人ひとりが生きているということそれ自体で絶対的な意味があるのだという面と。両側面は往々にして個人のなかで相互に対立しあうことでしょう。専門人はしばしば、他人を有能・無能で差別し、人間だれもが一人の生きた全体としてかけがえのない存在だという眼で接することを忘れてしまいます。忘れる以上に、専門の業績に追われて、そんな眼は「仕事の邪魔だ」として、意識的に抹殺してしまっているのかもしれません。

だがしかし、そういう専門人は本当によき専門人たりうるのだろうか。内田義彦はそこを問い深めてゆきます。内田思想のいちばん肝心な点がそこにあります。つまり内田は、かけがえのない存在としての一人の人間への深い眼差しと共感があってこそ、実は各自の専門家としての大いなる飛躍のカギも与えられるのだ、と言うのです。したがって重要なのは、二側面のどちらか一方に安住するのでなく、私たち一人ひとりがこの相克する二面を自らのうちに引き受けることなのです。大いなる葛藤も生ずることでしょう、しかしその葛藤のなかから、仕事の面でも人間社会に大いなる貢献をもたらすブレークスルーが出現するのです。この点、内田自身の次の文章が何よりも説得的に教えてくれます。やや長文ですが、嚙みしめて読んでください。

> ひとはたとえば、鉱山の爆発に際して「防火壁」の前に立つ一人の人間を思い浮かべてもよい。その壁を閉ざすことによって、壁外の九十九人は助かる。が、内の一人は確実に死ぬと

いう事態で、しかも、その処置が彼（ないしは彼女）ひとりの決断と行為にかかっているという状況における一人の人間だ。生きた総体としての一人の人間と百分の一としての人間が、彼（ないしは彼女）の脳裡にある。

よき技術者たらずして百人を殺したものは、よき人間ともいえぬであろう。逆にしかし、「よき技術者」として九十九人を救いえたとしても、一人の人間の生命を意識して断ったといういたみを持ちえない「技術的」人間からは、一人を殺さずして百人を救いうる一パーセントの可能性の探求すら出てこないだろう。その一パーセントの可能性の探求の心こそが、現在の安全設備の欠陥や、さらにその奥にある安全性の考え方そのもの（一般化していえば、現代の科学とその適用の不完全性）に対する認識を可能にもしているし、またその逆なのだ。一人一人の人間の持つ生命の重さの感覚を別にして、人間一般の生命の尊さの感覚は絶対に生まれえない。生命の尊さという社会的な観念に内実を与えるものは、一人一人の人間の生命の尊さに対する一人一人の人間の感覚である。

（『学問への散策』三一八頁、傍点は内田）

このように、内田義彦のいう「生きる」は、日々の生活にいそしむ人間にとっては、内田的意味での「学ぶ」「学問する」ことを通してこそ実りあるものになります。と同時に、学問の側からいえば、それがどんな人間であれ「生きている」「生きようとしている」ということのもつ重み——その絶対的意味——を何よりも重い事実として受けとめることによってこそ、真に意味ある学問的テーマの発見や発掘を可能にしてくれるし、専門学問における根底的なブレークスルーにもつながっていく。こう問い深めていったのが内田義彦の思索であり、そして同時に内田義彦の学問だったのではないでしょうか。

第I部　内田義彦の学問

社会科学者の文章　内田義彦

社会科学者の悪文難文が問題になっているが、
一読意味が通らぬものがあり、解り易く見
えて、そこが肝要なことばを頼りに辿って
[illegible]或る場合があって、
[illegible]れども、書き手の一人で
ある私にしてから解読に手こずる場合が多
い。小難しいという一般読者の評は当然な
と思う。むろん、私は自分の文章も他人から見
ればせいぜい同然だろうから、他人事ではな
い。お互い、こんな悪文を読んだり書いたりし

（岩波書店原稿用紙）

今は、江戸中期の思想家三浦梅園のことが念頭にある。これは日本での弁証法的思惟の成立の問題です。その思惟体系がないところで梅園は苦しんでいる。そこをみないで、日本の近代的思惟は明治以後、つまり西欧の論理がはいってきた時期から始まる、と単に結果だけ拝借して思考してみてもはじまらない。社会科学を学ぶということはそういうことじゃないですか。

(一九七四年三月十八日『読売新聞』掲載のインタビュー「社会科学のエッセイ」より)

1　河上肇論――「科学」と「学問」のあいだ

一　はじめに――常識的河上像の問題点

まことに幅広い分野で知性と感性の足跡をのこした内田義彦であるが、こと彼の専門分野たる経済学史・社会思想史という領域に焦点を定めると、その主要な研究対象がアダム・スミス、マルクス、そして近代日本思想史という三つの分野にあったことは、ほぼ誰もが認めるところであろう。晩年の内田自身も、自ら取り組んできた三つの問題領域として「スミスとマルクスと近代日本思想史」を挙げている（内田 1981: 378 ⑧ 312）[1]。

このうちスミスといえばすぐに『経済学の生誕』（内田 1953）が、マルクスといえば『資本論の世界』（内田 1966）が代表作として想起されようが、近代日本思想史については固有にまとまった単著があるわけではない。『日本資本主義の思想像』（内田 1967）や『作品としての社会科学』（内田 1981）などに分散して、彼の近代日本思想史論は点在しているのが現状である。また、その近代思想史論では徳富蘇峰、徳冨蘆花、中江兆民なども取り上げられてはいるが、圧倒的部分は実は河上肇（一八七九〜一九四六年）を描くことに費やされている。しかも、その河上への内田の注目は、早くも一九六〇年に始まり、途中七〇年代にも継続し、最後に晩年たる八〇年代の『作品としての社会科学』になると、河上についての旧論（内田 1977b）に自分史を重ね合わせつつ大幅な増補改訂が施され、これをもって本書を世に問うというほどに強いこだわりが見られる。スミス学者、マルクス学者として名高い内田は、実は同時に、終生河上と対面し格闘した思想家でもあった。

内田義彦論といえば、しばしば初期内田の学問形成期に焦点を当てその学的源泉を掘り起こす作業や、注目の第一作『生誕』を題材にスミスの思想的背景を煎じつめ内田の議論の補強や批判を提起する研究、さらには『資本論の世界』のマルクス像の功罪を問う仕事が多かった。それはそれで実りある内田義彦論を形成する一環になったことは否みえない。しかしあと一歩、後年ないし晩年の内田にまで踏み込んでみないと内田思想の真価には到達しえないのではないか。晩年の名著『作品としての社会科学』を抜きにして内田義彦像を語りえないと同様、河上肇論をなおざりにした内田義彦論も内田義彦論としては完結しえない。その河上肇論は内田晩年のみの仕事ではなく、四〇代後半から永らく温められ続けてきた内田畢生のテーマであった。にもかかわらず不思議なことに、内田のスミス論やマルクス論は多く語られてきたというのに、彼の河上論に学ぶ研究は意外と少ない(2)。

では、その内田河上論は在来の――あるいは当時の――河上像の何に変革を迫るものであったのか。それがこの章で解き明かしてみたい課題である。それを語る本章に『科学』と『学問』のあいだ」という副題を付けたのは奇異に映るかもしれないが、その点は行論のうちに明らかになろう。

さて、内田が初めて本格的な河上論「明治末期の河上肇」(内田 1960a)を問うたのが一九六〇年。その一九六〇年代あたりから七〇年代にかけては、今から振り返ると河上肇論ブームともいえる時代であった。書物として公刊された代表的著作を中心に枚挙するだけでも、古田光『河上肇』(古田 1959 UP選書版 1976)、住谷悦治『河上肇』(住谷 1962)、大熊信行「河上肇」(大熊 1963)、大内兵衛編『河上肇』現代日本思想大系19(大内 1964a)、末川博編『河上肇研究』(末川 1965a)、大内兵衛『河上肇』(大内 1966)があり、さらに七〇年代に入ると山之内靖『社会科学の方法と人間学』(山之内 1973)、住谷一彦『河上肇の思想』(住谷 1976)、内田義彦編『河上肇集』近代日本思想大系18(内田 1977a)、一海知義『河上肇詩注』(一海 1977)、杉原四郎/一海知義『河上肇

――学問と詩』(杉原/一海 1979)と続き、八〇年代に入ると住谷一彦編『求道の人・河上肇』(住谷 1980)、西川勉編『アルバム評伝 河上肇』(西川 1980)が出版される。なお杉原四郎および一海知義は、八〇年代以降も精力的に河上論を世に問うていく。

これら諸研究が提供する河上像はさまざまに異なっていた。大熊(1963)のように河上を「奇行」の人ときめつけ、この語で彼の生涯を塗りつぶす体(てい)の河上論は論外として、大内(1964b, 1965)は河上のうちに求道の精神とマルクス主義との矛盾・対立を見て、彼の学的遍歴を保守的ワグナー(ドイツ歴史学派右派)からスタートし、盲目的レーニンにゴールインした教条的マルクス主義者として描いた。他方、住谷(1965)は科学的真理と宗教的真理の問題や利己心と利他心の問題にこだわりつづけた河上を、孔孟的道徳意識の強い特殊なマルクス主義者と規定した。また河上とは親戚筋にあたる末川博によれば、河上は「人間を愛する求道的な心情」から出発して、「世の中から貧乏をなくするにはどうすればよいかということを科学的に究明しようとして、経済学をおさめ、遂にはマルクス理論に徹するように至った」のだという(末川 1965b: 332)。さらには「人間」河上、「文人」河上の発掘も進んだ(一海 1976; 杉原/一海 1979; 西川 1980)。

このように多彩であるとはいえ、それでも河上思想の核心およびその変遷としてほぼ共通に描き出されているのは、志士的道学者からマルクス主義へ、あるいは国家主義から共産主義へといったところであろうか。もう少し丁寧にいえば、東洋的国士→人道的社会主義→戦闘的マルクス主義といった図式としても要約されよう。もっとも、複雑で屈折した河上の思想的歩みを一本筋の軌道のうちに閉じ込めることがそもそも無理な相談なのだから、こう描いた途端にいくつか重要な契機を切り落とすことになってしまう[3]。だがしかし、少なくとも戦後かなりの期間、以上は河上像の一般的イメージとして当たらずといえども遠からずであった。そして内田義彦の眼前にあった河上像も、ほぼこれに近いものであった。やや後に内田は次のような批判的な整理をしている。

明治末期の河上（初期河上、あるいは出発点における河上）の代表作としてふつうあげられるのは『社会主義評論』〔一九〇六年刊〕である。そうすると自然『社会主義評論』の著者河上から中期の『貧乏物語』〔一九一七年刊〕の河上をへて後期のマルクス主義者というシェーマが出来上る。このシェーマは、河上の出発点をすでにある程度社会主義へ傾斜したところでおさえ、その社会主義にまといついていた人道主義的要素を次第にうすめてマルクス主義にいたるというシェーマに対応するので、私は、こういう理解をひっくるめて社会主義一路純化説（ないし社会主義純化説）とよんでいる。

（内田 1977c: ⑤ 347〔参照〕内田 1967: 159-160 ⑤ 131）

こうしたマルクス主義一路純化説としての常識的河上観への大いなる疑問から、内田の河上研究は始まった。通説では、河上の「ジグザグな変貌」をとても説明できないだけでなく、初期河上を時論的文献『社会主義評論』で代表させているので初期河上の「真の立脚点」が見えてこない。代わって内田は、初期河上の立脚点にして出発点を、『日本尊農論』(一九〇五年)に始まり『経済と人生』(一九一一年)に至る一連の経済的歴史的な思索のうちに嗅ぎ出していく。その先に、通説的河上像を超えた、新しい内田的な河上像が開かれてゆく。なお、以下の叙述への参考資料として、「河上肇略年譜」を掲げておく。

河上肇　略年譜

一八七九(明治12)年　山口県岩国町に生まれる(10月20日)
一八九八(明治31)年　19歳　東京帝国大学法科大学入学(一九〇二年卒業)
一九〇五(明治38)年　26歳　セーリグマン『歴史之経済的説明・新史観』を翻訳公刊。『日本尊農論』刊。「社会主義評論」連載開始(やがて突如擱筆し無我苑入り)
一九〇六(明治39)年　27歳　『社会主義評論』『日本農政学』刊。無我苑退去
一九〇七(明治40)年　28歳　『日本経済新誌』創刊(一九〇八年10月まで)
一九〇八(明治41)年　29歳　京都帝国大学講師となる
一九一一(明治44)年　30歳　「日本独特の国家主義」発表。『時勢の変』『経済と人生』刊
一九一二(明治45/大正元)年　33歳　『経済学研究』刊

一九一三（大正2）年　34歳　ドイツ・フランス・イギリスへ留学（一九一五年2月帰国）
一九一五（大正4）年　36歳　『祖国を顧みて』刊
一九一七（大正6）年　38歳　『貧乏物語』刊（一九一九年絶版とする）
一九一八（大正7）年　39歳　『社会問題管見』刊（一九二〇年絶版とする）
一九一九（大正9）年　40歳　『社会問題研究』創刊。『近世経済思想史』刊
一九二二（大正11）年　43歳　「個人主義者と社会主義者」発表
一九二三（大正12）年　44歳　『資本主義経済学の史的発展』刊
一九二四（大正13）年　45歳　櫛田民蔵らの批判を受けマルクス研究の出直しを開始
一九二八（昭和3）年　49歳　京都帝国大学教授を辞す。『経済学大綱』刊
一九三〇（昭和5）年　51歳　『第二貧乏物語』刊
一九三一（昭和6）年　51歳　訳書『資本論』（第1巻上冊）刊
一九三二（昭和7）年　53歳　日本共産党に入党し地下活動入り。「32年テーゼ」訳。『資本論入門』刊（発禁処分）
一九三三（昭和8）年　54歳　治安維持法違反で検挙、訴追、懲役5年判決、下獄（一九三七年まで）
一九三九（昭和14）年　60歳　（～一九四三年）「自叙伝」執筆（公刊は一九四七～一九四八年）
一九四三（昭和18）年　64歳　「陸放翁鑑賞」成稿（公刊は一九四九年）
一九四六（昭和21）年　67歳　京都にて死す（1月30日）

二　ブルジョア合理主義者・河上

内田義彦の河上肇論において決定的な出発点となったのは、『経済学の生誕』刊行後七年目の作品「明治末期の河上肇」（1960a）である。この論稿はのちに『日本資本主義の思想像』（内田 1967）に収録された。後年の内田自身、「明治末期の河上をしっかりと押さえておくことが、以後の変貌過程をおさえるに際しても枢要点になる」（内田 1981: 285-286 ⑧ 234）と述べているとおり、内田河上論の最も重要な第一歩にして基礎たるものは明治末期（ほぼ明治三八～四四年、つまり一九〇五～一一年と考えてよかろう）に置かれる。われわれもまずはそこに焦点を当てよう。

内田をして常識的河上観から脱出させ、内田独自の河上観へと開眼させたのは、『鼎軒田口卯吉全集』に寄せた河上の次の一言であった。「私〔河上〕自身は明治三十年代の末に、〔田口〕博士の『東京経済雑誌』に対抗する意味をもつて、『日本経済新誌』の創刊に与かり、しばらくその編纂を主宰してゐたものだが、むしろ此の雑誌の方がより多く当時の日本ブルヂョアジーの利益を代表してゐたのではないかと思はれる」（河上 1928a 全集⒃ 154 特に断りのないかぎり傍点は引用者、以下同じ）[4]。

鼎軒の『東京経済雑誌』でなく、河上の『日本経済新誌』こそ「ブルヂョアジーの利益を代表してゐた」とは、常識的河上観からは想像もできない河上の言葉であろう。事実、内田自身にとってもこれは「驚愕の一句」（内田 1981: 281 ⑧ 231）であった。明治末期の河上、つまり著述活動を開始した当初の若き河上（二五～三一歳）は、いったい何を主張していたのか。

内田がまず注目するのは『日本尊農論』の河上である。時は一九〇五年、日本は日露戦争の勝利に酔いしれ奢り高ぶっていた。『尊農論』はこれを戒め強い憂国の念をもって筆を起こす。

> 余輩生れて今や空前の盛時に遭遇し、目のあたり国威の発揚を見るは誠に其の光栄とする所なり。然れども余輩の竊（ひそか）に憂とする所のものは実に戦勝の余禍にあり。蓋し国威の発揚は商業の隆盛を来し商業の隆盛は農業の頽廃を招き、而して農業の頽廃は遂に国家転覆の原由たるに至るは、古今実に其の軌を一にする所なればなり。……徒に戦勝の虚栄に酔ふて妄りに外に張ることなく、先づ内を顧みて徐に立国の大本を培養する所以を熟慮して可なり。……本書の立論は農を主眼としたるが故に、往々にして商工を賤むの口吻なしとせず。然れども、これは只だ農の賤むべからざるを主張するに急なりし為めのみ、著者の真意は農工商の併行鼎立を希望するに在り。
>
> （河上 1905 全集⑵ 214-215［参照］内田 1967: 166 ⑤136-137）

内田が語るとおり、ここには「強烈な危機意識があり、その危機意識の底にあるものは、ヒューマニズムというよりは、国家主義者としての憂国の念である」(内田 1967: 166 ⑤ 136)。ここ『尊農論』では、国家繁栄の土台は何よりも農業の繁栄に置かれている。そしてそのための農業保護論は、とりもなおさず鼎軒田口の自由貿易論への批判へとつながっていくことになる。

河上は農業保全の利益を、「経済」と「経済外」との二系列において論ずる。「経済外」とは、主に「国民道徳」のことであり、要するに、農業は厳しい自然を相手とするがゆえに必然的に「服従心」と「忍耐心」を植えつける。したがって商工業が拡大し農民が減少すれば、国民道徳における犠牲の精神や愛国心が失われる。それはまた屈強かつ優秀な兵士の供給を少なくするばかりでなく、商業の拡大による営利の精神の浸透は「我儘主義」「個人主義」を助長し、国家への服従心を失わせ、国家存亡の危機をもたらす。――ここに見られる河上は、まさに「国家主義者」であり、「古い道学者」「絶対主義の使徒」(内田 1981: 294 ⑧ 242) といってよい[(5)]。「何をかいわんや」と内田もあきれている (同 295 ⑧ 242)。

だがしかし、いったん「経済」の系列に眼を移すと、これとはまったくちがった河上が顔を出す。それは「人道主義」の河上でもなく、また「社会主義的」傾斜の河上でもない。まさに「ブルジョア合理主義」の河上が登場してくるのである。そして内田は、「国家主義」と絡み合いながら存在し、かつ次第に前面に出てくるこの「ブルジョア合理主義」の河上に最大限の注目をする。

なぜ農業保全が必要なのか。ひとたびこれを「経済」の観点からみるならば、河上は「農は本なり、商は末なり」との信念のもと、農業を捨てた商業偏重政策は一国経済の基礎を危うくするからだという。「経済上に於ける国家の独立こそ実に国家独立の根本なり」という（河上 1905 全集(2) 248, 255-256）。国家がまず経済において独立すること。そのためにはまず農業を基本に立て、しかもその農業には機械を導入して「改良進歩」を果たしていけば、やがて対外競争に勝ちうるだけでなく、国内にあっても農産品たる食料や工業原料を低廉化させ、国民的購買力を上昇させ、さらには工業品を安価にする。それはやがて、工業品の輸出競争力を高めることになろう[6]。

要するに河上は、国家の経済的独立ということで、農工分業による確固たる「国内市場」の形成とそれによる「生産力」の増進を見据えた農業保全論を主張したのであった。「農工商の併行鼎立を希望するに在り」との言を先に紹介したが、この「商工業と農業との調和」ある発展こそ、まさに河上の「真意」であった。しかもこの主張は激変する時代の渦のなかでの発言であって、あの「日本のスミス」鼎軒田口[7]がいまや徹底的な自由貿易論に傾き、商工立国論を唱道するに及び、結果として上からの「政商資本主義」を弁護しかねない状況にあったことへの批判を意図したものであった。

それに対抗して河上が打ち出したのが「国内分業」の展開と「生産力」の発展による、いわば「下から」の資本主義形成への道であった。これをして「ブルジョア合理主義」と呼んでよかろう。

この面では河上は田口以上にスミス的であり、スミス市民社会論的であった。しかもこの市民社会は前期的・特権的営利心に支えられているのではない。そういった特権階級の「利己心」ではなく、一物一価を求めるふつうの人びとの近代的利己心に支えられたスミス的社会が見据えられているのである。利己心・利他心の問題は河上の終生の課題であったが、ブルジョア合理主義者としての河上は「見えざる手」がはたらくという状況のもとでの利己心を道徳的に肯定している。そこでは、河上の特徴とされる「絶対的非利己主義」(無我愛)の道徳観は表面からは消えている。要するに既得権益を否定して、分業、利己心、生産力を謳いあげる「ブルジョア合理主義者」として、明治末期の河上は出発したのであった。

> 分業といへる複雑なる経済組織は、凡ての人の利己的活動をして同時に他愛的活動たらしむるの妙用ある也。即ち彼等生産者は……只だ専ら自己営利のために之を為すと雖(いえど)も……終日終歳その苦心する処は只だ如何にせば能く社会公衆をして満足せしむるを得るやに在り。事情此の如きが故に、利己的活動は同時に他愛的活動となり、又他愛的活動は最も能く利己の目的を達する所以となる。
> (河上 1907a 全集⑷ 29 [参照] 内田 1967: 182 ⑤150)

このように河上はすでにして「国内分業の積極的唱道者」であったが、しかし同時に「国際分業の否定者」でもあった（内田 1967: 181 ⑤ 149）。国際分業を過信して自国農業を放棄してしまえば、その国は自らの経済的地位を他国に隷属させてしまいかねず、これこそ「亡国の根源」となると河上は語って、国民主義の観点から農業保護主義を唱えた（河上 1905 全集⑵ 238）。つまり河上は、国内農業保全の立場から農業保護関税を主張する「日本のリスト」ただし「農業的リスト」（内田 1967: 172 ⑤ 142）でもあったのである。スミス的自由主義の精神は後進国ドイツではむしろ保護主義者リストによって引き継がれたのと同じように、明治初期の田口的精神は明治末期には河上の「ブルジョア的国民主義」（同 160 ⑤ 132）のうちに再現する。

鼎軒におけるスミスの鋭いキバ〔産業史観の立場から経済の東京集中を批判〕……は、鼎軒がスミスの名を借りて自由貿易の利益をもっぱら押し出したときには抜き去られたのである。そのスミスのキバは、鼎軒の自由貿易論に対立して国民主義の経済学を展開したところの、明治末期の河上において再現する。

（内田 1981: 290-291 ⑧239）

以上、内田がみる『日本尊農論』の河上には、道学者河上による旧式農業＝農民墨守の立場と、経済学者河上による国内市場＝生産力形成というブルジョア合理主義的立論と、――この二つの論理が完全に矛盾する形で共存していた。しかもその矛盾が、彼自身のうちでは「尊農論」なる名のもとに自覚されることなく並置されていた点に特徴がある（内田 1967: 173 ⑤ 142; 内田 1981: 300-301 ⑧ 247）。これはたしかに混乱であり「混濁」である。だがしかし、新しい思想や現実に素早く無批判的に飛びつくのでなく、これを自らに染みつき肉体化されていた儒学的国士的思想と対話し対決させながら受容しようとするとき、河上にとってこの「混濁」はむしろ必然であり、それ以上に必要なことでさえあった（内田 1967: 158-159 ⑤ 130-131）。そして学問にとっては、安易な「スマートさ」でなくこの「モタモタ」こそが真に大切なプロセスなのであり、それをこそ河上から学ぶべきだと内田はいう。

三　分業論的歴史観

以上、明治末期の河上を『日本尊農論』（一九〇五年）を中心に見てきたが、内田が注目するのは、河上が以後、明治末年に至るまで少しずつ、しかし大きな変貌をとげてゆく点である。この時期の河上の著書としては、中途で擱筆した『社会主義評論』（河上 1906a）は別として、ほかに大著『日本農政学』（河上 1906b）があり、やや時をおいて『時勢の変』（1911a）、『経済と人生』（1911b）がある。この最後のものには「分労と共楽」（一九一〇年）、「政体と国体」（一九一一年）、「日本独特の国家主義」（同年）など、重要な論文が収録されている。なおこの間、河上は一九〇七年に前述の『日本経済新誌』を創刊・主宰し、またその翌年には京都帝国大学の講師に着任している[8]。

さて、国家主義とブルジョア合理主義を混在させていた『日本尊農論』の河上は、その後、どのような思想的変化をとげていったのだろうか。さしあたり明治末期に焦点を当てつつ、しかも最も基礎的な重要性をもつ歴史理解（歴史観）に即して、内田義彦のみるところをフォローしてみよう。

『日本尊農論』と同年の一九〇五年、河上はセリグマン『歴史之経済的説明・新史観』なる訳書を公刊している。この書について河上自身、後に『自叙伝』のなかで「私がともかくマルクス学に接触したのは、ずっと古くからのことで、現に唯物史観に関するセリグマンの一著作を翻訳したのは……明治三十八年〔一九〇五年〕頃のことである」と回顧しつつ、私は「セリグマンによってはじめてマルクスの史観に近づいた」と述べている（河上 1947-1948 全集続(5) 221, 215）。とすると河上はすでにこの頃からマルクス主義者だったのかとの推測もありうるが、その『自叙伝』自身の河上が、セリグマンは「唯物史観をその哲学的基礎たる弁証法的唯物論から切り離」す体の議論で、およそマルクス主義的でなかったとしている。河上のこの議論の是非についてはともかくとして、内田も、セリグマンに影響を受けたというこの時期の河上の歴史観はマルクス的唯物史観ではなく、むしろ「市民社会の構造にしたがって社会の全体を構成しなおそうとするブルジョア合理主義」（内田 1981: 263 ⑧ 216）であったとみる。

それを証しするかのように『時勢の変』は、近年における「時勢の変」すなわち貧富の格差や道徳の動揺を説明するために、はるか悠久の人類史に視野を広げ、そこにおける道具および機械の発明と使用から、そして分業の発展から問題を説き起こす。同時期の著作『経済と人生』の第一編「分労と共楽」では、分業の生産力的効果に関するスミス『国富論』冒頭のピン・マニュファクチュアの例が紹介されるとともに、「既往の歴史に於いて、『分労』の発達は必ず社会の進歩を招き、社会の進歩亦た必ず『分労』の発達を伴へること、敢て怪むに足らざるべし」(河上 1911b 全集⑹ 20)と述べて、いわば分業論的歴史観が披瀝されている。この歴史観はそれ自体としては、「商業および産業の歴史」として歴史を捉える「啓蒙主義史観」であり、世に言われるようなマルクス主義史観ではない。つまり「資本主義経済をまずもって階級関係からおさえる視角とは正反対のものである」(内田 1981: 268 ⑧ 220)。しかし、河上がまさに「商業および産業の歴史」に立脚点を定めたことを内田は高く評価する。「商業および産業の歴史」としての人類史認識はたしかに一面的であるが、しかしその根底には「あらゆる歴史に貫通するものとしての使用価値の生産過程を第一次的なものとして重要視する」(内田 1981: 260 ⑧ 213 傍点は内田)観点が伏在している。つまり、「明治の末の『時勢の変』においてすでに、河上は、労働過程を軸にする物質代謝過程の概念におぼろげながら到達し、『商業および産業の歴史』を基礎にして、政治や文化諸現象をふくむ歴史全般の動きを説明しようとしていた」というわけである(同 262-263 ⑧ 215)。

どう説明したのか。いわく、いまの時代は「未曽有なる大変動」の時代であるが、その根本原因はひとえに「機械の発明発達」にある。人間を他の動物と区別するものは、自然との物質代謝過程において道具を製造し使用する点にあるが、その道具がいまや機械へと発展し、機械とともに人類は巨大なる生産力を手に入れた。そして各種部面での機械の応用は人口の都市集中をもたらし、農民の減少と商人の激増を招き、自給自足経済に代わって営利経済を発展させ、要するに分業をいっそう発展させることになった。こう述べつつ河上は、この機械と分業の結果として「未曾有の懸隔時代」が到来したという（河上 1911a 全集(5) 142-143）。ここに「懸隔」とは、あるいは富国と貧国の懸隔であり、あるいは一国内の富裕階級と貧困階級の懸隔である。特に後者についていえば、これはいわゆる資本家と労働者の階級闘争の原因をなし、また社会主義勢力の勃興を促す。事実、欧州諸国では社会党の勢力伸長がいかに目覚ましいか。いまだ社会主義者ならざる河上はそれを数字をもって例証しつつ、日本に対して警告する。「知るべし、社会党の勢力は鞺々(とうとう)乎として今や欧米全土の澎湃することを。然らば其の汎濫の余波時に我国に及ぶものあるも亦た何ぞ怪むに足らん」（同 148）。

当今の「未曽有なる大変動」を、機械と分業あるいは階級対立と社会主義勢力という、いわば「経済界物質界」においてフォローしてきた河上は、最後に、そして最も力を込めつつ、「思想界精神界」における変動と懸隔へと論じ及ぶ。つまり機械の進歩は「科学の未曾有なる進歩」なしには考えられないとして、自然科学を中心とした近年の学的思想的成果を枚挙する。『時勢の変』の核心的問題提起はまさにそこから始まる。「伝説と科学、信仰と智識との衝突」（同 151）、あるいは「伝統的信仰に対する新興科学の謀反」（河上 1911c 全集⑹ 131）と河上が呼ぶ問題である。

> ……吾等は吾等祖先の過去の思想を継承す。而して是等の継承的思想たる、数百年数千年を通じ子々孫々相伝へて以て、既に血となり肉となれるの智識なり。即ち是等の思想は凡て吾等の感情となり、吾等の信仰となれる所のもの也。然るに是等の感情、是等の信仰の根本を覆さんとするものは、すなわち現代科学の産物たる所謂理性なり、所謂知識なり。故に今の時代は到る所に於いて、感情と理性と信仰と智識との一大衝突あるの時代なり。
> （河上 1911a 全集⑸ 152）

> 政府は学校を立て研究所を設けて盛に之を奨励すと雖も、而かも其の科学の所産たる知識と理性とが、祖先伝来の感情と信仰とを破壊せんとするは、「科学の叛逆」として之を禁圧せんと要す。是れ恰も魚を池に放って游（およ）がざらしめんとするが如し。
> （同 160-161）

新しい科学的知識は社会科学界や思想界に影響をあたえる。その新しい思想として河上が挙げるのは、進化思想、物質主義（唯物史観）、破壊主義（一部の社会主義、無政府主義、虚無主義など）である。進化思想は何事をも不変のことと考えず、物質主義の急速な進展は旧道徳の権威を失墜させ利己的衝動の是認に走らせ、破壊主義は国家転覆の危険をもたらす。それが河上の眼前にあった「政治や文化現象をふくむ歴史全般の動き」であった。

この動きは「国家青年」河上肇にはどう映ったのか。これを雄弁に語るのが『時勢の変』と同時期に書かれた「日本独特の国家主義」（河上 1911c）である。これは直接には日本と西洋を比較対照させた文章であるが、重要なのは、そのなかで国家青年河上の眼が次第に変化し、日本独特の「国体」思想を相対化する視点が開けてくる点である。内田も好んで引く文献なので、ここではむしろ内田に要約してもらおう。

> 西洋は天賦人権、人賦国権。日本は天賦国権、国賦人権。自存の価値とし証明する必要なきものの所在がちがう。かくして日本は国主国、西洋は民主国、「極言すれば、西洋にあっては国家は人民の奴隷にして、日本に在っては人民が国家の奴隷たり」。／従って日本人には西洋に見られるような人格の観念なし。「彼等（日本人）は人格を所有せざるに反し、各々国格を代表す」。……天皇は「最も完全なる国格を保有す」。／日本人は没我的なりという見解があるが、そうではない。真実には国家に対して没我的であり、かつ国家に対してのみ没

我的なのである。至高の存在として個人に超越するものが国家であるという意味において、国家は信仰の対象である。

（内田 1967: 198-199 ⑤ 163-164 傍点は内田、文中の引用は河上からのもので全集⑹ 120-121 参照）

河上による欧日対比は、天賦人権－天賦国権、民主国－国主国、民主主義－国家主義、人格－国格、権利国－義務国、自治－官治、分業主義－合力主義、商業道徳－愛国道徳……と続く。こうした対比のなかで浮き彫りにされる日欧の「民族的特徴の差異」は、あたかも不変不動の特徴であるかのような印象をあたえ、しかも国家青年・河上は明らかに「天賦国権」「義務国」の日本に共鳴しているふしも窺える。だがしかし、結論部に至ると論調は一転する。「時勢の変」の渦中にある当今の日本ではこの二項対比が流動化し、信仰と科学が矛盾しあっていることが語りだされるのである。はたして「国家主義」は本当に「日本独特」たりうるのか。それが河上の新しい課題となる。内田も引いている文章だが、国家青年河上の変化を知るうえで重要なので紹介しておく。

吾等は、一方に於いては泰西日進の知識に一歩も後るゝ勿れと要求されつゝあると同時に、他方に於いては我国伝来の感情は一毫も之を動かす勿れと要求されつゝある者なり。乍併、知識は感情を動かす。新知識に対する信念の強ければ強きほど、旧知識より成る信仰は則ち動揺せざらんとするも能はず。故に畢竟吾等は、進め進むなと云う矛盾極まる命令を奉じて纔（わずか）に其の生を保ちつゝある者と云ふも場合に依りては必ずしも過言ならず。

（河上 1911c 全集⑹ 132）

国体は万古に亘って不変なりとするは非なり。……国体の是非を論ずることが学問の性質上不可能なるには断じてあらず、否な信仰も亦た新知識の刺激を得て其の内容の改善発展を計らざるべからざるが故に、場合に依りては之に向って冷静なる学理の批判を加ふることも亦た学者経世の一務たるべし。国主国の人民にとっては国家が最高の価値を有するが如く、学問国の人民たる学徒にとっては真理が其の最高の権威者なり。信仰も国家も国体も真理の前には皆な批判の目的物たらざるべからず……。

（河上 1911b 全集⑹ 114）

分業論的歴史観を下敷きにしつつ「科学」と「信仰」の衝突に時代の核心問題を見定めた河上は、最終的に、当代日本の「国体」は万古不易にして日本独特なものなのかという問いへと踏み込んでいった。ここにおいて内田義彦とともに、河上における「絶対主義的な国家観が、ようやくにしてやぶられつつある」（内田 1967: 200 ⑤ 165）と言うことができよう。

四　経済と倫理

さて明治末期のあと、河上は何を問うていったか。それについてごく簡単に触れておく。すなわち大正期の河上を検討することになるが、それも一九二四（大正一三）年、櫛田民蔵からの批判を受けてマルクス主義研究の抜本的出直しをはかる前の河上である。この十年余、河上は『祖国を顧みて』（一九一五年）、『貧乏物語』（一九一七年）、『社会問題管見』（一九一八年）、『資本主義経済学の史的発展』（一九二三年）など、ベストセラーを含む多数の著作を公にしている（前掲「河上肇略年譜」参照）。そしてこの時期の河上は、「人道主義（ヒューマニズム）」「小ブル的」「中途半端なマルクス主義」と形容されることが多い。さて内田義彦はどう見ていたか。それを『貧乏物語』と『資本主義経済学の史的発展』にしぼってフォローしよう。

河上の名を高からしめた『貧乏物語』は、富国といわれる文明国において多数の貧民が存在することを問題視して、貧困の現状、原因、克服策を提示した書である。河上は貧困の原因を、奢侈贅沢品の生産（したがって富者によるその消費）に偏し、生活必要品（主に貧者が需要する）の生産が少ないことに求める。それゆえ河上が提案する貧乏退治策は、富者の贅沢を廃止することに求められ、そのためには「社会組織の改造よりも人心の改造が一層根本的の仕事である」とする。

というのも「先づ社会を組織せる一般の人々の思想、精神が変って来て居なければ……容易に其制度なり仕組なりが変られるものでは無い」からだ、と（河上1917全集(9) 96, 84）。精神主義者・観念論者だといって唯物論者からは批判されそうな主張であるが、内田の見るところ、ことは単純な決めつけで済むわけではない。

内田いわく、――なるほど『貧乏物語』では貧困という経済現象が取り上げられているが、しかしこれは経済学の書でなくむしろ倫理（さらには道徳哲学）の書なのだ、と。つまり内田が見つめているのは、マルクスや社会主義を拒否するか受容するかにかかわらず、河上における「経済と倫理」のかかわりに対する強い関心であり、さらには日本という地で初めて経済問題を思想の問題として提起した――つまり「経済と思想」という問題を突きつけた――河上の内面的深さと先駆性である。

この本のもつ意味は、倫理の解決すべき第一の問題を貧困という経済現象として提示したこと、提示しただけではなくて、読者がまさにそうだと考えざるを得ないような形で生き生きと描き出すことによって読む一人一人の道徳感に働きかけ、経済現象へのとりくみに迫ったこと、それによって――この本を超えて、しかしこの本から必然に――その経済学的解明と解決へと内から迫る機能を果たしえたことにある。思想にとって外的なものであった経済問題と、その学としての経済学は、こうして思想の中軸にすえられた。経済を語らずして思想を語るべからず。これは日本の倫理道徳の思想上劃期的なことである。

（内田 1981: 240 ⑧ 196 傍点は内田）

『貧乏物語』から六年、河上は『資本主義経済学の史的発展』（一九二三年）を世に問う。経済学者の伝記的要素もたっぷりと盛りこまれた本書は、長年にわたる彼の経済思想史研究を集大成した大著であって、目次は（1）アダム・スミスの先駆者（ロック、マンデヴィル、ヒューム）、（2）スミス、（3）マルサスとリカードド、（4）ベンサムとジェームズ・ミル、（5）J・S・ミル（付　カーライルとラスキン）からなる。この構成を通して河上は言う。――「資本主義経済学」（ブルジョア経済学）にあっては、個人の利己的活動を是認する経済的自由主義の学説が――ロックからベンサムらに至るまで――次第に完成されていき、そしてJ・S・ミルにおいてベンサム的功利主義はたしかに継承される。しかしそれと同時に、その同じミルにおいて、正統をなす利己主義の経済学への大いなる疑問が噴出してくる。さらには、利己主義の是認に対してはこれを否認する人道主義（カーライル、ラスキン）が登場し、資本主義経済の永遠性の主張に対してはこれを否認する社会主義（マルクス）が発展してくる。利己主義の是認からその否認へ。こう論じて河上は本書を次のように結ぶ。「資本主義経済学の史的発展を取扱って、已に其の出発点と全

1989年11月創立　1990年4月創刊

月刊

機

2020
5
No. 338

発行所　株式会社 **藤原書店**©
〒一六二-〇〇四一　東京都新宿区早稲田鶴巻町五二三
電話　〇三・五二七二・〇三〇一（代）
FAX　〇三・五二七二・〇四五〇
◎本冊子表示の価格は消費税抜きの価格です。

編集兼発行人
藤原良雄
頒価 100円

コロナウイルスが全世界で猖獗を極める今、後藤新平に刮目！

今、なぜ後藤新平か？

▲後藤新平（1857-1929）

コロナウイルス問題に揺れる日本で、後藤新平が本格的に刮目されてきている。後藤は一八九五年、日清戦争が終結し、コレラが蔓延する中国から二三万を超える兵士が帰国するにあたり、世界でも前例のない大規模な検疫の責任者に抜擢され、わずか数カ月で、国内三カ所に大規模な検疫所を建設し、コレラ上陸を水際で止めた。この成果に、世界は驚きと賞賛の声を上げた。

国民の「生を衛る（まも）＝衛生」を政治の最重要事項とした後藤新平から、今われわれは何を学べばよいのか。

編集部

● 五月号目次 ●

〈特集〉今、なぜ後藤新平か?

石をくほます水滴(しだたり)も

社会学者 鶴見和子
(一九一八―二〇〇六)

わたしが五歳のとき、祖父後藤新平は「和子嬢もとめに」として、

正直あたまに神やとる
人は第一しんばふよ
石をくほます水滴(シダタリ)も

という書を書いてくれた。表装されたこの書が、わたしの勉強部屋にいつもかけてあった。正直であること、忍耐して困難を乗り切り志をつらぬくこと。これを、後藤新平は自分の生涯を通して実行し、それを自分の子孫にたたきこんでおきたいと考えたのであろう。

アジア経綸

後藤新平のアジア経綸は、一九〇七年九月、伊藤博文と厳島の宿で三晩にわたって語り合った「厳島夜話」に始まる。新大陸アメリカが今後、非常に強い国になることを見通していた後藤は、ドイツ人の書いた「新旧大陸対峙論」*から、日本が旧大陸の中国とロシア、さらにロシアを通じてヨーロッパと固く結び、アメリカに対峙することがアジアの平和につながると考えた。そこで伊藤に、日本とロシアを結ぶ仲介をしてほしいと説得したのである。熱意に動かされた伊藤は一九〇九年、ハルビンでロシア宰相ココフツォフと会見するが、そこで暗殺される。それに後藤は非常に強い責任を負ったことになる。一八年に寺内内閣が倒れると後藤も外相を辞して野に下るが、二三年には個人の資格でソ連の極東全権大使ヨッフェを自費で日本に招び、日ソ平和への段取りをつけようとした。亡くなる二年前の二七年にも、個人の資格でスターリンに会うためにモスクワに赴いた。既に二度も脳溢血に倒れていた後藤は周囲から強く引き止められたが、死を覚悟の上でモスクワに向かったのである。

＊ドイツ人の書いた「新旧大陸対峙論」 一九〇五年刊行のE・シャルクの著『諸民族の競争』で、米国の強大化が説かれ、仏独同盟を提唱。

「公共」と「自治」

もうひとつ、後藤が生涯を貫いて考えたのは「公共」と「自治」ということであっ

た。若き日に後藤が医学を学ぶことができたのは、横井小楠門下の四天王の一人、安場保和に見出されたおかげである。それまで日本において「公(おおやけ)」とは「大きい家」、つまり「天皇家」を指すと考えられていた。これに対して**小楠は、庶民と庶民がつながって国家に対して抵抗するための主体という意味での「公共(パブリック)」の概念を初めて見出した。**後藤は安場を通じて小楠の「公共」の概念をうけついだ。概念としてうけついだだけではない。**後藤は医学を学ぶなかで「衛生」ということを考えていた。**個人が病気にかかると、それは個人を超えて感染し、多くの人々に影響を与える。西南戦争や日清戦争後の兵士の検疫にも従事した後藤は、医学の実際の面から、人びとの生を衛(まも)ること（「衛生」）を考えていた。また**「衛生」は国を超える概念でもある。**たとえば現在、欧米でBSEが生じれば、またアフリカでエイズが生じれば、ただちに世界に波及する。**それを防ぐための主体として「公共」を考えた**のである。

　アメリカ哲学を学んだわたしには、ジョン・デューイが *The Public and its Problems*（1927）（邦訳『現代政治の基礎——公衆とその諸問題』）で論じた「公共」が強く印象づけられていた。**デューイは**この本で、**人間同士が切り離された近代において、地域において顔の見える人と人とが結びつく**（「公共」）**ことで、**上からの支**配をはねのける「自治」を実現すること**を論じている。それで**わたしは「公共」とは欧米の考え方だと思っていたが、そうではなかった。**既に幕末の横井小楠が考えた「公共」を安場保和を通してうけつぎ、明治以後の日本の政治の中で実現しようとしたのが後藤だった。「衛生」にとりくみ、また晩年には「政治の倫理化」運動で国民の主体的な政治参加を説いた後藤は、「公共」と「自治」の実践を志していたのである。後藤の「石をくほます水滴」には、人間は一人では小さな水滴であっても、人と人とが結びつけば石に穴を穿つこともできるという思いも込められていたのかもしれない。

「石をくほます」二つの志

　「アジア経綸」、「公共」と「自治」——後藤はこの二つの志を若い時代に抱き、一度は挫折したようではあるが、困難を乗り越えて最後までつらぬいた。それは後藤の「石をくほます水滴も」という処世訓につながっている。後藤のこの二つの志は、今こそ重要になっているとわたしは考える。

（二〇〇四年十二月）

（つるみ・かずこ／社会学者）

〈特集〉今、なぜ後藤新平か？

「生活」こそすべての基本

生命誌研究者　中村桂子
（一九三六―）

公衆衛生と教育が社会づくりの基盤

一九八〇年代、たまたまアフリカで仕事をする機会を得た。「熱帯農業研究所」の理事として八年間、年に二回ナイジェリアを訪れたのである。

空腹の子どもには食べ物を送りたくなるが、自律性を尊重するなら農業技術の改善をするべきだと考えての活動である。とても困難だが楽しい仕事だった。しかし、アフリカの日常に接しているうちに、よりよい暮らしに向けてのお手伝いは、**公衆衛生**（public health）と**人を育てること**（education）に尽きると思うようになった。人間、食べるためにはなんとか努力するが、公衆衛生や教育にはなかなか眼が向かない。実はこの二つこそが社会づくりの基盤であり、ここに集中したお手伝いが生活改善の鍵だと強く思ったのである。

ここで後藤新平である。**後藤を象徴する言葉は「衛生」と「自治」**。まさに核心をついている。**衛生は生を衛（まも）ることであり生活の基本である。そしてすべての人が関わる公共である。自治は本能であり、共同体は本来自律的なものである。**これが後藤の考えだ。私はこれを「人間が生きものとしての生きる力によって自律的に生きていくこと」の重要性の指摘と受けとめる。このリレー連載でも、多くの方が「衛生」と「自治」を後藤新平の基本としてとりあげているが、その関心は主として、この考え方を基本に何をしたかに向けられている。医療・交通・通信・都市計画・外交……多くの分野での活躍の根っこに「衛生」、「自治」があると指摘しているのである。もちろんそれは重要である。

後藤の自治の思想とは？

しかし、「今、なぜ後藤新平か」を問うなら、本当に大事なのは行動以前の後藤の考え方そのものをもっとていねいに見ることなのではないだろうか。なぜそのように考えたのか、具体的には何を重視しているのかという問題である。後藤は、自分が生きた時代を「世界人類の歴史があって以来、今日のように、文明の急激な転換期に遭遇したことはない」と捉え、「**最も自然な最も健全な新しい文明を創ろう**」としたのだ。そして、そのためには「**何よりもまず、世界人類の生活的自覚が必要**」と言っているのである。転換期の文明創造という大きな課題を意識しながら、そのためには一人一人の人間がどのような自覚をもち、どう暮らすかが基本だと言っているのだ。

「自治」について語る文の標題は、「自治生活の新精神*」であり、どのページにも「生活」という言葉が頻出する。男性、しかも明治時代の日本男性で、生活に根を置いて考える人がいることにまず驚く。「生活」など女・子供の関わることとされていたであろう中での、この発想はすごい。私は現在を「文明の転換期」と考え、「自然で健全な文明を創りたい」と思っているので、そのために考えるべき個所に印をつけていったら印だらけになってしまった。

35歳頃の後藤新平

*「**自治生活の新精神**」一九一九年刊。自治は国家の有機的組織の根本原則で、国家憲政の建立は健全な自治生活を基礎とすべきと説く。

あたりまえを見つめ直す

後藤の考えを追おう。

人間は自己の生活を向上させる権利があるが、単独で生存できる人はいない。そこで、自己の利益と社会の利益とが一致するような組織をつくり、生活を公共的に広げるのが政治（含む地方自治）の役割である。

自治は人類の本能であるのに、現代は生活を官治に委ねる傾向があり、生活の向上に関して世界共通の煩悶に陥っている。更なる向上には、自治生活の新精神が必要である。

ここで言われているのはあたりまえのことばかりだが、実は、これほど難しいことはないとも言える。もう一度**あたりまえを見つめ直すことが今最も必要とされている**のだ。後藤は、「最も多くを期待するのは、一日の仕事を終えた夕方皆が集まって放論談笑の間に、各自の生活や気分を相互に理解し合うこと」と言っている。自律的生活を楽しむ個人が、お互いを尊重し合いながら暮らす社会こそ人間らしい社会ということだろう。（二〇一三年一二月）

（なかむら・けいこ／JT生命誌研究館名誉館長）

〈特集〉今、なぜ後藤新平か？

未来の日本の創造は、後藤新平論から始まる

元国土事務次官　下河辺　淳
（一九二三―二〇一六）

いつも後藤新平に尋ねる

後藤新平は私にとって偉大な人間として見えてきます。私は何かあるといつでも後藤新平に尋ねることにしています。こんなとき後藤新平ならどのように考えるのか、どのように受け取るのか、どのように行動するのかと考えます。

二十世紀の産業革命を受けて、人々は皆狭い分野の専門家になり、社会的貢献をしてきました。全人間的な思慮には欠けていました。

後藤新平には専門はありません。台湾や満洲で活動しても、台湾や満洲の専門家ではありません。まして鉄道、通信などの専門家でもありません。震災復興の専門家でもありません。そして、それらの課題に取り組んでも、政治家や行政官ではありません。

江戸から東京へ

明治維新で江戸が東京になりましたが、江戸と東京は水と油でしかありません。徳川時代に成立した江戸に、明治維新により新しい日本の首都が置かれ、京都から天皇及び公家一族全てが移り住みました。

東京を占居して新日本を創立したのは、薩長土肥のエリート達であり、彼らは徳川時代のエリートとは戦の仲でありました。

後藤新平はこのような江戸から東京への展開を受けて、ノマドなエリート達の活動とその意義を知っていました。

二十世紀から二十一世紀への新たな展開について考えなければならない我々にとって、十九世紀から二十世紀への展開について述べている後藤新平の発言から学ぶことがたくさんあります。後藤新平をあらためて研究してみる意義は極めて大きいと思います。

今の「東京」に後藤新平がいたら

民族も異なり、宗教も異なり、思想も異なる人々が居住する都市を考える時代になってきましたが、中でも東京とは何かを考えなければなりません。

東京は日本の首都であり、全国の中心的役割を果たしており、全国から青年たちが東京を目指して集合してきました。たまたま高進学率の時代に入り、高等教育を受ける若者が東京に集中してきました。

しかし今日では、首都移転から大学移転まで地方分散が課題となり、特に科学技術の研究実験は地方分散型になりました。

東京は首都でもなく、教育の場でもなく、大企業の本社機能のビジネスセンターでもなく、むしろ世界的な文化交流の都市として評価される時代が来たように思います。

このような時代に後藤新平がいたら、どのように評価し行動を起こしたでしょうか。

あらためて藤原書店の「後藤新平」の仕事に感動しています。未来の日本の創造は後藤新平論から始まるといってよいと思います。

（二〇〇七年四月）

（しもこうべ・あつし／元ＮＩＲＡ理事長）

●後藤新平（1857-1929）
1857年、水沢（現岩手県奥州市）の武家に生まれ、藩校をへて福島の須賀川医学校卒。1880年（明治13）、弱冠23歳で愛知病院長兼愛知医学校長に。板垣退助の岐阜遭難事件に駆けつけ名を馳せる。83年内務省衛生局に。90年春ドイツ留学。帰国後衛生局長。相馬事件に連座し衛生局を辞す。日清戦争帰還兵の検疫に手腕を発揮し、衛生局長に復す。98年、児玉源太郎総督の下、台湾民政局長（後に民政長官）に。台湾近代化に努める。1906年9月、初代満鉄総裁に就任、満鉄調査部を作り満洲経営の基礎を築く。08年夏より第二次・第三次桂太郎内閣の逓相。その後鉄道院総裁・拓殖局副総裁を兼ねた。16年秋、寺内内閣の内相、18年春外相に。20年暮東京市長となり、腐敗した市政の刷新、市民による自治の推進、東京の近代化を図る「八億円計画」を提唱。22年秋アメリカの歴史家ビーアドを招く。23年春、ソ連極東代表のヨッフェを私的に招き、日ソ国交回復に尽力する。23年の関東大震災直後、第二次山本権兵衛内閣の内相兼帝都復興院総裁となり、再びビーアドを緊急招聘、大規模な復興計画を立案。政界引退後は、東京放送局（現ＮＨＫ）初代総裁、少年団（ボーイスカウト）初代総長を歴任、「政治の倫理化」を訴え、全国を遊説した。1929年遊説途上、京都で死去。

〈特集〉今、なぜ後藤新平か？

「放送開始！」あの気宇を

元NHKディレクター　吉田直哉
（一九三一―二〇〇八）

「放送とは何か」が問われている

今、なぜ後藤新平か？――私の答えは単純かつ明快で、「彼が初代東京放送局総裁*であったからだ」である。

NHKの番組制作現場に四十年ちかく在籍した身として、いまほどご高説を伺いたいときはない。

一九二五年三月二十二日、後藤新平総裁が、東京芝浦のスタジオで放送開始の、希望と熱意にみちた壮大な気宇のあいさつを電波にのせてから八十年。いま放送は数多の難問を抱え、その環境は最悪の状況に陥っているのだ。

それは、たてつづけの不祥事に端を発した受信料不払いが広がって、改革を迫られることになった、NHKだけの問題ではない。民放と、そのそれぞれの系列新聞社、広告業界、スポンサーとなる企業、さらに受け手としての視聴者ぜんたいに大きくからむ大問題なのだ。しかも、人のこころに深く関わる種類の事柄で、政局となった郵政など、その比ではないともいえる、緊急課題なのである。

＊**初代東京放送局総裁**　一九二四年、社団法人東京放送局（現NHKの前身）が設立。翌二五年三月二二日、仮放送開始で後藤は、放送の社会的役割を説いた。

「スウジが王様」の時代に

一九五三年、テレビ放送開始の年、入局したての新人だった日を思い出す。初代総裁のイメージにも、現在の状況にも大いに関わりがある話なので、昔話と敬遠せずにきいていただきたい。

とにかくはいりたてで、まごまごしていたら、摩尼（まに）さんという、名前ばかりでなく、じっさい高僧の雰囲気を漂わせた大先輩が、私を呼んだ。

「新人としての君にきくが、日本をアメリカナイズしようとしている占領政策のなかで、なにがいちばん効果をあげると思うか」

「……さあ、六三制の教育制度、旧制高校と大学をなくしたことでしょうか」

おそるおそる言うと、摩尼さんはきびしい表情と口調で断言した。

「教育制度もだけど、私は新しい放送制度だと断じて思う。民間放送ができて、商品の広告をするのはいい。しかしたちまち世の中は『消費は美徳』一辺倒になるだろう。スウジが王様になるだろう」

「スウジ？」

「聴取率だよ。テレビでは視聴率か。これが絶対君主になる。ＮＨＫは関係ないなんて思っちゃいかんよ。かならずこれに振りまわされて身を誤るだろう。……君ははいったばかり、私は入れ替わりに定年でやめて行くところだけど、君が私の年になったとき、きょう私がアメリカナイズといった意味にきっと気づくよ。もう別の国になっているだろうから」

初のラジオ放送のマイクに向かう後藤新平

大先輩の予言的中

摩尼さんはさらに、**番組を中断してコマーシャルを入れていくアメリカの流儀**だけでも将来、排除できればいいのだが**——あれは集中力を失わせる。とんでもない、怪物のような子どもが育つことになるだろう**、と予言した。

そして五十年。私はこの予言の的中していることに、ただ舌を巻くのみなのである。ただ思いもかけなかったことは、アメリカならまだよかった。アメリカですらない、**見も知らぬ別の国になってしまった**という事実である。

「公共放送」論議の再開を！

もうひとつ、思い出す言葉がある。その、アメリカナイズの本家のアメリカ人の同業者が、日本にきて言ったのだ。

「世界の七不思議というぐらい驚いたのが、日本の旅館とＮＨＫの受信料制度だ。かたや客室にカギがない、かたや払わない人間はいない、という性善説。それが共にうまく運営されている！」

もう三十年ぐらい前の話だ。この七不思議も、いまは昔話。公共放送論議を本格的に再開しなければならない。

公共放送から官の影と「銅臭」、ゼニのにおいを徹底的に除け！ が持論だった初代総裁に、いまこそ学ぶべきである。

（二〇〇六年二月）

（よしだ・なおや／文筆家・演出家）

「他の誰にも撮れなかったマタギの真実」——瀬戸内寂聴さん推薦

最後の湯田マタギ

写真・文 黒田勝雄

和賀川の対岸にそびえるオロセ倉(ライオン岩とも呼ぶ)
(湯之沢/1996年2月)

『最後の湯田マタギ』の写真には、見た瞬間から強く感動しました。

半世紀ほどもつき合ってきて、ただの一度も不快な顔を見せたことのない黒田勝雄さんが、突如、隠していた情熱のすべてをかけて撮影してくれたマタギの世界!!

感動しない訳は無い。

他の誰にも撮れなかったマタギの真実が、ここに豊かに息づいている。

黒田勝雄さん、ありがとう!!

瀬戸内寂聴

銃の手入れをする仁右ェ門さん
見守る孫の慎二さん
(湯之沢/一九九〇年四月)

残雪のブナ林をゆく
(下糸沢/一九九二年四月)

湯田は奥羽山系に囲まれた東北地方有数の豪雪地帯。湯之沢は和賀川沿いにある。一九七二年、国の集落再編成事業で、長松、大水上地区の二十五戸が湯之沢に集団移転した。長松地区には、マタギと呼ばれる人たちが暮していた。マタギの頭領は「オシカリ」と呼ばれ、長松では世襲され、高橋仁右ェ門(にえもん)さんはその末裔であった。仁右ェ門さんたちは、十人ほどの隊を組んで、熊獲りに出かける。「巻狩り」と呼ばれる猟法である。銃を持たない「勢子(せこ)」は熊を追い立てる役割。(略)

(構成・編集部/全文は本書所収)
(くろだ・かつお/写真家)

「医をもって人を救い、世を救う」司馬遼太郎も絶賛した関寛斎伝の決定版！

極寒の地に一身を捧げた老医、関寛斎

合田一道

祖父と二重写しに

関寛斎（せきかんさい）の存在を知ったのは、北海道新聞社の記者になったばかりのころだから、もう半世紀以上も前になる。休日を利用して国鉄（後のJR）池北線（現在は廃止）の列車に乗り、池田、本別を経て陸別まで足を延ばした。そこで初めて寛斎という希有な開拓者がいたのを知った。その時、ふいに祖父の北海道入植に思いを馳せた。

祖父が香川県から入植したのは一八九五（明治二十八）年、二十一歳の時。寛斎が札幌農学校に入学した七男、又一の願いで石狩郡樽川（現石狩市樽川）に取得した農場を視察するため、初めて北海道に渡ったのは九六年だから、祖父の入植の翌年にあたる。

豪気な気性ながら寡黙な祖父は、幼い孫である私に、開拓期の苦労話など一言も話さなかった。北海道を開拓したのは、内地（当時は本州以西をこう呼んだ）からの移住者たちであり、私の周辺にいる大人はすべて〝内地人〟ばかりだった。だから開拓の苦労話など話してもしょうがないとの思いが強かったのであろう。

祖父が生前、ふと漏らした言葉がある。「一度でいいから、しょっぱい川を渡って故郷へ帰りたい」。しょっぱい川とは津軽海峡を指す。なぜ、そんなことを言うのかと、北海道生まれの私は子ども心に不思議に思ったのを覚えている。

後に北海道の歴史に興味を抱き、それに関わる著書を書き出したのは、故郷を偲ぶ言葉を一言だけ残した老境の祖父と、七十二歳にもなって開拓地に入った寛斎の姿が二重写しになったから、といってもいい。

名医の地位を捨てて開拓者に

しょっぱい川を渡って北海道に入植した開拓者たちは、ほとんどが名もない人たちで、想像を絶する大自然の猛威と闘いながら大地を切り拓き、何事もなかったように、黙然として逝った――。

だが寛斎は違う。戊辰戦争が起こると、徳島藩の典医の身から新政府軍の奥羽出張病院長になり、戦後は典医を辞して町医者になり、人々を病苦から救済しようと努力した。そのうえ高齢をものともせず、妻アイとともに北海道に渡り、もっとも気候が厳しいとされる十勝国の未開の原野に入植し、そこに理想郷を築こうとしたのである。

原野はリクンベツ、トマムと呼ばれ、この二つのほかに、上トシベツ、オリベ原野まで開拓は及んだ。この中のリクンベツが現在の「陸別」の町の名の起源になった。リクンベツとはアイヌ語で、高く・上っていく・川、の意。この地域を流れる利別川がここで険しくなり、上流に向かって高く上っていくように見えることによる。危ない、の意だとする説もある。トマムは湿地、トシベツは蛇の川、または縄の川。オリベはオルベとも呼ばれ、丘・処の意。広大な原野がどこまでも広がり、曲がりくねった川が流れていた地域と解釈したい。

▲関 寛斎（1830-1912）

栄誉も財産もすべて擲って挑んだ北海道開拓――。寛斎が目指した理想郷とはどんなものであったのか。現存する資料や文献などを用いながら、その足跡を辿ってみたい。それが北海道の大地を慈しみ、開墾していった多くの先人たちの心情にも繋がるのではないか、そんな思いで、筆を執ったのが本書である。

（ごうだ・いちどう／ジャーナリスト）

名著『資本論の世界』『作品としての社会科学』の著者内田義彦を解剖する！

内田義彦の学問

山田鋭夫

「学び問う」「学を問う」

「学問」という語ほど内田義彦に似つかわしいことばはない。「科学」というよりも「学問」なのだ。

「科学」というときの「科」は、区分けすること、そして区分けされた一つ一つを意味している。したがって科学とは「学を分ける」ことであり、また区分けされ専門化された個々の学なり法則的・体系的知識なりを指す。内科・外科……、経済学科・経営学科・会計学科などの用語を想起してほしい。これに対して「学問」の方は、細かい語源的詮索は措くとして、この語を素直に理解すれば「学び問う」「学を問う」とも読めるように、それは人びとの「問い」と不可分である。そこには区分けされた知識といった含意はあまりなく、むしろ「学芸を修める」（『広辞苑』）といったように、ある種全般的な、あるいは全人間的な知識や知恵といったニュアンスが含まれていよう。

西洋語で考えてみるならば、「科学」はscienceであり、それは知識を、とりわけ体系化された知識を意味するものであった。しかし学の専門分化とともにnatural scienceやsocial scienceといった語が生まれ、さらには同じ社会科学のなかでも法学、経済学、社会学などへの細分化とともに、社会科学はしばしばsocial sciencesと複数形で表されることが多くなった。他方「学問」の方はscienceと英訳されることもあるが、「問う」「探究する」というその重要な含意を生かすとすれば、すぐれてinquiry（少し意味を狭めてacademic inquiry）の語に相当し、ドイツ語でいえば、内田義彦自身が言っているようにForschungがこれに該当しよう。

「学問」は人生と社会の問題

冒頭、「科学でなく学問だ」と言わんばかりの言辞をはいたが、もちろんこれは言いすぎだ。内田義彦は右にいう意味での「科学」を否定していないどころ

▲内田義彦（1913-89）

か、そのまっとうな発展を心底から希求している。と同時に、**科学がともすると陥りがちな部分的知識の絶対化**、科学者の部分人間化、科学的結論の受動的受容、それらによる人間精神と社会関係の貧困化を強く戒めているのだ。そして、**それを乗りこえるために「学問」の眼、すなわち市民一人ひとりによる主体的なForschungの必要を訴えているのである。**いわば科学を包みこむ学問、学問に裏打ちされた科学、要するに科学と学問の相乗的な好循環こそが、内田義彦が「学問」ということばで語ろうとしたことだった。

そういう含意において、内田義彦の思想は「学問の思想」なのである。**内田義彦は「学問の思想家」なのである。**こう言ったからといって、このことは、ほとんど内田の代名詞となっている「市民社会の思想家」内田義彦と矛盾しはしない。内田義彦の思想は「市民社会の思想」であり「学問の思想」なのである。そしてまさに、この「学問の思想」を把持している点で、内田義彦は他の多くの市民社会論者とは区別される。内田にとって「学問」とは倫理や人生の問題であると同時に、なによりも社会形成の問題でもあった。学問による市民社会形成こそが内田思想の根幹にある。内田義彦の市民社会は、すぐれて「学問する市民社会」なのである。

（やまだ・としお／名古屋大学名誉教授）

〈追悼〉木村汎さん

木村汎教授の遺著を読んで対ロ交渉を進めてほしい

京都大学名誉教授 市村真一

目をうるませた朝

昨年十一月十五日の朝は驚きました。郵便受から新聞を取上げた途端「木村汎教授死去」の大文字が目に飛込んだからです。一瞬目を疑い、再見三見して間違いないと知り、大声で家内に叫びました。「オーイ、たいへんだ！ 木村くんが亡くなった、かけがえのない学者を失った！」言いつゝ目が潤んできました。

「この間、産経新聞の正論大賞授与式で、奥様もご一緒にお話したあの人だ。彼と袴田が居るからと皆が頼みにしていた、あゝ国の宝だったのに！ 愈々(いよいよ)これからが大事なのになあ！ 残念！」

ソ連・ロシア研究六十年

木村さん、貴方は世界が注目するロシア研究者で、猪木正道先生門下の逸材で愛(まな)弟子でした。一九三六年法学者を父に朝鮮の京城（現ソウル）で生れられました。辺境生れには心の広い愛国者が多いと言いますが、貴方もそんなお一人でした。京大法学部に進学、六〇年卒業、学者を目指され、六二年修士、博士課程に進学、六六～六八年米国コロンビア大学に留学し、博士号を得て帰国。神戸学院大に就職されましたが、七〇～七二年は外務省の調査員を委嘱され、露都モスコーの真只中で二年間、日ソ外交官と交流しつゝ、じかにロシア社会とロシア語を勉強されました。同じアパート団地の隣人に、後の駐露公使や他国大使をされた河東哲夫(はるお)氏がおられて、炯眼よく「ソ連政府は怖い研究者が一人いるのを見落としている」と話されていたそうです。

七二年、北海道大学法学部に移られ、やがて、独立した今のスラブ・ユーラシア研究センターの看板教授として一九九一年まで研究を主導されました。同年ご両親がお住いの京都の国際日本文化研究センター（日文研）教授となり、二〇〇二年に退官された。北海道での二十一年間と京都での十一年こそは、良き同僚と優れた研究環境を得て貴方の黄金時代であったことでしょう。しかし〝生涯一研究者〟がモットーと承った貴方は、なお拓殖大学の客員教授をされながら研究を継続され、却って浩瀚な大著を次々と刊行して我々を驚嘆させせました。

物凄い著書論文目録

実は日文研において「木村汎教授著書論文目録」が同僚戸部良一教授の手によって整理されており、貴殿退官時に出来ていた目録は、多分その後貴殿やご夫人の協力を得て完成し、この度同僚猪木武徳教授のお世話でその後の出版物を加えて、私に届けられました。その冊数は総計158。内：邦文単著21、共著9、編著5、邦文共編9（小計39）、英単著3、英単編1、英共編1、単著露訳1、単著中訳1（小計7）：また論文は、実に邦文101、英文6（小計107）です。

これは、単純にまず数として驚きです。貴論文の第一号は、一九六二年『法学論叢』に発表された「ウクライナのソヴェト化　一九一七～二〇年」で、それから今年まで約六〇年の間に、上記の如く、英文6を含め、論文は107本、年平均1・8論文であり、書物は、外国語の7を含め、邦文39と計46冊、六百頁を越える大著が五、六冊あることを度外視しても、六〇年間に47冊は多い。世界にそんな著者は数えるほどしか居ない。

木村学説の魅力

しかも貴方のロシア研究には敵も多い。言うまでもなく、ロシア研究は北方領土問題と不可分ですから。それを一例として言えば、鈴木宗男氏等の如く、二島返還プラスアルファで満足せよ、というのでなく、貴見も私も、あくまで頑強に四島返還をと主張する。だから、ロシアが折れなければ、決裂やむなし、との立場です。現在よりも我が方に有利な時が来ると判断しており、それが正義にかなうと信じるのです。

私は、これからのロシアに、ソ連崩壊前のプラハの春の叛乱の時に、これを蹂躙したソ連が、ゴルバチョフ時代に態度を一変したのと同じ様な変化が起り得る、と考える。目下の石油価格暴落の如きはその一例である。同様の事態は、中国にも起り得る。ＩＴ革新の進行して行く近未来社会は、権威主義統治が難しい時代だと考える。

木村教授は、ロシア人のものの考え方や交渉の仕方について、他の先進国の実状と異なる点を色々事細かく追究しておられ、非常に参考になる。我等は、教授なくとも著述を参考に、愈々対ロ交渉に対処せねばならない。

（四月二九日）

連載　今、日本は　13

コロナショックに想う

鎌田　慧

百年ぶりのパンデミック（世界的大流行）と言われる新型コロナウイルス感染症。死者はすでに世界で一六万人（四月二十日現在）を超えた。日本は四月同日で公表一万一千人、死者二六〇人。感染者は死者ともにまだまだふえそうだ。

忘れられていた「スペイン風邪」は、一九一八年からの三年間で二〜四五〇〇万人以上の死亡、日本でも四五万人といわれている。第一次世界大戦中だったので、その経験がよく伝わっていなかった。第一波より第二波の方が致死率が高かったから、これからが大変だ。おそらく、来年もオリンピックどころではなくなるだろう。戦後も、わたしたちは「忘れた頃にやってくる」（寺田寅彦）自然災害にはなんどか遭ってきた。が、今回のような巨大災害はすくなかった。阪神淡路大震災、東日本大震災、福島原発爆発事故（自然災害ではないが）などがあって、今回の感染症爆発。

自然の征服、繁栄、近代化文明などと傲（おご）り高ぶってきた鼻っ柱を、叩き折られるような打撃である。生産拡大によって二酸化炭素がふえて温暖化を招き、南極や北極の氷山を溶かし、アマゾンやオーストラリアなどで森林大火災が頻発。

四月下旬、国連機関の世界食糧計画（WFP）は、新型コロナウイルスの影響によって、貧困国や紛争地域を中心に、一億三千万人が今年末までに餓死する可能性がある、と報告している。人道的な支援をはじめようとする警告だ。

食糧危機は南北の経済格差であり、富めるものによる貧しき者からの食糧強奪でもある。アメリカ農業に依存させられる日米貿易協定が、日本の食糧自給率を低めてきた。これからさらに種苗法改悪で、農産物ばかりか、海外の種苗会社が販売するF１種（一代交配種）への依存が強まる。

コロナショックに遭遇して、安倍首相の無能、無力への不満が強まり、強い権力待望論が出てきた。が、農産物と種苗の自給ばかりか、市民意識の自立なくして、未来のいのちを守ることはできない。

（かまた・さとし／ルポライター）

リレー連載　近代日本を作った100人　74

田口卯吉——国家草創期のリバタリアン

河野有理

明治のリバタリアン

田口卯吉は、安政二（一八五五）年に生まれ、明治三十八（一九〇五）年に没した。安政二年と言えば日米和親条約締結の翌年。没年は日露戦争終結の年。近代日本が、「坂の上の雲」を目指して駆け上がるその軌跡と、田口の一生は大きく重なっている。自らの青春と「国家の青春」期を重ねる幸運を得た人には往々見られることだが、現在ではおよそ重ならないように見える様々な領域において、八面六臂の活躍を見せた。政治家であり、冒険家であり、実業家であり、学者であった。「近代日本」の国家形成に大きな役割を果たした人物。一見すると田口はそうした人物に見える。

だが、彼の代表作の一つであり、明治十一（一八七八）年、弱冠二十四歳で出版した『自由貿易経済論』に改めて目を通してみると、上記の印象は大きく修正を迫られることになる。少なくとも彼が近代日本「国家」形成の担い手だったと無邪気に言うことは難しい。というのも、この書はいわばリバタリアニズムの理論書だからである。大久保利通が主導した殖産興業政策に対する苛烈な批判者だった田口を支える政治哲学とはたとえば以下のようなものだ。

政事上の区分は経済社会に取りて重大の件ならざることを見るべし、故に苟も人間の皮を被むり此地上に立つものは宜しく活眼を開きて社会の眞状を考察し吾人の最も制馭を受くるものは政府に非らずして経済世界の衆需に在ることを尋思せよ……吾人は経済世界の自由民にして其支配を受ることは政府の支配を受くるより頻且つ切なることを見るへし　（『自由貿易経済論』）

需給関係の網の目が織りなす「養成の地」、つまり「市場」、この大きさと機能こそが問題なのであって、政府はそこに関与できないし、するべきでもない。後に屈辱的な「不平等」条約としてその改正が国家的目標となっていく関税障壁の不在と、それにともなう世界市場との半強制的常時接続状態という脈絡がかろうじて彼の理論の歴史的リアリティを支えていた。とはいえ、国家形成（state building）期のまさに真っただ中にあって、彼のこの「自由放任」主義はやはり奇矯であった。

徳川国家の崩壊感覚

思い起こすべきは、彼が経験したのは明治国家の形成だけでなく、徳川国家の崩壊でもあったということだろう。徳川「瓦解」の年、彼は十四歳。すでに父を亡くしていた彼は、徳川家達（いえさと）に伴い静岡に移住し辛酸を嘗めたという。後の世代には自明だった社会的諸制度の安定感は、彼には無縁だった。

国家崩壊の経験がもたらす、いわば本能的なリバタリアニズムの感覚は、彼のもう一つの主著『日本開化小史』にも横溢している。「保生避死」、生を保ち死を避けようとする人間の本能を軸に、「貨財」と「人心」の相互作用の展開として「開化」を把握するこの歴史書において、国家の地位はやはり高くない。刻々と変わりゆく「政府の組立」は、「貨財」や「人心」の交通の転轍機として重要な役割を果たすとはされるものの、そこで描かれるのは間違っても「悠久の国家の歴史」などではない。

最初に見たように、彼自身もまた明治国家形成に尽力した功労者の一人たることは間違いない。人並以上の愛国心を持ち合わせてもいた。しかし、彼が愛した「国家」とはあくまで、個々人の生活の本能から積み立てられた手作りの「小さな国家」であった。国家の存在が「大いなる全体」として自明視されることの多いその後の近代日本思想史の流れのなかで、彼の政治思想は「あり得たかもしれない」もう一つの日本の姿を描いているのである。

（こうの・ゆうり／東京都立大学教授）

▲田口卯吉（1855-1905）
卯吉は通称、名は鉉、字は子玉、号は鼎軒。1855年徳川家の徒士である田口家の江戸目白台徒士屋敷に生まれる。1868（明治元）年、徳川家の静岡転封に伴い静岡移住。翌69年、沼津兵学校、1872年、共立学舎に入学。同年10月より大蔵省翻訳局上等生徒、1874年、大蔵省紙幣寮一一等出仕。1877年、『日本開化小史』刊行開始。1879年『東京経済雑誌』刊行開始。1880年、府会議員当選。1883年、東京株式取引所肝煎。1888年、小田原電鉄取締役。89年、東京市会議員、90年、士族授産金事業のため南洋渡航。1894年、衆議院議員。1905年没。この間、主著として他に『自由貿易日本経済論』、出版事業の成果として『史海』『大日本人名辞書』『群書類聚』『国史大系』『泰西政事類典』等。

■〈連載〉沖縄からの声［第Ⅷ期］3（最終回）

琉球処分一四〇年

高良　勉

昨（二〇一九）年は、明治の琉球処分から一四〇年目の記念すべき年であった。『沖縄タイムス』紙は、『琉球処分』一四〇年と沖縄」という企画を長期連載した。そこで、「琉球処分」をめぐる現在の議論を概括し、考察してみたい。

そも沖縄県の出現を、どう評価し何と表現するか。私たちが高校生の頃は、「廃藩置県によって沖縄県となった」と教えられていた。しかし、琉球王国の滅亡を廃藩置県一般で説明することはできない。何故なら、明治天皇は全国的な廃藩置県の翌年（一八七二）に最後の国王・尚泰王へ「琉球藩王と為し華族に列す」旨の冊封詔書を渡し、琉球王国を亡ぼして「琉球藩」を設置したのである。

そこで、現在の高校の教科書では「一八七九（明治十二）年には、日本政府は琉球藩および琉球王国の廃止と沖縄県の設置を強行した（琉球処分）」（『日本史B』山川出版社）と表現されている。

琉球藩設置から七年後の一八七九年三月二七日、琉球処分官松田道之は六〇〇余人の日本兵と警官に護衛されながら首里城に乗り込み、「琉球藩廃止、沖縄県設置」を宣言した。この時点を琉球処分と呼ぶことが多い。

しかし、**沖縄の歴史家は、一八七二年の琉球藩設置から七九年の沖縄県設置に至る期間の措置を琉球処分と呼んでいる。**

そこで、西里喜行はこれらの過程を「廃琉置県処分」と称することを提唱している（『沖縄県の歴史』山川出版社）。

そして現在では、琉球処分より「**琉球併合**」と評価して表現する事例が増えている。波平恒男は『近代東アジア史のなかの琉球併合』（岩波書店）で強制併合を分析し、「二つの併合、琉球と朝鮮」を比較・検討している。

一方、琉球併合に対し琉球王国側は激しい抵抗運動を展開した。清国に救済を求めて嘆願をくり返した。これら抗日の思想と行動は、後田多（しいただ）敦『琉球救国運動』（Ｍｕｇｅｎ）で詳しく研究されている。

ところで、琉球併合翌年の一八八〇年に、日本政府は「琉球分割条約」問題を清国との間に引き起こしている。琉球併合の分析、評価はまだ定まっていない。

（たから・べん／詩人）

■連載・花満径 50

高橋虫麻呂の橋（七）

中西　進

　ところで橋といえば、戦争を避けて通れない。城一つとっても、周りの堀割りは必須だし、大坂城冬の陣の結果が堀埋めだったことも、よく知られている。

　すでに辞書ことばの一つに「橋合戦」がある。むしろ合戦がもっとも熾烈を極めるのは、橋合戦だったといえるだろう。

　だからそれは、日本史においても古代最大の政権の争奪戦、壬申の乱の時も、例外ではなかった。『日本書紀』（天武天皇元年七月）は、大海人皇子の軍を東に、大友皇子の兵を西に配した瀬田の大橋を挟む決戦を、乱のクライマックスとして描写する。まず冒頭に大友方の大軍は「旗幟野を蔽し、埃塵天に連なる。鉦鼓の声、数十里に聞ゆ。列なれる弩乱れ発ちて、矢の下ること雨の如し」だったと。

　じつはこの部分は、そっくり中国の『後漢書』（光武帝紀）の引用であり、後のち日本に流行した合戦記は、ここから出発する。

　さらに『万葉集』にも、持統朝に活躍した柿本人麻呂によって、時の将軍、高市皇子の死を悼む挽歌の中にこれが引用された（巻2一九九）。

　ただ人麻呂は、これが「橋合戦」であることをすこしも匂わさない。むしろ大平原に展開された、雌雄を決する大合戦だったかのごとく歌うばかりだ。

　さて、虫麻呂は歌の大先達、柿本人麻呂が『日本書紀』の橋合戦をすっぽり隠してしまったことを、知らないはずはないだろう。

　同じく宮廷に奉仕し、歌を得意とした虫麻呂は、人麻呂の大傑作がじつは橋合戦の激戦だったことを、十分知りながらあえて正反対の、長閑たる白昼の橋を仕立て上げ、ドラマもどきの人影や空想の愛欲の構図を描いたのではないか。

　虫麻呂に先立つ時代の、橋の風俗はすでに見た。虫麻呂の作品はもとよりこれらの風物詩の流れの中にあるが、傑出した叙事詩人としての虫麻呂を衝き動かしていたものは、むしろ激越な橋の風景だったはずである。

（なかにし・すすむ／国際日本文化研究センター名誉教授）

連載　歴史から中国を観る　5

儒教は漢字の教科書

宮脇淳子

かつて中国・韓国・日本をひとくくりにして「東アジア儒教文化圏」と呼んだ人がいたが、最近は聞かない。中国が世界中に広めた「孔子学院」で『論語』の精神を教えているわけではない。では、中国人にとって儒教とは何か。

前回述べたように、始皇帝による文字の統一は、「口頭で話される言語」の統一ではなく、「漢字の書体」と、その漢字に対する読み音を一つに決定したことだった。

それ以前の戦国七国では、国によって漢字の書体が違っており、読み音も異なっていたから、外交文書を取り交わそうとしても、相手の文書そのものが読めなかった。そのコミュニケーション・ギャップを埋める役割を果たしたのが、儒教集団だった。

当時すでに儒家は、『詩経』『春秋』『易経』といった古典を神聖視し、その読み方を厳密に定めていた。儒家が書いた文章をやりとりすれば、外交文書の行き違いが起きない。そこで諸国は競って儒家を雇い入れた。孔子の弟子たちが対立関係にある国に派遣されて行ったこと、孔子自身を含め、儒家に一国の宰相になった人がいないという事実は、かれらが、あくまで文書作成の技術者と認識されていたということを裏付ける。

漢字を使いこなすためには、一つずつの漢字が持つ意味がわからなければならないが、それを説明する文字は他にない。だから、古典の文章をまるごと暗記して、文脈を思い出しながら使うしかなかった。六五三年、『五経正義(ごきょうせいぎ)』が科挙の国定教科書になり、宋代以後は「四書」が教科書になった。文章を綴るときには教科書の語彙を使うわけだから、漢字を学ぶ者は全員儒教徒に見えるだけである。漢字を知らない大多数の人々にとって、儒教は縁のない世界だった。

「名は実の賓(ひん)なり」(『荘子(そうじ)』「逍遥遊(しょうようゆう)」篇)という言葉があるが、言葉は真実にとってお客さんにすぎず、真実をコントロールしえないという意味である。今、中国人が、真実でないことを平気で言葉にできるのは、そのせいではないかと私は思う。

(みやわき・じゅんこ／東洋史学者)

■連載・アメリカから見た日本

銃器店だけが開いている　5

米谷ふみ子

『ボストン・グローブ』紙が「大統領の手に血痕が付いている。彼は気に入りの州にだけ足りない医療器具を送っている」と書いている。大統領の義務は国民の安全を守ることなのだが、トランプ大統領は医療器具が足りないのは彼の落ち度なのに、「文句を言っている知事たち（NY州、CA州のこと）は事前に用意していなかったのか」と、自分のことを棚に上げて叩いたり、記者会見でCNNテレビの記者が質問すると、「君のテレビ局はフェイク・ニュースを流すから返事をしない」と皆の前でその記者を辱める姿が放映されていた。

今、救急処置をしている医者、看護師が、医療器具が足りないので自分たちをコロナウイルスから守れず、死んでいっている。それなのにトランプは何もしない。

そこで、CA州やNY州他の知事たちは外出禁止命令を出した。スーパーと薬局を除いては買い物に出るな、家で蟄居せよという。戦争中を思い出す。殊に六十五歳以上の年寄りは外をうろうろするな、食堂は出前は良いが食事はできない、人と人との間は二米（メートル）隔てろ（喋って唾が届かない距離）、生命維持に関係のない他の店は全部閉じろという。学校も、小学校から大学まで閉じて来年度まで明けない。家でオンラインで勉強せよという。

町の商店は全部閉まり、開いているのは銃を売っている店だけで、人が行列を作っている。物騒な話である。どこにも行けないので、鬱憤を晴らすために、何かを撃つ？　アメリカ人はもちろん銃器規制をする気は毛頭ない。憲法で銃を持つことを認められている。それでも、銃のなかった日本で戦後育った私は、こういうことを聞くと、身の毛がよだつ。

あるコメディアンが「ほとんどの店が閉まっているのに、銃を売っている店が大繁盛とは、一体この人たちは銃を買ってどうするのだ？　コロナ・ウイルスを撃つつもりなのかなあ」と言って笑っていたが、笑い事ではない。

トランプを初め共和党の政治家がライフル協会から選挙資金を貰っているので、店を閉じよと言えないのだ。

（こめたに・ふみこ／作家、カリフォルニア在住）

Le Monde

■連載・『ル・モンド』から世界を読む［第Ⅱ期］45

コロナと『ペスト』

加藤晴久

中国がコロナ・ロードなる新シルク・ロードを世界中に開通させた。習近平が唱えるチャイナ・ドリーム（世界制覇の夢）が成就した！　国家主席を囲む、全員が白の人民服の一大集団が犠牲者を悼むと称する光景はまるで勝利の祝賀式典であるかのようだった。対するに、後進国日本は米欧先進諸国に追いつけ追い越せとばかりに精を出している。

四月一〇日（五月号原稿締め切り日）現在の状況である。これでは、どんな話題も関心を寄せて貰えそうもない。

三月三日付（電子版）にアルベール・カミュの『ペスト』に関する記事が載っていた。日本や韓国でなく、イタリアの話である。

コロナウイルスが猖獗（しょうけつ）をきわめているイタリアで『ペスト』が驚異的な売れ行きを見せている。「二月二七日付『ラ・レプブリカ』紙によると、ネット通販で七一位から三位に躍り出た」

フランスではその気配はない。発行元ガリマール社によると、もともとこの作品はコンスタントに売れており、感染症の影響は感じられない。

その理由は、フランスでは『ペスト』はナチズムのアレゴリーであることがはじめからよく知られているからでもある。一九五五年、ロラン・バルトへの書簡の中で、作者自身がそう述べている。この物語は「ナチズムに対するヨーロッパのレジスタンスの闘いを記述したものです。その証拠に、名指しされていませんが、ヨーロッパのすべての国で、すべての人がこの敵をそれと認識しました。『ペスト』はある意味でレジスタンスの記録（クロニック）以上のものです。しかし、間違いなく、それ以下のものではありません」

すぐれた文学作品は作者の意図を超えた、多様な読み方をされるものであるということの例証であろう。

四月九日のＮＨＫ・ＴＶニュースによると、邦訳は増刷に次ぐ増刷で、これまでの総部数は百万部を超えたという。

新訳が進行中という話も聞こえてくる。よりよい翻訳により、よりよく賞味されることを期待したい。

（かとう・はるひさ／東京大学名誉教授）

四月新刊

心性史を継承するアナール派の到達点！

感情の歴史 全3巻

A・コルバン／J-J・クルティーヌ／G・ヴィガレロ 監修

I 古代から啓蒙の時代まで

G・ヴィガレロ編

片木智年監訳

発刊

感情生活に関する物質的、感覚的な系譜学という観点から、かつて心性史によって拓かれた道を継承する、アナール派の歴史学による鮮やかな達成。『身体の歴史』『男らしさの歴史』に続く三部作完結編、遂に刊行開始。

カラー口絵24頁

A5上製　七六〇頁　八八〇〇円

各地の「原風景」を訪ね価値観の根源を問う

日本の「原風景」を読む

危機の時代に

原　剛　写真＝佐藤充男

海、山、川、野鳥、里山……生活全体の産業化・科学技術化が高度に進展する一方、多くの自然災害の到来により我々の存在の基盤が揺さぶられている今、「環境日本学」の提唱者が、ナショナリズムを超えた第四の「風景」論に挑む。

カラー口絵8頁

四六判　三二八頁　二七〇〇円

「在日」と「日本」を全身で問う

金時鐘コレクション 全12巻

10 真の連帯への問いかけ ［第6回配本］

「朝鮮人の人間としての復元」ほか 講演集I

在日朝鮮人と日本人の関係を問い直し、“連帯”と詩を追求する、七〇年代～九〇年代半の講演を集成。

〈解説〉中村一成

月報＝金正郁／川瀬俊治／丁海玉／吉田有香子

口絵2頁

四六変上製　三九二頁　三六〇〇円

＊五月刊になりました

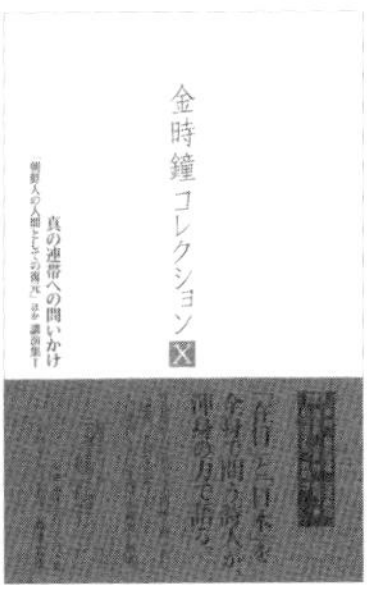

17歳とともに「生きる」を考える

中村桂子コレクション いのち愛づる生命誌 全8巻

6 生きる 17歳の生命誌

経済優先・効率優先の現代社会を生んだ機械論的世界観を脱し、「生きること」を中心にする社会をめざして。

［第5回配本］〈解説〉伊東豊雄

口絵2頁

四六変上製　三六〇頁　二八〇〇円

昭和の名優、最後の文人の集大成

全著作〈森繁久彌コレクション〉全5巻

内容見本呈

4 愛――人生訓

「自由のハキ違いが、『らしさ』を失わしめた」――人生のさまざまな場面で、だれの心にもしみる一言。

［第4回配本］〈解説〉佐々木愛

口絵2頁

四六上製　三六〇頁　二八〇〇円

読者の声

全著作〈森繁久彌コレクション〉③ 情――世相■

▼遠い昔、演劇青年だった私にとって、森繁コレクションの刊行は、嬉しくてなりません。
　斯界の至宝ともいうべき氏の功績を活字等で振り返ることができることは、至福の時間です。不世出の俳優の姿が、目蓋によみがえります。ありがとうございます。

（愛知　**鈴木庸規**　70歳）

いのちを刻む■

▼『毎日新聞』に「学校とわたし」の欄で木下晋さんが出ていて、すぐ切りぬいて、本屋に持っていって注文する。今か今かとまっていると、書店よりTELですぐに購入してむさぼるように読みつづけました。一行一行心を打つ。第四章、荒川修作氏との出会い、おくすることなく自分の心をしめていた心のシコリを一気にしゃべって、それへの荒川氏の答えがすばらしい。本当に感動。それを素直に受けとり、私の人生が逆転した瞬間、といただく木下晋さんの素直な心、本当にこの世の中に阿弥陀様の化身がいるんだと思いました。

（大分　浄土真宗本願寺派光樹山西方寺前住職　**北條祐熙**　78歳）

ベルク「風土学」とは何か■

▼日本の哲学がベルクの哲学に大きく影響を与えていることを知り、驚きました。また、川勝知事の興味の広さにも驚きました。非常に楽しく読むことができました。

（秋田　高等学校教員　**小松田信之**　56歳）

〝フランスかぶれ〟ニッポン■

▼経済学のイメージしかなかった橘木氏による〝日仏文化交流（輸入）史〟のような内容を興味深く拝読させて頂きました。私はフランスに行ったことも行くこともないのですが、現在のフランスにはテロ、失業、移民難民問題、ストといったマイナスイメージしかありません。それでも、もし彼の地に滞在することがあれば、やはり「かぶれてしまうのかな」などと考えてしまいました。真剣に……。

（神奈川　会社員　**松岡敬介**　56歳）

いのちの森づくり■

▼仕事の関係で横浜国大を訪ねた際、学生の新聞で紹介されており購入。読書は苦手な私ですが、一気に読み終え、大変に感動しました。
　宮脇氏の著作をぜひ今後も出してほしいと思います。

（電気修理業　**三木拓也**　42歳）

国難来■

▼『産経新聞』の新保祐司さんのオピニオン欄を見て、後藤新平について、断片的には知って居りましたが、本人について論じられたものを読んで居りませんので、本当に理解することができました。有益な書物、読物でした。

（熊本　元自衛官　**古澤万亀生**　91歳）

金時鐘コレクション⑦ **在日二世にむけて■**

▼在日朝鮮人として生きる金時鐘の魂の軌跡が強烈に心に響く。
　植民地にされたということの精神内部への無限の圧力のすさまじさを知る。
　朝鮮人を押し殺し、日本人として生き、日本語、日本の思想を日本人として受けとめ尊重して育ってきたことをすべて振り払って朝鮮人をとり戻す。植民地の日本語を在日朝鮮人の日本語として、自分のことばとして書いていく葛藤。在日朝鮮人という存在を一人の人間として、一人の詩人として生きていくということの強烈な覚悟。
　しかし、このことこそが、金時鐘という詩人を世界に一人の詩人として屹立させている。
（東京　介護職　**福地秀子**　72歳）

「大正」を読み直す■

▼私は大正期の思想史をカンブリア爆発の頃と同じようなものだと考えていました。覇者アノマロカリスがロシア革命の影響を受けたボルシェビズム、目が五つのオパビニアがその息子たるサンジカリズム、なんだか上下さえもわからないハルキゲニアが、まだ未分化な国家社会主義の諸勢力、あれこれ突然のように出現する楽しみに耽っておりましたが、子安さんのようなまじめな「読み直し」を全くやってこなかったことを深く恥じ入りました。
（奈良　学習塾経営　**杉浦功**　55歳）

※みなさまのご感想・お便りをお待ちしています。お気軽に小社「読者の声」係まで、お送り下さい。掲載の方には粗品を進呈いたします。

書評日誌（二月号〜三・二二）

㊂ 書評　紹 紹介　記 関連記事
イ インタビュー　TV テレビ　ラ ラジオ

二月号　㊂島嶼研究「日本ネシア論」（宮内久光）

三・二　記東京新聞「三島由紀夫 vs 東大全共闘」（「大波小波」）／「三島由紀夫の真実を見る」）

三・三　記日本経済新聞（夕刊）［石牟礼道子さん三回忌の集い］（「夕刊文化」）／「石牟礼道子没後2年」／「広く深い「海の声」再評価」／郷原信之）

三・三　記産経新聞「日本を襲ったスペイン・インフルエンザ」（「産経抄」）

三・四　記東京新聞［石牟礼道子さん三回忌の集い］（「文化」）／「石牟礼文学　尽きぬ思い」／「都内など　三回忌に作家ら集う」／鈴木久美子）

三・六　㊂週刊読書人「いのちを刻む」（「読物文化」）／「残酷な作業、慈しみ、懸命に生きる姿を刻む作業」／歌代幸子）

三・七　記読売新聞「日本を襲ったスペイン・インフルエンザ」（「仁王立ちで立ち向かえ」／橋本五郎）

三・八　㊂中国新聞「いのちの森づくり」（「雑草の人　緑の防潮堤へ」／佐田尾信作）
紹サンデー毎日（特大号）「いのちを刻む」

三・八〜　㊂共同配信「いのちを刻む」（「深い孤独、尊厳との共振」／鎌田慧）

三・一四　㊂図書新聞「資本主義の政治経済学」（「特集　メディア・資本主義・歴史」／「商業社会と現代経済、政治と美学、哲学を新たに読む四冊」／「レギュラシオン理論の到達点と展望」／「経済学や現代資本主義分析のテキスト」／横田宏樹）

三・一五　㊂毎日新聞「いのちを刻む」（「孤独の闇の底　光持つ鉛筆画」／堀江敏幸）

三・一六　㊂毎日新聞（大阪・市内版）「全著作〈森繁久彌コレクション〉」（「森繁久彌さんの遺筆集める」／「全5巻の「コレクション」」／「藤原書店刊行　自伝、芸談など」／戸田栄）

三・一九　㊂聖教新聞「いのちを刻む」（「文化」）／「鉛筆画が開く世界」／「自伝「いのちを刻む」の著者　木下晋氏に聞く」）
記新美術新聞「いのちを刻む」（「美・友・人」）／「56年目の自分との再会」／木下晋）

三・二二　記朝日新聞「世界の悲惨」（「情報フォルダー」）

六月新刊予定

＊タイトルは仮題

個人に留まらぬ歴史的社会的日記！

J・ミシュレ
日記 Ⅰ 全2巻 本邦初訳
一八三〇〜一八四八年

大野一道 編
大野一道・翠川博之 訳

「ミシュレの日記はフランスの告白文学において最も驚嘆すべきものの一つ」(『ル・モンド』一九五〇)。浩瀚な『フランス史』全六巻を著した大歴史家の日記。Ⅰは七月革命(一八三〇)から二月革命(一八四八)への移行期。妻や父との死別を経て、個と、人類という普遍との運命を思い見る全体史家の姿が浮き彫りに。

銀幕の名優による名文の集大成！

全著作〈森繁久彌コレクション〉 全5巻 内容見本呈
5 海――ロマン 完結
〈解説〉片山杜秀

森繁久彌

「船には私の大好きな名前をつけた。MAY・KISS。五月の薫風が帆一杯に接吻する時、私を乗せたこの四畳半は一切のわずらわしさから私を断って、縹渺とした大洋の上を私の意のままに漂い流れ走ることであろう」。人と文化をつなぐ"海"を愛し、七十八歳で日本一周をなしとげた森繁さん。[最終配本]

「日本には二つの中心がある」

楕円の日本
日本国家の構造

山折哲雄
川勝平太

「日本」における芸術・文化・宗教の二千年史を、グローバリゼーションの今、どう捉え直すのか？ 国家と国土、権力と権威、聖と俗、芸術と宗教などの「二つの中心」によって織り成される日本の知と文化が、今どうあるべきか、宗教学者・山折哲雄と、経済史家・川勝平太が徹底討論！

書評とは、本の中に「人間」を見つけること

虚心に読む
書評の仕事 2011-2020

橋本五郎

「書物の数だけ思想があり、思想の数だけ人間が居る」(小林秀雄)――長年にわたって読売新聞の書評委員を務めてきた著者が、小林秀雄の読書論を導きに、「人間」を見出す書評に取り組んだ書評集、第二弾。長短の書評に加え、単行本解説、書物論、そして書物を通じた小泉信三論を収録。

5月の新刊

タイトルは仮題、定価は予価。

黒田勝雄写真集
最後の湯田マタギ ＊
黒田勝雄　推薦＝瀬戸内寂聴
Ｂ５上製　一四四頁　二八〇〇円

評伝　関寛斎　1830–1912 ＊
極寒の地に一身を捧げた老医
合田一道
四六上製　三二八頁　二八〇〇円

内田義彦の学問 ＊
山田鋭夫
四六上製　三八四頁　三三〇〇円

金時鐘コレクション（全12巻）
10 **真の連帯への問いかけ** ＊
「朝鮮人の人間としての復元」ほか　講演集Ⅰ
〈解説〉中村一成　口絵2頁
月報＝金正郁／川瀬俊治／丁海玉／吉田有香子／
四六変上製　三九二頁　三六〇〇円

6月以降新刊予定

J・ミシュレ　日記 Ⅰ（全2巻） ＊
一八三〇～一八四八年
大野一道編　大野一道・翠川博之訳

全著作〈森繁久彌コレクション〉（全5巻）
5 **海――ロマン** ＊　内容見本呈
〈解説〉片山杜秀

虚心に読む ＊
橋本五郎

楕円の日本 ＊
日本国家の構造
山折哲雄　川勝平太

別冊『環』㉕
高群逸枝　1894–1964
芹沢俊介・服藤早苗・山下悦子編

生きているを見つめ、生きるを考える
中村桂子

好評既刊書

感情の歴史（全3巻）
A・コルバン／J-J・クルティーヌ／G・ヴィガレロ監修
Ⅰ **古代から啓蒙の時代まで** ＊
G・ヴィガレロ編　片木智年監訳　カラー口絵24頁
A５上製　七六〇頁　八八〇〇円

全著作〈森繁久彌コレクション〉（全5巻）
4 **愛――人生訓** ＊　内容見本呈
〈解説〉佐々木愛
月報＝池辺晋一郎／本條秀太郎／林家正蔵／原荘介　口絵2頁
四六上製　三六〇頁　二八〇〇円

中村桂子コレクション　いのち愛づる生命誌（全8巻）
6 **生きる** ＊　〈解説〉伊東豊雄
17歳の生命誌
月報＝関野吉晴／黒川創／塚谷裕一／津田一郎　口絵2頁
四六変上製　三六〇頁　二八〇〇円

日本の「原風景」を読む ＊
原　剛　写真＝佐藤充男　カラー口絵8頁
四六判　三二八頁　二七〇〇円

世界像の大転換
リアリティを超える「リアリティ」
北沢方邦
四六上製　三〇四頁　三〇〇〇円

生き続ける水俣病
漁村の社会学・医学的実証研究
井上ゆかり
A５上製　三五二頁　三六〇〇円

中国人が読み解く **歎異抄**〈中国語訳付〉
張鑫鳳 編
四六上製　二〇〇頁　二八〇〇円

高橋和巳論
宗教と文学の格闘的契り
清　眞人
A５上製　五七六頁　六二〇〇円

世界の悲惨 ⅠⅡⅢ（全三分冊）　完結
P・ブルデュー編
監訳＝荒井文雄・櫻本陽一
A５判　五〇〇頁平均　**各四八〇〇円**

＊の商品は今号に紹介記事を掲載しております。併せてご覧戴ければ幸いです。

書店様へ

▼石田紀郎さん著**『消えゆくアラル海　再生に向けて』**が4／11(土)『日経』読書面「この一冊」にて山根一眞さんが絶賛書評。琵琶湖のほとりで育ち、農学の道に進んだ著者がアラル海消滅の危機にあるカザフスタンに通いつめ、その真実を描き出した画期作。在庫のご確認を！
▼**全著作〈森繁久彌コレクション〉第3巻『情――世相』**が4／15(水)『朝日』「折々のことば」にて鷲田清一さんが紹介。「理屈をつけたものは、みんな滅んだり衰えたりする。理屈がないことが何よりだ。」既刊分とともに在庫のご確認を！
▼**『いのちを刻む　鉛筆画の鬼才、木下晋自伝』**が4／18(土)『産経』読書面「産経書房　本ナビ＋1」にて俳優の寺田農さんが絶賛紹介。在庫のご確認を！▼**『日本を襲ったスペイン・インフルエンザ』**が大増刷。『文藝春秋』5月号や『週刊文春』4／30号緊急対談「感染症が世界史を変えてきた」ほかにて取り上げられております。パンデミック研究の圧倒的金字塔、大きくご展開を！　（営業部）

■次号予告　2020年6月号

〈特集〉ウイルスとは何か

中村桂子／村上陽一郎／西垣通

出版随想

▼今月は、戦後、ようやく本格的に光が当たり出してきた後藤新平を特集してみた。小社が、後藤新平に着目し、プロジェクトを起ち上げて二〇年になる。まず、各巻千頁は優に超える鶴見祐輔著『後藤新平』全四巻（後藤新平伯伝記編纂会編）を素読するところから始まった。この大冊は、鶴見も序文で書いているように、自分がやったことは、後藤伯の一次資料をつないだだけである、と。この伝記編纂の仕事は、新渡戸稲造を中核に、当時一級の歴史学者などが協力して、集め、編集され、アンカーとして鶴見がまとめたものである。一九三七〜三八年の出版というから、後藤の死後十年足らずで出版に至ったとは驚くべき速さである。しかも、現在においても、この本を超える後藤新平の全体像を捉える本はない。「集中力恐るべし！」だ。

▼後藤新平の命日は、一九二九年四月一三日である。その三ヵ月後に、四〇〇頁近い『吾等の知れる後藤新平伯』が出版されている。徳富蘇峰、大川周明、石黒忠悳、新渡戸稲造、下村海南、白鳥庫吉、松岡洋右、星一、藤原銀次郎、辜顕栄、岩永裕吉ら錚々たる名士56人が長文の追悼文を寄せている。その後も、幾多の人が折りに触れ、後藤新平を語り描いている。一国の宰相には成れなかったものの、真の政治というものを後藤ほど知り抜いていた人間はいないのではないか。関東大震災が起きて一ヶ月後の文章だ。

「国家は一人のための国家ではなく、政府は一人のための政府ではない。したがって、責任を国家に負うものは必ず無私の心で奉仕し、常に国民とともに、国民のために貢献しようと目指さなければならない。」

▼後藤新平は、有事の男である。平時にあっては、誰が政事（まつりごと）をしてもそう変わらないだろうが、事、有事に至っては、誰が舵（かじ）を取るかで全く変わってくる。今政府は、「国難」という言葉を使うようになったが、後藤が、関東大震災半年後に使った「国難」の言葉の意味を、今わが国民はしかと味わう時ではないか。

「国難を国難として気づかず、漫然と太平楽を歌っている国民的神経衰弱こそ、もっとも恐るべき国難である」

（後藤新平『国難来』より）（亮）

く逆をなせる地点に到達した。それは、私の叙述が、正に終るべき所に行き着いたことを意味する」(河上 1923 全集⒀ 339-340)。

「筆を利己的活動是認の思想に起し、利己的活動否認の思想をもって巻を結んでゐる」という本書に、河上は「特殊の愛着」を感じていたようだ(河上 1947-1948 全集続⑸ 224)。というのも経済学史をこう描き切ることによって、自ら年来の思想的問題に一応の決着をつけたと河上には思われたからである。「この著作は、徹頭徹尾、利己的活動の社会的効果といふことを中心題目にしてゐるが、この題目こそは、長い間私を捉へてゐた思索の題目だったのである」(同 222)。まさに内田がいうとおり、本書は「河上が自らえがいた河上自身の思想の歩みの整理であった」のである(内田 1981: 275 ⑧ 226 傍点は内田)。その河上思想の核心は、ここでも再び「経済と倫理」の問題であった、と内田はいう。

『貧乏物語』以後、河上は、たまたま勃発した社会主義革命(ロシア革命)の推移を注意深く追う一方、内面への沈潜をより一層深めてヨーロッパ思想史の批判的研究に入るが、その思想史研究(『資本主義経済学の史的発展』)は経済学を軸にしたものでは必ずしもない。経済学史は、この間の彼にとっては、政治経済学の流れをそのものとして追い、大筋を鳥瞰したものではなくて、例えばラスキンやカーライルなどの異質物が自然に割りこんでいることでも解るように、あるいはまた、経済学プロパーの領域の外にあるスミスを重くみるその取扱い方に見られるように、倫理道徳の研究者がその研究の途次経済学に切り込んだ切りこみのあと、――あるいは、むしろ、あとではなく切りこみの現場に――スポットをあて、追体験し、理解しようとしたものである。……経済の問題は、彼には、勝れて倫理の問題でもありつづけた。

（同 242-243 ⑧198-199 傍点は内田）

経済（いかに国土を経営するか）と倫理（人間いかに生きるべきか）の関係という河上の超テーマについて、内田義彦は、河上における儒教的思考とヨーロッパ思想との内面的対質の過程をも視野に入れつつ、次のように見事な整理をしている。少々長い文章だが、河上における経済と倫理の問題を語りつくしていると思われるので、引いておく。

河上には……人間いかに生きるべきかという問題側面からの経済生活なり経済現象への関心と、国家社会をどうすればいいかという側面からの政策論体系としての経済学への関心が、ともに強烈にあって、その二つが緊張関係におかれている。……／河上は儒教を読みかえてきたけれども、その儒教のなかにも二つの系譜があった。……片方は、いかに国土を経営するか、つまりは政治〔経国済民＝経済〕。この場合、制度あるいは政策体系の樹立が仕事になりますね。これが一つの系譜。ところが、人間いかに生きるべきか〔倫理〕というのもまた、もう一つの流れとしてある。ここでは、中心的古典は、「大学」ではなくて「論語」だ。エッセイ。これは人文学の系譜ですね。／河上は。この二つの流れのそれぞれを意識的に継承し、ヨーロッパ伝来の考えとそれぞれ照らし合わせ——緊張関係をいっそう鮮明にしながら——結合をはかってゆくわけですね。片方〔倫理〕でいえば、自覚的人間という、君子概念に含まれていたものを拡充させ、君子だけでなく人民のところまでもってきて、その人民にも呼びかける。それが一つ。／もう一つ〔経済〕は、近代経済学の経済という概念を、古くからある国土の経営というふうに意識的に読みかえて、一国の人間と自然をどう管理すればいいか、を経済学の論理を導入して考える。これがもう一つの系譜で、しかも、この政策論としての経済学に第一の観点〔人間いかに生きるべきか〕が、貫きささっている。いかに生くべきかの人生論は、いかに死ぬべきかに連なり、しかし、他面……そのために安んじて死んでもいいという国にするためには、政治はどうなければならないか。その根本はというような形でつながっている。　（内田／杉原／山之内 1982: 18-19〔再録〕内田 1992: 146-147）

以上、分業論的歴史観の延長上にようやく明治末年、国家主義を脱した河上は、以後の大正期、とりわけ『資本主義経済学の史的発展』において社会主義へのある種の接近を示していく。しかし河上にとっての社会主義ないしマルクス主義は、当時の通例的理解と異なって「人道主義」「利己的活動否認」「人間的自由」の思想と絡み合っていたのであり、あるいは内田義彦の言うように、「経済と倫理」問題への持続的な関心と不可分なものとしてあった。[9] それゆえに河上マルクス主義は時代の風潮のなか、しばしば「特殊な」とか「不純な」とかのレッテルを貼られることになる。それどころか河上自身が、自らをマルクス学説への「折衷的態度」（河上 1928b 全集⒂ 141）と反省することになる。河上はこれにどう決着をつけることになるのか。

五　痛ましきマルクス主義

自らの思想的遍歴を経済学史という学問的土俵で世に問うた渾身の力作『資本主義経済学の史的発展』は、しかし、河上の門弟でもあり親交を結んでもいた櫛田民蔵から手厳しい批判を受ける。[10] 雑誌『改造』に掲載された櫛田「社会主義は闇に面するか光に面するか」（櫛田 1924［再録 1980］）がそれだ。櫛田による批判は、アダム・スミスをはじめとする経済諸学説はあくまでも「経済の必然より生ずる一定の階級意識のあらわれ」（櫛田 1980: 36）として理解されるべきものであって、そこから見ると、河上には階級関係視点がほとんどないという点を衝いた。しかも河上は本書を人道主義者ラスキンの「大胆に帷を揚げよ、光に面せ」の語で結んでいるが、これはいわばアマアマの人間主義であって、マルクス主義者ならば「社会主義は闇に生まれるがゆえに光を産むのであって、光に面するがゆえに光を産むのではない」(同48)と覚悟すべきだ、と。[11]

これには河上も相当に、いや相当以上に、痛手をこうむり、しかも櫛田の議論の正当性を認めて反省せざるをえなかった。その間の事情を河上は各所で記している。

今日重ねて「改造」所載の貴論を通讀いたしました。さうして私は、自分の属すと考へつゝある陣営からは、依然として往年のそれと同じ非難を受けつゝあることを感じました。私の方は期せずしてさうなるのです。「社会主義評論」でさうなり、「貧乏物語」でさうなり、今また「資本主義経済学の史的発展」でさうなってゐるやうです。……/幸いに私はまだ固まって居りません。自分で變化と動揺とを感じて居ります。あなたから受けた批評によって、動けるものならまた動きたいと考へて居ります。

(「河上から櫛田への大正十三年七月一日付の手紙」大内/大島(1974: 147-148))

私はこの櫛田君の論文を読んで……大体の趣旨に至っては、櫛田君の所説が尤(もっとも)であり、私は確かに急所を突かれてゐる、と思はざるを得なかった。――私は一本参った、といふ感じを、強く受けた、と同時に、私は大奮発をなし、これから一つ出直して、是が非でもマルクス主義の真髄を把握してやらう、と決意した。そして、その時の此の決意こそは、その後遂に私をして、或る程度までマルクス主義の真の理解に到達するを得るに至らしめた、基本の動力である。

（河上 1947-1948 全集続(5) 217-218）

このとき以降、河上は「マルクス主義の真の理解」を目指して「出直し」の「新たなる旅」に出る。その猛勉強たるや健康を損ねかねないほどのものであったようだが、この「一生のうちで一番苦しかった時代」を経過して、五〇歳頃の河上は自ら言うところの「完全なる転化」を遂げる。河上自身が語る、——「経済学の領域では……純然たるブルジョア経済学から、その反対物たるマルクス主義経済学への、完全なる転化を実現し、哲学の領域では……最初の出発点たる唯心論から、その反対物たる徹底的な唯物論への、完全なる転化を実現しえたのである」（同 231）、と。大正末年あたりから昭和初期にかけてのほぼ一〇年間、河上は相変わらず多作であったが、なかでも『経済学大綱』[12]（一九二八年）と『第二貧乏物語』（一九三〇年）が有名であろう（さきの「河上肇略年譜」参照）。河上はどのように「完全なる転化」を実現したか。

たしかに『経済学大綱』や『第二貧乏物語』を少し覗いてみるだけでも「転化」は歴然である。まず『大綱』についていえば、その内容構成において独自河上的なもの——さきの櫛田宛の手紙で「私の方は期せずしてさうなるのです」と書いたときの「さう」に当たるもの——はいっさい消滅して、本書はほぼ『資本論』全三部の要約となっている。「殆どマルクス学の祖述に終始してゐる」（河上 1928b 全集⑮ 140）と河上も認めている。内田も「『資本論』の平板な解説」だと言っている（内田 1981: 271 ⑧ 223）。しかも、たまたまそうなったのでなく、河上自身が本書の「序」で、経済原論は『資本論』以外ではありえないことを「真理」「科学」の名において確言しているのである。河上の「転化」を知るうえで重要なので、少し長いが注意深く読んでいただきたい。

> 右〔本書〕は経済原論の講義であるとはいへ、一見して何人にも明かなやうに、その実質は、殆どマルクスの『資本論』の解説の如きものである。多くの人々は、それを奇異に感ずるかも知れないが、私から見れば、マルクスの『資本論』は最上の経済原論であるがゆゑに、自身で経済原論の講義をなすといふ場合には、全く『資本論』に依拠せざるをえないのである。それにしても、それは余りにマルクス一点張りではないか、といふ人もあろうが、真理に二つはないのだから、マルクスの学説がもし真理を把握してゐるならば、吾々の研究は如何にしても彼れの打ち建てた基礎の上に行はれるの外はないのである。……或る学問が苟くも科学たるの名に値するものであるならば、その領域における諸学者の研究は一個の体系に統一されるでなければならぬ。研究上における諸学者の協力は斯くして始めて可能であり、科学の発展は斯くして始めて実現されうる。……マルクス学の陣営内にあっては、総ての研究が

マルクスの据ゑおいた基礎の上に統一されてをる。そしてその基礎工事は、甚しき改修を許さざる程度に、秩序正しくかつ鞏固に建築されてある。経済学の基礎的部分を説明した私の講義が、殆ど『資本論』の解説の如くなってゐるのは、根本的には斯かる理由からである。

（河上 1928b 全集⒂ 138-139）

端的にいって、マルクス『資本論』は資本主義についての科学的真理を突きとめた唯一の書なのだから、資本主義社会の解剖学たる経済原論は『資本論』の解説」であるほかなく、またそうであるべきだ、というのが河上の言い分である。同じような姿勢は『第二貧乏物語』にも窺われる。この書は「貧乏物語」と銘打たれてはいるが、貧困の具体的分析はなく、貧困の原因については、それは資本主義のもとでの剰余価値の搾取と失業に起因するのだとの理論的指摘がなされるのみである。そして、その剰余価値論を含むマルクス経済学への前提として、レーニンをも引用しながら、全体として〈弁証法的唯物論–史的唯物論–『資本論』〉というマルクス・レーニン主義の教義体系なるものを開陳するにとどまる。そしてここでも、河上はしばしば自らの仕事をマルクスやレーニンの言葉を「解説」することに限定している。(13)

河上の「完全なる転化」とはいったい何だったのか。マルクスやレーニンによって歴史や資本主義に関する科学的真理はすでに解明されてある、よって自分の仕事はただそれを解説することのみだ、と。そしてそのためにも、なすべきは「マルクス主義の真の理解」に到達することである。しかも、その「真に」理解されたマルクス主義とは、当時の時代状況および河上の頭のなかにあっては、レーニンやコミンテルン経由で教義化された「マルクス・レーニン主義」であったことは、言うまでもない。それは生産力視点（人間と自然との物質代謝視点）を欠いた生産関係（階級関係）一本槍のマルクス主義であり、「自由人の連合」としてでなく「収奪者が収奪される」ことから将来社会を描く社会主義思想である。ただし、これでやっと、河上マルクス主義は「特殊」でも「不純」でもなくなり、当時のマルクス主義世界が公認する「普通」のマルクス主義になったのではあろうが(14)。

以上、主に河上その人に即して彼の到達した「マルクス主義の真髄」を見てきた。といっても本当は、なぜ河上がここをもって到達点とするにいたったのかについては、もっと深い掘り下げが必要であろうが、そこにはいまは立ち入ることなく本章の主題に戻る。つまり、その河上を内田義彦はどう見ていたのであろうか。「経済と倫理」の問題を根底にもちながら、分業論的産業史観を通して国家主義を乗りこえた河上は、大正期、マルクスへの関心を示しながらも人道主義思想も色濃く残していたが、しかし「まっとう」なマルクス主義者とは認められていなかった。その河上が一念発起、「完全なる転化」をはたした後の姿は内田にはどう映ったのか。

> マルクス学者としての河上の不幸は、彼本来のものであった産業史観をマルクス理解のなかに生かしきるには少々早く生まれすぎ、そして今少し後まで生きる可能性を奪われたことにある。／河上は……イギリス流の啓蒙主義的産業史観を、そのままマルクスの唯物史観（への傾斜）と誤認していた。そして、その誤認に気付いたとき……対象そのもの（意欲し行動しつつある人間の集団）への全人間的な体あたりをしながら科学的考究を進めるという彼本来の研究態度をうすめ、対象を科学的にとらえることを可能にするフレーム・ワークとしてのマルクス主義理論の研究と受容に献身して、産業史観のすべてを御破算にし、生産関係一本やりの唯物史観の立場にうつった。／マルクス主義への変貌をとげる過程における河上は、産業主義史観の根強い残留を、そのポジとネガの両面において、示している。そして、この河上における特徴的なものは、その後いたましくも次第に消えさってゆく。
>
> （内田 1981: 268-269 ⑧ 220-221）

マルクス主義者河上は「産業史観」（生産力視点）を捨てて、「生産関係一本やりの唯物史観」へと「転化」した。もし彼が「産業史観をマルクス理解のなかに生かしきる」ことができていたなら、その後のマルクス主義は、もっとゆたかに「人間と自然との物質代謝過程という学問上の戦略的地点」と「自覚的個人という観点」とを、ともども包摂する思想となったであろう。それがかなわなかったのは、河上にとってもその後のマルクス主義にとっても、まことに「いたましい」と言うほかない。

そして、ここで決定的に重要な問題として内田が問うているのは、「対象そのもの（意欲し行動しつつある人間の集団）への全人間的な体あたりをしながら科学的考究を進めるという彼本来の研究態度」か、「対象を科学的にとらえることを可能にするフレーム・ワークとしてのマルクス主義理論の研究と受容」かという、科学や学問への姿勢の問題である。素人くさくても全人間的な体あたりをしながら対象をつかまえるのか、それとも、既存の科学的フレームワークをそのまま受容して、もって対象を裁断するのか。

単純化のためにここで、前者を「学問」、後者を「科学」と呼んでおこう。「学問」とは「学を問う」であれ「学び問う」であれ、「問う」という一人ひとりの全人間的な主体的行為を含んだ言葉であって、inquiry ないし Forschung という外国語を想起させる。これに対して「科学」の「科」は、科目・分科会・消化器科など、全体のなかで「区分け」された一つを意味し、したがって「科学」は専門分化した一個の学というニュアンスが強い。英語の science も語源的に「区分」の意味を含むようだが、同時に体系化された knowledge を指すことが多かろう。河上自身に即していえば、「私がここで科学といふのは、社会科学としてのマルクス主義のことで、その内容は誠にはつきりしている」（河上 1947-1948 全集続⑺ 187）と語るときの、その「科学」である。もちろん「学問」と「科学」は相覆う面も多々あり、時に互換的に使われるケースもあろうが、ここではあえて、学における個々人の主体的営為に視点を置いた「学問」と、それが社会的に凝結し一つの専門領域として客観的な体系へと結果したものとしての「科学」とを、概念的に区別して使うことにする。[15] 念のために付言すれば、個人としても社会としても、学的認識の深化のためには「科学」的側面と「学問」的側面はともども必要なことであり、両側面が循環しあってこそ物質代謝過程の合法則的管理と人間的自由への道が開かれること、言うまでもない。

内田に戻っていえば、「対象そのものへの全人間的な体あたりをしながら科学的考究を進める」というのは、青年期以来の河上の本来の態度であった。それは「手作りの思想」(加藤 2000) と呼ばれ、あるいは「土法的な勉強の仕方」(内田 1981: 211 ⑧ 174) と呼ばれ、要するに新思想に対して自らの旧思想を徹底的に「体あたり」させ試行錯誤しながら血肉化していこうとする態度である。当然ながらその過程はスマートでなく、「もたもた」として「たどたどしい道」の連続であろう (同 316, 279 ⑧ 260, 230)。それがここにいう「学問」であり、河上の本能的スタイルであった。

その河上は先述のように、「マルクス主義の真髄」を求めて日夜苦闘する中で、昭和初頭、ついに唯物論とマルクス主義経済学への「完全な転化」を実現した。そう河上には思えた。だが、それは同時に、それまでの河上があれほどこだわった「人心改造」「利己心か利他心か」の問題を封印して、経済的世界について解明され歴史的に検証済みとされた「客観的真理」なるものに拝跪することであった。いわば「学問なき科学」への転化であった。「学問」することを捨て、すでに「科学」として客観的に存在する完成した体系の解説者に転化することであった。いや、解説だけでは済まない。やがて河上は「解放運動の実践」（河上 1930 全集⑱ 220）に身を投じ、[16] 治安維持法違反で検挙されて獄中生活を余儀なくされるのだが、その彼を導いたものは、この客観的に完成された「科学」としてのマルクス主義だった。彼はそういう「科学」の信奉者になったのだろうか。

経済学は道徳哲学の一環としてではなく、政治的実践の中で生れその当否の検証がもっぱら政治的実践によって行われるところの、その限り完全に政治経済学の系譜に属するものとして理解された。そしてマルクス経済学は、その最終的に完成されたものとして受けとられた。それは、内的検証などという「怪しげ」なものが要求される倫理的世界とは完全に切れたところに、もっぱら客観的に伝達可能な形で存在する一つの科学的体系であり、それも、歴史によってその当否が（すでに）試されたところの、唯一の、究極的に完成した社会科学体系である。

（内田 1981: 245-246 ⑧201）

「学問」と「科学」のあいだを揺れに揺れた河上は、右のような「転化」を経て「学問」創造者から「科学」伝播者へと自らを変身させた。とすればそれは、あまりにも痛ましきマルクス主義というほかない。内田は愛惜と無念をこめて語る。「河上の幼児じみて鋭い精神の外界への触角は、土法による創造への本能的意欲とともに、昭和のマルクス関係の理論的な論文では（『資本論入門』を例外として）表面からは消える。営々自力を費し時間をかけて作りあげた学問の結実が、その内容において『マルクス学』と甚しくかけ違っていることを意識させられた河上は、身についた学問の内実のすべてを御破算にしてマルクス学をまったくの第一歩から始める決意をした。その学び直しの決意は、自分の眼で現実そのものをという、土法的学問の創造者たることをやめ、成果としてのマルクス学に視野を限ってその忠実な受容に専心し、受容し得たマルクス学を読者に伝える伝播者としての役割に自己の任務を限定する決意と、重なっていたのである。[17]それは彼における一つの選択であった」（同 211-212 ⑧ 175 傍点は内田）。土法的学問の放棄はまた、河上における「倫理」問題――したがって「経済と倫理」問題――の消滅でもあった。少なくとも、書いたものからは「倫理」にかかわる語は消滅してゆく。[18]

六　おわりに――文人河上

前節の最後に「士法的学問の創造」（いわば学問）を捨てて既存の成果（いわば科学）の受容と伝播に生涯を賭けるという、河上の選択を見た。だがしかし、抑圧された河上の創造的精神は抑圧されたままでは終わらない。「凡ての学者は文学者なり、大いなる学理は詩の如し」とは、明治末年の河上の言葉である（注（10）参照）。その後の河上には、前節でみたように、「学者」と「文学者」が、「学理」と「詩」が引き裂かれ分断された時期もあったが、いわゆる研究を断念した晩年において、まことに迂遠かつ間接的なかたちで両者の再統合が果たされることになる。再統合というよりも創造精神の復活といった方がよいかもしれない。しかし、その間接的な再統合なり創造の精神は経済学においてでなく、漢詩をはじめとする詩歌の鑑賞・創作となって噴出する。獄中はもとより、出獄後から京都での蟄居生活のうちに死を迎えるまで、河上は枯淡のうちにも文人として、人知れず日陰の花を咲かせていた。内田はいう。

> 学問の領域で意識して捨て去られたもの――創造に働く幼児魂――は、漢詩に噴出する。／ここで幼児の魂は、老人の心境の形で再現する。仕事を離れ、世間という、しきたりが支配

してそのルールを尊重しなければ事が成就しない成人の領域から離れることで、「世間」や「仕事」の意味を振りかえり、噛みしめる老人の心境……の形で。

（同 212 ⑧ 175-176 傍点は内田）

一九三七年、刑期を終えて釈放の身となった河上は、以後、経済学にも政治運動にも関わることなく、いわば隠遁生活を送る道を選んだ。いわゆる社会生活から離れて静寂なる「閉戸閑人」の身となった河上は、しかし決して無為無聊に打ち沈んでいたわけではない。老残の身をそれとして受けとめつつも、そのなかでむしろ積極的に、社会的政治的な義務や雑事から解放された「自由の身」であることを享受し、晩年にしてようやく訪れた脱俗の「佳年」を愉しんでいるようである。「自叙伝」の執筆（一九三九～四三年）[19]や「陸放翁鑑賞」（一九四三年成稿）をはじめとして、文学的世界への傾倒はその代表であろう。[20]そのなかで、河上はしばしば折々の心象を漢詩に託している。「創造に働く幼児魂」はここでも「老人の心境の形で再現」する。[21]

夙吾号閉戸閑人　　夙に吾閉戸閑人と号す
晩歳斯名始作真　　晩歳この名始めて真となる
天以余生恵此叟　　天は余生を以て此の叟〔老人〕をめぐみ

可為高臥自由身　　高臥自由の身となさしむ

（一九三九年 河上 1958: 90 全集㉑ 68）

衰翁六十五　　衰翁六十五
身健心如春　　身健にして心春の如し
嘗看囹圄月　　嘗(かつ)て囹圄(れいご)〔獄舎〕の月を看しかば
晩有此佳年　　晩に此の佳年あり

（一九四三年 河上 1946: 55; 1966: 109）

そこで夢見られていたのは、おそらく幼児の頃に体験したであろう「自然」や「ふるさと」への郷愁であった。世間的にはマルクス主義「科学」の伝播者へと至りついた河上は、それだけになおいっそう、個人的内面的には「詩のうましぐに」への憧憬を強くしていく。表面からは消えた「学問」魂は老境の詩作となって表面化する。「こころのふるさと」と題する詩はこう謳う。

ひとは老いてこころの
ふるさとにかへるとや
力にあまるおもに負ひ
山こえ野こえ川こえて

夢路の塵にそまりたる
五十余年のたびごろも
つひのやどりにぬぎすてて
憧るるかも詩のうましぐに

（一九四四年 河上 1946: 33-34; 1966: 47）

一九四五年八月、日本の敗戦を聞いて「あなうれし」と詠んだ河上は、しかしその数か月後、他界した。それから数十年後、戦後日本は経済だけでなく科学の面でも「高度成長」を成しとげた。けれどもそのなかで、日本の社会科学における河上的なものの忘却と無視を目の当たりにした内田は、「しかし、いま河上は安らかに眠ってはいない」と警鐘を鳴らす。内田義彦は自らの河上肇論をこう結んでいる。

河上は、精密で高度な学問的装備をきらびやかに身につけた人ではない。そういう浅薄さを彼は嫌った。彼は、日本が当面する問題を、それがふつうの日本人の意識に顕示してくる情景そのままに捉え、そのセンチメントを失わぬまま深く徹底して考えぬいた。考える道具としての学問それ自体が最新輸入の製品でもキットでもない。彼の学問は必要以上に高度でも精緻でも新しくもないけれども、全人間的に徹底して考えぬかれたものであるだけに、深く、広く根元的である。その徹底的な彼が、遍歴の都度学業の現場報告として発表した「まどろしく、夾雑物に満ちみちた、中途半端なマルクス理論」には、ふつうの日本人が、あたり前のことをあたり前に、しかし、徹底して考えぬいてゆけば必ずぶち当るような、あるいはぶち当るべきであるような問題が、ぎりぎり煮つめられた形で含まれている。彼は人々に学者として告げたのではない。彼自身ふつうの人として問題をとらえ、彼自身のなかにあるふつうの人に語りかけながら学問的に考えぬいていったその経過を筆にしたのである。彼の作物が、その長い、大きく変貌をとげた遍歴の過程を通じて常に、——変貌にもかかわらず、むしろ変貌によって——多くの読者の共感を得その創造力を鼓舞しえた本質的な理由は——彼独特の筆力すなわちレトリックの問題をも含めて——そこにあったと私は思う。その方法を、私は河上から得たいと願っている。

（内田 1981: 343-344 ⑧282-283 傍点は内田）

注

（1）本章では内田義彦からの引用・参照指示は、著作名（発表年次式の表記）とそのページ数を示すと同時に、『内田義彦著作集』①~⑩（内田 1988-1989）での該当箇所をこのように巻数（例えば⑧）とページ数で並記する。

（2）そのなかで数少ない例外にして、かつ優れた論点を提起している文献として、花崎（1981）、吉澤（2001）がある。

（3）「河上肇の全生涯にわたり、その活動領域の各方面を視野に入れた叙述」を意図した杉原（1996: 239）は、後年、河上には「学者の他に志士、文人、求道者というようないろいろな側面があり、それらが研究者と並存しているのではなく、一つにむすびついているところに河上の本質があった」（同 10 傍点は杉原）と語っていた。

（4）河上肇からの引用は原則として『河上肇全集』（河上肇全集編纂会 1982-1986）により、このように「全集」のあとに巻数を例えば⒃のように示し、つづけて頁数を記す。以下同じ。なお、この文章の初出は鼎軒田口卯吉全集刊行委員会（1928: 8）である。また、この一文への内田の注目は内田（1967: 161 ⑤132）に示されている。

（5）「古い道学者」河上を最も代表的に表している文献の一つとして内田（1967: 183 ⑤151）は「国情一変せん乎」（初出『日本経済新誌』第三巻第四号）を挙げているが、その末尾はこう結ばれている。「嗚呼国情は将に一変せんとす。由来吾が国の歴史に於いて最も異彩を放ちし武士道と忠君愛国の思想と国家主義と家族主義とは、今や経済事情の変遷之が主因となりて、正に激変を蒙りつゝあり。夫れ歴史を忘るゝこと最も甚しき吾が国民にして、今ま此の如き激変の事情に抱容せらる。一歩を誤らば、是れ或は陥虎の危機に非らざるか。嗚呼日本人は遂に化して米国人とならざるを得べきか」（河上 1907b 全集⑷ 322）。

（6）このあたりの叙述に関しては、住谷（1976: 22-36）参照。

（7）田口の名著『日本開化小史』（一八七七〜八二年）におけるスミス的観点について、内田はこう指摘している。「利己心を道徳によってチェックしなければならないような不自然な社会から、利己心の発展が社会全体の善になるような、正常な社会に向ってだんだんと発展してくるのが、社会発展の大道だというのが、『日本開化小史』の基本テーゼです。その眼で、不自然な社会から自然で正常な社会への過渡期として現代日本をとらえた」（杉原／内田 1979 ⑤ 359-360）。

（8）京都帝国大学での河上は、翌一九〇九年に助教授、一九一三〜一五年に独仏英にて在外研究、帰国後一九一五年に教授となるが、一九二八年、政府・大学当局の圧力のもと教授を辞任する。

（9）「倫理と経済」の問題意識はおそらく、大正期の河上において、彼が社会主義思想に近づきながらすぐにはこれを受容できなかったこととともかかわっていよう。一九七〇年代の内田義彦は、そこからさらに「社会主義における自由」や「自律的存在としての人間」という問題とからめて、河上の不徹底がもつ積極的意味を学ぶべきだとする。「その後の河上の変貌のあとをたどると、河上が社会主義なり唯物史観に近づきつつ、なかなかそれに徹しきれない積極的な理由もわかり、その苦闘が、社会主義における自由が問題とせられるにいたっている今日、我々自身の問題として、あらためてこれをともにすべきものとしてせまってくるのを感じるのである」（内田 1977c ⑤349 傍点は内田）。「河上をしてなかなか正統のマルクス主義者たらしめなかった理由の一つとしては、かれの儒教的教養の根深さ、志士的気質をも挙げねばならぬであろう。しかし、より直接的には、結論を先取りしていうと……『自律的存在としての人間』というあるべき人間像の自覚の強烈さが、国土の経営〔物質代謝過程としての経済〕という視点とともに、かれをしてマルクス主義の完全受容に抵抗を感じさせ、そのマルクス理解に特徴的な性格を与えるものであった、と私は考える」（内田 1977b: 547〔参照〕内田 1981: 316-317 ⑧260）。

（10）河上肇にとって櫛田民蔵（一八八五～一九三四年）は、京都帝国大学での愛弟子であり、大学卒業後の進路に迷っていた櫛田に研究者の道を薦め、一九一二（明治四五）年、櫛田の東京帝国大学大学院への入学に当たって河上は推薦状を書いている。櫛田の方も河上を慕い尊敬しており、同年三月一日、櫛田は日記に河上の言葉としてこう書き遺している。「河上先生曰く『凡ての学者は文学者なり、大いなる学理は詩の如し』と」（櫛田 1984: 377）。

（11）内田義彦は櫛田民蔵（や福本和夫）からの河上批判について、その背景としてある、日本というこの土壌に即して思索しようとする河上と、西欧留学で得た「先進的」マルクス主義の結論でもって日本を裁断しようとする櫛田らとの温度差の問題として取り上げている。「経済問題を学問が解決すべき第一の問題にすえるということの意味は、日本の思想の基盤から足を離さず、道徳思想の流れの中にあってその中に経済学という地平を自ら切り開きながらこれをマルクス経済学につらねた明治以来の思想的先達河上と、河上に導かれて経済学の世界に入り、古き先達河上の限界を、マルクス主義の先進国の理論を急速正確に受容することによって学問的・実践的に乗りこえようとした次の世代の人々との間には、そうとうに大きな差がある。日本にあって——日本の地盤の中にあって考える一人の日本人として——自ら試行錯誤しながらマルクス経済学に行き着いた人と、先進国の社会的実践の結果たる経済学から出発し、それによって日本の政治的・思想的現実に裁断を下さんとした人といいかえてもいい」（内田 1981: 240-241 ⑧196-197 傍点は内田）。

(12)『経済学大綱』は、正式には「上篇 資本家的社会の解剖」と「下篇 資本家的経済学の発展」の両篇からなる書である。下篇はさきの『資本主義経済学の史的発展』に「多少の加筆」をしたものであり、したがって河上はいわば経済原論と経済学史の総体をもって「経済学大綱」としたのであった。しかし以下では、『経済学大綱』の名でもっぱら「上篇 資本家的社会の解剖」を指すことにする。なお『大綱』は京都大学における河上の経済原論講義ノートの積み重ねと改訂のうえになったものであるが、それが書物として完成した年（一九二八年）には、皮肉にも河上は京大を辞することになった。

(13)例えば次の文を見よ。「右の章句〔レーニン『マルクス主義の三つの源泉と三つの構成部分』中の章句〕のうちには、弁証法的全唯物論と史的唯物論との聯関ならびに史的唯物論そのものの主張が、極めて簡潔に且つ正確に表現されてゐる。私の仕事としては、たゞその解説が残されてゐるだけである」（河上 1930 全集⑱ 137）。

(14)櫛田の河上批判に対してその正当性を認めた河上は、本文中で紹介したように「幸いに私はまだ固まって居りません」と答えつつ必死の脱皮を重ねていった。爾来数年、河上の行き着いたところは『経済学大綱』であり『第二貧乏物語』であった。自らを顧みて河上はいう。「顧みれば、私のマルクス説への完全なる推移は、軽蔑に値するほどの多年に亘る躊躇と折衷的態度との後に、纔に実現されたものである。だが思索研究の久しきを経て漸く茲に到達しえたる代りには、私は今たとひ火にあぶられるとも、その学的所信を曲げがたく感じてゐる」（河上 1928b 全集⑮ 141）、と。「まだ固まつて」いなかった河上の思索は最終的に、ここ『大綱』で、そして『大綱』という姿で「固まつた」のだろうか。『大綱』は河上にとって「火にあぶられても」動じない学的遍歴の決着点だったのだろうか。

(15) 内田義彦の他の用語でいえば、「学問」は「作品」としての社会科学、「科学」は「論文」としての社会科学に相当するのであろう（内田 1981: 第I章⑧第I章）。

(16) 暗殺された山本宣治（一九二九年）を追悼しつつ、河上は自らの心境をこう綴っている。「如何に偉大なる学者の業績よりも、プロレタリアートの歴史的使命の遂行への参加こそ、遥に偉大なる、人類への貢献でなければならぬ。私はかう考えて最早疑はなくなつて来てゐる」（河上 1947-1948 全集続⑸ 311）。

(17) ここにはかつて、「僕は自分でものを考へたいと思つてゐるので、ひとの書いたものを読むのが、ひどく怖いのだ。他人がちやんと解決を与へてゐるものを最初から鵜呑みにすると、自分で考へる力がうせて仕舞ふからね」（河上 1922 全集⑾ 478）と語っていた河上の姿は見る影もない。

(18) この点、古田光もこう語る。「それは……『実践』の宗教的・倫理的な側面、すなわち個人的・主観的な側面を暫らく忘却することによって、その社会的・客観的な側面の徹底的把握を、すなわちその面における『科学的認識と政治的実践との弁証法的統一』の把握を意図したものといってよい。かくして、この時以来、河上の著作からは、その個人的・主観的色彩は一切消え失せることになる。マルクス主義の客観的な（忠実ではあるが、公式主義的な）紹介・解説がその全面を蔽うことになる。しかしそれを以て河上の『求道』の放棄ないし安住とみることはできない。それはあくまでもその『求道』の一つの過程であったとみるべきである」（古田 1959: 150 傍点は古田）。

(19) 河上の『自叙伝』がもつ高い文学的価値については古田（1976: 4-5）参照。

（20）ただし、河上は経済学の外に、経済学と並んで、文学の世界をもったと考えるべきではない、と内田はいう。「河上における文学的世界は、学問の外に、学問と無関係にあって人間河上の何番目かの世界を構成するとだけ理解さるべきものではない。彼の学問的世界・学問的思惟そのものの中に構造的に組みこまれ、あの特異な――あたり前のことをあたり前に考えぬいて我が国の社会科学の歴史上特異な地位を占めることになった――河上の学問の本質的部分になっている、と私は思うのである」（内田 1981: 213 ⑧176）。

（21）以下、古田（1976）に多くを負う。

参考文献

一海知義（1977）『河上肇詩注』岩波新書。

内田義彦（1953）『経済学の生誕』未來社。

――（1960a）「明治末期の河上肇」山田盛太郎編『日本資本主義の諸問題』未來社、所収。〔再録〕内田（1967）。

――（1960b）「明治経済思想史におけるブルジョア合理主義」有沢広巳／東畑精一／中山伊知郎編『経済主体性講座』第七巻、所収。

――（1966）『資本論の世界』岩波新書。

――（1967）『日本資本主義の思想像』岩波書店。

――編（1977a）『河上肇集』近代日本思想大系18、筑摩書房。

――（1977b）「解説」内田（1977a）所収。→分量的に二倍化されて「河上肇――一つの試論」として内田（1981）に収録。

――（1977c）「尊農論の河上肇」『明治大正農政経済名言集』第6巻月報、農山漁村文化協会。〔再録〕著作集⑤。

――（1981）『作品としての社会科学』岩波書店。

――（1988-89）『内田義彦著作集』①〜⑩、岩波書店。

――（1992）『形の発見』藤原書店。

内田義彦／杉原四郎／山之内靖（1982）「〈座談会〉河上肇の魅力――『全集』発刊に際して」『図書』第三九一号、三月。後に「河上肇の『モタモタ』に学ぶ」と改題して内田（1992）に再録。

大内兵衛編（1964a）『河上肇』現代日本思想大系19、筑摩書房。

――（1964b）「河上肇の人と思想」大内（1964a）所収。

――（1966）『河上肇』筑摩書房。

大内兵衛／大島清編（1974）『河上肇より櫛田民蔵への手紙』法政大学出版局。

大熊信行（1963）「河上肇」朝日ジャーナル編『日本の思想家 3』朝日新聞社。

加藤周一（2000）「河上肇、または手作りの思想」加藤周一／井上ひさし／杉原四郎／一海知義『河上肇――21世紀に生きる思想』かもがわ出版、所収。

河上肇（1905）『日本尊農論』読売新聞日就社。河上肇全集編纂会編『河上肇全集』第2巻、岩波書店、所収。以下「全集⑵所収」のように略記。

――（1906a）『社会主義評論』読売新聞社。全集⑶所収。

――（1906b）『日本農政学』同文館。全集続⑴所収。

――（1907a）「経済と道徳」全集⑷所収。

――（1907b）「国情一変せん乎」全集⑷所収。

――（1911a）『時勢の変』読売新聞社。全集⑸所収。

――（1911b）「政体と国体」（『経済と人生』〔第四編〕）全集⑹所収。

――（1911c）「日本独特の国家主義」（『経済と人生』〔第五編〕）全集⑹所収。

――（1911d）『経済と人生』実業之日本社。全集⑹所収。

――（1915）『祖国を顧みて』実業之日本社。全集⑻所収。

――（1917）『貧乏物語』弘文堂書房。全集(9)所収。

――（1922）「個人主義者と社会主義者」。全集(11)所収。

――（1923）『資本主義経済学の史的発展』弘文堂書房。全集(13)所収。

――（1928a）「鼎軒田口卯吉全集第三巻（経済［上］理論及理論闘争）解説」、全集(16)所収。

――（1928b）『経済学大綱』改造社。全集(15)所収。

――（1930）『第二貧乏物語』改造社。全集(18)所収。

――（1932）『資本論入門』改造社。全集（続(2)、続(3)）所収。

――（1946）『旅人』興風館。

――（1947-1948）『自叙伝』全四冊、世界評論社。全集（続(5)～続(7)）所収。

――（1949）『陸放翁鑑賞』上・下、三一書房。全集(20)所収。

――（1958）『晩年の生活記録』上、第一書林。

――（1966）『河上肇詩集』筑摩書房。

河上肇全集編纂会編（1982-1986）『河上肇全集』(1)～(28)巻、続(1)～続(7)巻、別巻、岩波書店。

櫛田民蔵（1924）「社会主義は闇に面するか光に面するか」『改造』七月号。［再録］櫛田民蔵『社会主義は闇に面するか光に面するか』（1980）朝日選書、朝日新聞社。

――（1984）『櫛田民蔵 日記と書簡』大内兵衛／向坂逸郎監修、社会主義協会出版局。

末川博編（1965a）『河上肇研究』筑摩書房。

――（1965b）「河上肇」末川（1965a）所収。

杉原四郎（1985）『ミル・マルクス・河上肇』ミネルヴァ書房。

――（1996）『旅人 河上肇』岩波書店。

――（1982）『河上肇――芸術と人生』新評論。

――（1986）『河上肇――人と思想』新評論。

杉原四郎／一海知義（1979）『河上肇――学問と詩』新評論。

杉原四郎／内田義彦（1979）「対談 鼎軒田口卯吉を考える――田口卯吉の現代的意義」『評論』（日本経済評論社）第三二号、一一月［再録］内田義彦著作集⑤。

住谷悦治（1962）『河上肇』吉川弘文館。

――（1965）「社会科学的真理と宗教的真理の統一――河上肇博士の精神構造」末川（1965a）所収。

住谷一彦（1976）『河上肇の思想――特殊・「近代」市民社会思想形成史の研究』未來社。

――編（1980）『求道の人・河上肇』新評論。

鼎軒田口卯吉全集刊行委員会編（1928）『鼎軒田口卯吉全集』第三巻、大島秀雄発行。

西川勉編（1980）『アルバム評伝　河上肇』新評論。

花崎皋平（1981）「河上肇論をどう読むか――内田義彦『作品としての社会科学』」『朝日ジャーナル』第二三巻三一号、七月三一日。

古田光（1959）『河上肇』東京大学出版会。東京大学出版会UP選書版（1976）。

――（1965）「マルクス主義と『求道』の精神――河上肇から何を学びうるか」末川（1965a）所収。［再録］内田（1977a）。

山之内靖（1973）『社会科学の方法と人間学』岩波書店。

吉澤芳樹（2001）「河上肇と内田義彦」『東京河上會会報』第七三号、一月。

2　内田思想の原型――「市民的なもの」と「階級的なもの」のあいだ

一　はじめに

内田義彦の思想は一般に「市民社会論」として知られているが、それが日本のいかなる状況との葛藤のなかから生誕し、時代に対していかなる批判をなすものであり、かつ今日の日本と世界にとっていかなる意義を有するものであるか。これについては今後さらに議論されていかねばならない。そういう課題を見すえつつこの章では、内田市民社会論を成立させた学的思想的系譜――いわば内田思想の原型――をあとづけることに焦点を当て、あわせて後年の内田のいわゆる学問論が、初中期の思索をどのような内容において展開するものであるかについて、予測的にではあれ、素描しておきたい。

周知のように青年内田にとって挑むべき大きな思想的課題として屹立していたのは、第一に日本資本主義論争であり、そしてそのなかでもとくに講座派理論（さらに限定していえば山田盛太郎の理論）であった。第二の課題は、その講座派理論の圧倒的影響を受けつつも相対的に独自な研究成果を開花させた戦時中の市民社会思想（大塚久雄、大河内一男、武谷三男ら）の検討であった。内田はこれらと戦時中に格闘していたのはもちろんだが、あらたに「敗戦後日本」という時代文脈のなかで、これらをあらためて読みなおし、そして読みかえてゆく。そのなかからやがて名著『経済学の生誕』（一九五三年）が生まれ、さらには『日本資本主義の思想像』（一九六七年）、『作品としての社会科学』（一九八一年）が問われていく。その行程は同時に内田市民社会論が形をとり深化していく過程でもあるのだが、問題は何がどのように深化していったかである。それについての立ち入った議論は後の第3章にゆだねて、この章では、まずは『経済学の生誕』以前のごく初期（一九四〇年代）の内田の迷いないし揺れを検出し、揺れのなかにある諸要素が後の諸著作でどのように展開ないし克服されていったのか、——その一端について予備的な展望を示しておきたい。

二　日本資本主義論争と講座派理論

講座派 対 労農派

「『資本主義論争』ノート」（『潮流』一九四六年八月号）は、内田義彦にとっておそらく最初の本格的な研究発表をなすものであるが、敗戦直後の状況のなか、内田はここで、「わが国の経済再建と民主化を真面目に考えるとき、いわゆる『封建的なるもの』の本体がどこにあるか……が真剣に考察されなければならない」（著作集⑩56）[1]としたうえで、そのとき、かの一九三〇年代における「資本主義論争」が貴重な理論的遺産として顧みられなければならないという。こうして内田自身による論争の整理がなされてゆくのであるが、われわれが注目すべきは、この整理のなかで内田独自の観点が形をとりはじめるということである。内田が取りあげる論争点はそれほど多岐にわたっているわけではないが、ここではそれをさらにしぼって、講座派 対 労農派の対立を内田がどう受けとめていたか、あるいはむしろ、その受けとめ方に現われている内田の積極的観点は何かを中心に追ってみよう。

日本資本主義論争の中心論点は周知のとおり、絶対主義勢力ないし封建的なものをどう評価するかにあった。とくに理論問題としては、（1）『基底』たる農業における生産関係＝土地所有の性質」は封建的＝半封建的か近代的かの対立、（2）かりに特殊日本的な「型」がありうるとしても、「それが歴史の発展に伴って資本の一般的規定の中に解消せず、『維持』せられ『軌道づけ』られて行くとは資本の歴史的法則を無視したものではないか」どうか、が争われた。そして、これらに対する両派の解答はこれまた周知のとおり、（1）労農派は、「封建的絶対主義義的勢力は物質的階級的基礎を持たず……ただ『制度』としてあるいはイデオロギーとしてのみ『強く』残存しているにすぎないとし、したがって当面の革命を広汎なブルジョア民主主義革命の任務を副次的に持った社会主義革命であるとする」。これに対し講座派は、「生産関係そのものの中に絶対主義勢力が強固な物質的基礎をもっていること……を主張し、従って当面の目標をブルジョア民主主義革命の遂行におく」。（2）また特殊日本的な「型」つまり「軍事的半農奴制的型制」は日本資本主義の「原型」であって、日本が資本主義であるかぎり解消しないとするのが講座派であり、解消する（特殊性は一般性へと解消する）とするのが労農派である（⑩ 59, 61）。

さて内田はこの論争整理のなかで、徹底的に講座派（とくに山田盛太郎、平野義太郎）に共感を寄せる。内田はなぜ労農派を拒否するか。内田によれば労農派の発想は、流通主義と客観主義に陥っているからである。ここに流通主義とは、商品流通と貨幣資本のあるところには究極的に近代的生産関係が現れてくるとみる発想であり、客観主義とは、資本主義が存在するかぎり封建的残存物が消滅していくのは歴史の必然的傾向であるとする歴史観である。内田は歴史認識における流通主義と客観主義をとらない。逆に講座派を評価するのは、それが流通主義に対しては「全機構的把握」を、客観主義（一般化的把握）に対しては「型（特殊日本型）把握」を志向しているからである。いまここで、講座派と労農派のどちらが正しいかは問題でない。内田の考えかたの方向性こそが問題である。

そして、以上から判明してくる内田の関心は、日本資本主義の特殊性＝半封建性（型）をいかに全機構的に把握するかにある。要するに「型の全機構的把握」こそ、内田が講座派理論から学び、かつ発展させようとしたものである。ここに「型」把握とは、日本資本主義の原型（軍事的半農奴制的型制）に固有の矛盾をおさえねばならないのであって、これを資本主義の一般的傾向（および一般的矛盾）に解消してはならないという立場である。また「全機構的把握」とは、流通表面だけでなく農業をも、さらには経済だけでなく社会・政治・上部構造をも見なければならないという観点であり、つまりは生産力＝生産関係の総体（理論的には再生産表式による総括）において日本資本主義を見なければならないという観点だと思われる。

山田理論の構造と批判

さて「型の全機構的把握」とは、いうまでもなく山田盛太郎『日本資本主義分析』の観点であるが、『経済評論』誌上に三回に分けて発表された有名なＮ・Ｎ・Ｎ『市場の理論』と『地代範疇』の危機」論文（一九四九年三・四・六月、田添京二との討議のうえ内田が執筆したとされる）は、山田理論の構造を分析したうえでこれを批判する。内田が解剖するところ、山田理論の構造はつぎのような三段構成からなる。

（1）論理的準備＝『再生産過程表式分析序論』（一九三一年）
（2）中間項＝「再生産表式と地代範疇」（一九三五年稿、一九四七年『人文』掲載）
（3）具体化＝『日本資本主義分析』（『講座』一九三二年、単行本一九三四年）

すなわち、（1）『序論』によって、再生産表式こそ一国の資本主義の構造を総機構的に把握するものであり、したがって変革の基準（変革の対象・諸条件と主体的勢力）を析出しうるものだという一般的認識が示される。（2）そのうえで『人文』論文は、表式を特殊日本的に適用するための中間項＝理論的媒介を示した。すなわち、マルクス表式は発達した資本主義の総対抗を示しているが、日本においては資本主義の特殊構成（封建的農業の強力な残存）のゆえに、マルクス表式をストレートに適用することはできない。日本の分析・変革（民主主義革命＝封建地代揚棄）のためには、「マルクス再生産表式（資本主義工業）とケネー経済表（封建的農業）」という理論装置が必要だというわけである。（3）そのうえに立って『分析』は、「再生産論の日本資本主義への具体化」（『分析』序論）をはたす。その最大の力点は、日本資本主義の型を規定したのは産業資本確立期（明治三〇～四〇年）であり、日本の場合にはそれがそのまま金融資本成立・帝国主義転化の時期へとつらなり、こうして当初の型（基本構造）を維持したまま一般的危機へと入りこんだ（一九三〇年代）結果、ここに特殊な階級的対抗関係が形成された、ということの立証にある。これが内田の見る山田理論の構造である。

内田は大枠において山田を肯定しつつも、一点、頑として山田を批判する。それは、日本農業を経済表で把握できるのかという問題にかかわる。つまり内田によれば、ケネー経済表は古典的ブルジョワ民主主義革命の条件をブルジョワ的に表現するものであって、それは農業（生産的階級）における未発現の階級関係（ブルジョワジー対プロレタリアート）を存在しないもの（生産的階級への一括）として理論のうちに写し取ったものである。ケネーは封建地代揚棄を、ただ小ブルジョワ農民の上向においてしかとらえず、農民層分解＝下層農民収奪の事実を見ない形で理論化したのであった。こういう把握はケネー時代には一定の有効性をもちえたかもしれないが、現代日本においては有効でない。現代日本において必要なことは、ケネーのそういうブルジョワ的視角（ヴェルサイユ左派的視角）をマルクス的視角から批判しつつ利用すること、上層農民中心の視角でなく貧農主体の視角からとらえなおすことである。

しかるに山田は、ケネーとマルクスの差をたんに歴史的・客観的条件の差に還元してしまい（理論の客観条件還元主義的把握)、理論がもつ階級的立場の差を無視してしまっている。その結果山田は、ケネー的農民階級(上層農民)とマルクス的プロレタリアートを社会主義革命にむけて結集させるという非現実的把握(二元論)に陥ってしまう。事実、戦後の山田による農業変革の方向は「はなはだ農林省的」(⑩171)だと内田はいう。要するに、山田のこのような方法(ケネー評価)では、山田の結論たる労農同盟によるブルジョワ民主主義革命は導きだせない、と批判する。内田は山田の結論を肯定しつつもその方法を批判し、結論たる大工業プロレタリアートと貧中農の同盟(労農同盟)の条件を示すためには、ケネー経済表でなくレーニン市場理論表式(農民層分解をそのものとして示す表式)をもってくる必要があるという。

ケネー「経済表」は、貧農の革命的原動力を、富農の上向と指導性にすりかえることによって、また発生しつつある新たな階級関係=矛盾のいんぺいによってのみ成立した。プロレタリアートの視角の貫徹によって、ケネー的「生産階級」の上向というヴェールの底に形成されつつある、いっそう巨大な農業プロレタリアートと貧農の階級的配置を見透すところのシェーマがここに要求される。それが、農民層の分解をそのものとして開被するところの市場理論の表式である。(⑩175-176 傍点は内田)

もう一点の批判として、山田によるケネー経済表の誤れる理解＝適用の裏には、山田における「二つの道」論（上からの道＝プロシャ型、下からの道＝アメリカ型）の欠如があるという。すなわち山田にあっては、「封建的小農上向――農業革命＝独立自営農民成立（「農業そのものの発展にとっての一つの必要なる経過点」（マルクス『資本論』……））――その分離＝清掃――資本主義的農業支配＝再生産表式への総括完了」（⑩173）という資本制農業成立のシェーマが存在している。これはマルクスのそれと異なって、きわめて特殊山田的な「経過点」理解であるという。すなわちこのシェーマによれば、「経過点」までは小農上向、「経過点」以後は農民掃滅とあっさり二分されてしまう。つまり「経過点」以前の封建制農業下では農民没落（貧農・無産化）はありえず、したがってその裏にあるブルジョワ的発展もありえず、ブルジョワ的発展がありえないとすれば、そのアメリカ型かプロシャ型かの区別もありえない。つまり二つの道が問題にならないのが山田理論の構造的欠陥だと内田は批判する。[2]

こういう山田批判のうちに明らかになってくる内田自身の観点とは何か。それは第一に、理論の客観条件還元主義的把握に対置しては、革命を遂行すべき階級的主体を問う立場であり、第二に、その階級的主体をケネー的ブルジョワや上からの道にでなく、プロレタリアートならびに中小農層に求める立場であり、第三に、資本主義形成の二つの道という問題構成をきわめて重視し、その下からの道に共感をよせるという姿勢である。要するに内田の批判は、山田には階級的観点がない、あるいは曖昧だというそれであり、われわれはここに、意外にも（?）、ブルジョワ的なものの混入を厳しく戒めている内田を見ることができる。そしてそのかぎりでは、敗戦直後の騒然たる日本という状況のもとでよく見られた論法だともいえようが、内田の傑出している点は、やがてこの「階級的主体」や「下からの道」なるもののもつ意味を徹底的に深めていったことにある。その点は後論に見るであろう。

三　戦時中の市民社会思想

大塚史学

よく知られているように、大塚久雄の学的地平は「生産力視点」と「二つの道」論にある。ここに「生産力視点」とは、近代資本主義発達史の基礎視点は生産力の問題のうちにおかれねばならないとして、前期的資本とは峻別された産業資本の生産過程に歴史認識の基本を据えようとするものである。それはとりもなおさず、営利＝商業の発達のうちに近代資本主義発達史を見ていた流通主義的な通説（歴史学派＝ブレンターノ／ゾンバルト、日本では労農派）への批判を意味し、「歴史派的偏向を受けた『流通主義』的マルクス主義を、今一度スミス＝マルクスの線に引きもどすことを意味する」（⑩ 104）。

他方「二つの道」論とは、繰りかえすまでもなく、産業資本が典型的に発展した国と非典型的な発展をとげた国とを区別して、イギリス型（アメリカ型）とオランダ型（プロシャ型）を類型化するものである。そして典型的発展の国における産業資本の系譜を追求して、ヨーマンリー↓マニュファクチュア↓大工業のシェーマを打ち出し、歴史学派的通説の商業資本↓問屋制商業資本↓産業資本のシェーマを否定する。あるいは大塚は最終的に、下からの道の革命的性格を指摘する。

大塚『近代資本主義の系譜』への書評（『季刊大学』第二号、一九四七年）のなかで内田義彦は、こうした大塚の生産力と二つの道論に深く共感する。つまり山田が資本主義の型の全機構的把握を押し出したものの、二つの道理解において曖昧さを残し、したがって日本農業変革の階級的主体を曖昧にしたのと対比するとき、大塚が生産力視点（生産力をになう階級的主体の視点）のうえにたって、二つの道論（二つの道の対抗性と、下からの道の革命性）を提起した点を、内田は高く評価する。そのさい内田にとって下からの道とは、価値法則（等価関係＝正義）の貫徹による近代的生産力の開花を意味するものであった(3)。

そのように大塚を高く評価したうえで、しかし内田は大塚を批判する。こうである。つまり大塚は、近代資本主義発達史をとらえるための基礎視点を、スミス＝マルクス的な産業資本の生産過程（生産力）の視点へと正しく置きなおした。ここまでは大塚は正しい。しかし大塚における正常的発展（下からの道）をささえる生産的倫理には、価値法則の維持という観点がない。たとえばマルクスにあっては、価値法則の貫徹は労働運動の展開と結びつけて考えられているのだが[4]、大塚にあっては、階級的対立ぬきに「労資相共にいそしむ」スミス的生産倫理に落ちついてしまっている。「流通主義的偏向のスミス＝マルクスへの引きもどしが、大塚教授の手でマルクスを通りこしてスミスに落ちついて」しまっている（⑩104）。その結果、大塚理論は「資本の正常的発展の理想化」（のちの内田の概念でいえば、「実体的概念としての市民社会」すなわち「純粋資本主義」の理想化ということであろう）に落ちついてしまいかねない。重要なので内田を引用しておこう。

教授にあっては正常的発展の場合、生産的倫理は価値論から切りはなされ、資本家階級の生産倫理、労働階級の生産倫理として、労資相共にいそしむ関係におかれている。自生型における経営体の「生産力的展開」は、前期的商人の支配の上での産業資本への転化の場合と異なり、直接生産者の間の生産力＝生活水準が上昇していることとともに、それに関連して何よりも等価関係の維持が、労働運動のより自由なる展開により可能とせられていることと切り離しては考えられない。この点の関連を無視して生産的倫理のみを持ち出すことは、ピューリタニズムの絶対化さらに資本の正常的発展の理想化を意味することになりはしないだろうか。

（⑩108 傍点は内田）

この大塚批判のうちにわれわれが見るものは、山田批判の場合と同じくふたたび、階級的観点の欠如という論点である。ちょうど山田のケネー＝マルクスが、レーニン（農民層分解）を忘れてケネー（富農上向）に落ちついてしまったように、大塚のスミス＝マルクスはマルクスを通りこしてスミスに落ちついてしまっている、と内田はいうのである。内田の山田・大塚批判に共通に見られるものは、それぞれに高く評価しつつも、しかしブルジョワ的なものの混入に対しては、階級的なものの観点から頑として批判する態度である。

武谷技術論

技術論論争と内田との関係は従来あまり指摘されていないが(5)、のちに見るようにかなり大きな意味をもっていると思われるので、内田による星野芳郎『技術論ノート』の書評「星野氏『技術論』の有効性」（『経済評論』一九四八年一一月号）に即して、これを見とどけておこう。いうまでもなく星野は、武谷三男の技術論の継承者と目されているので、ここでは星野の議論を含めて「武谷技術論」と呼ぶことにする。内田の星野書評のなかから、技術の本質規定ならびに技術者の役割という、二つの論点をピックアップしよう。

第一に、技術の本質規定をめぐる論争にかんしては、体系説（戦前からの通説）と適用説（機能説）

が対立したことは周知のとおりである。つまり技術とは「労働手段の体系」だとする説と、これでは現実の技術を統一的にとらえられないとして、技術とは「生産的実践における客観的法則性の意識的適用」だとする説（武谷）とである。そのうえで適用説は、体系説にいう労働手段は技術の形態（現象形態）であって、技術の本質をなすものではないとした。この論争にかんして内田は基本的に適用説の立場に立つ。その理由を内田「星野氏『技術論』の有効性」はこう語る。

われわれは大体において武谷＝星野氏の規定を正しいと考える。武谷＝星野氏の規定によって、技術の本質規定から、現実の技術が包括的統一的に理解されうる。生産的実践における客観的法則性の意識的適用が、技術の本質であり、そして、この技術は、生産の三要素、労働手段、労働対象、労働力のいずれにも技術形態として、客観化される。労働手段は、技術の現象形態の一つにすぎない。労働手段の体系＝技術という規定は、この技術形態の一つである労働手段を一面的に強調し、技術の規定を固定化するとするそしりを免れまい。労働手段＝技術の規定からは、本来の技術から除外されねばならなかった農業技術における「時」の利用、品種の改良、施肥法の改良、輪作法の改良、工業、とくに化学工業における原料の改良、技術的分業に伴う労働組織の改良等は、右のように規定づけられることにより無理なく技術の範疇にくみ入れられることになったと言える。（⑩131）

第二に、星野技術論における技術者の役割の問題がある。内田は、技術における主体（労働力）の機能にかんする星野的把握を高く評価する。つまり、賃労働者をたんに搾取の対象とのみ見、労働者の革命性をそこからのみ導きだす見解（生産関係主義＝階級一元論）に対して、星野が資本の生産過程自身のなかから（つまり生産力＝労働過程視点を踏まえて）革命的主体を導きだそうとしている点に、高い評価をあたえる。だがしかし――内田によれば――そこに同時に星野の落とし穴もある。すなわち星野は、技術者をそういう革命的労働者のなかで指導的役割をはたす者として、つまり技術者を労働者階級のうちにぴったりとはめこんでしまう。だが――内田にいわせれば――資本主義は知的労働と肉体労働との分裂を特徴とする体制であり、したがって技術（者）は資本主義的技術（者）たらざるをえない。その点を星野はまったく無視して、技術者の革命的役割のみを語っているわけで、星野技術論はきわめて抽象的なものに陥ってしまう。それを裏付けるかのように、星野技術論には工程論、設計論はあっても、労務管理技術論はない。

以上から判明するように内田は、第一に、できあがった機械そのもの（体系）としてでなく、機械を実際に使いこなしていく（適用していく）ところで、技術をとらえる立場をとっている。これは内田の思想においてきわめて重要な核をなしている。すなわちそれは一方で、生産力の物的・客観主義的把握を拒否して、その主体的・能動的側面を強調する大塚の生産力論とつながる。

他方、この「体系でなく適用」という内田の観点はやがて、たんに技術にかぎらず、およそ学問や社会（形成）を見る観点一般へと広げられていくであろう（後論参照）。

第二に、星野が労働者＝技術者の階級一元論的（搾取論的）把握を否定した点は高く評価するが、しかし逆に技術（者）の超歴史的＝抽象的把握に陥ってしまった点に対しては、やはり資本主義的技術の階級的性格を見るべきことを指摘する。つまり内田にとって、ここでも再び三たび階級的観点の欠如が問題なのである。ただし念のために言っておくと、内田による階級的観点の強調はけっして階級一元論（搾取論）の側――これは当時のマルクス主義の一般的傾向であったと思われる――からなされているのでなく、労働過程（使用価値）的観点の重要性を思い切って強調したうえで、それを階級（生産関係）的観点と突き合わせることの重要性を意味しているのである。星野はせっかくその労働過程論的立場をふまえたのに、こんどは逆に階級的観点を忘れてしまっている、と内田は批判しているのである。こう考える内田のなかに芽生えているものは、使用価値視点を思い切りふくらませたうえでそれを生産関係視点で照射するという見方であり、つまりは生産力視点と生産関係視点とをどう媒介させるかという問題であろう。

大河内社会政策論

戦争経済下における大河内一男の社会政策論を論じた内田の「戦時経済学の矛盾的展開と経済

理論」(『潮流』一九四八年一月号)は、内田がアダム・スミス研究への沈潜＝迂回(→『経済学の生誕』)にむかう重要な契機となった論文だということは、内田自身、後年にしばしば語っているところである。大河内は社会政策を、分配の問題としてではなく生産力の問題として理解し(生産力理論)、直接には生産関係(階級的搾取)も戦争も批判しない。そのうえで大河内は「戦争は社会政策を遂行する」と主張する。このような主張が「一つの――少なくとも一面の現実性を持ち、しかもかぎられた範囲にせよ一つの進歩性を持ち得たのは、どういう根拠があってであろうか」(⑩113)。それを戦時経済における基礎過程の矛盾とかかわらせて理解しようというのが、この内田論文の目的である。

すなわち日本資本主義は、そのプロシャ型発展という特殊的性格のゆえに、多分に前期的要素をもち、国内市場は狭小であった。そういった基本構造の矛盾は昭和初頭以来、深刻な危機(恐慌)となって現われ、その打開策として大陸市場への強硬的旋回がおこなわれた。しかもその強硬策(戦争)は、かえって基本構造の矛盾を深めていった。すなわち戦争経済の遂行は、一方で、経済構成(資本主義)の高度化の必要→重工業育成(近代的技術・近代的熟練工)の必要→古い労働組織・低賃金・地主制度の改革の必要を生み出し、要するに基本構造を解体する必要があったが、他方で、基本構造(型)の保持という政治的必要はますます大きくなった。こうして、新たな生産力(経済構成の高度化)は政治的必要(「強力」)によって破壊されつつ進行するという、戯画的な矛盾が進行していった。そこに大河内理論が時局批判的意義をもちえた根拠があったのだと、内田はいう。

このような情勢のもとで、戦争は社会政策を必然ならしめるし、またならしめねばならぬという主張が多少とも合法的に存在して、かつ批判的であり得たのである。すなわち大河内教授は生産力の名において、前期的原生的労働関係の掃蕩と、労働力の軍隊的または前期的くいつぶしからの労働力の肉体としての保持を、資本主義の高度化そのものが「内在的」に要求する労働力の「価値通り」の売買にかかわらしめて要求し、時局に対する一つのプロテストとなし得た。（⑩116 傍点は内田）

もういちど整理すると、大河内においては階級搾取批判も戦争批判も消えているが、それでもなお批判的意義をもったのは、生産力増強の必然（構成高度化の必然）→労働力保全の必然（価値法則貫徹の必然）→純粋資本主義化への志向を主張しているからである。つまり大河内は、生産力増強→価値法則貫徹→労働力保全の側から、生産力破壊→労働力破壊を批判しているのであり、換言すれば、純粋資本主義（英米型の市民的資本主義）の側から前期的・半封建的な日本資本主義を批判しているわけである。内田は大河内理論をこうとらえて、その一定の意義を評価した(6)。

ところで後年の内田は、この『潮流』論文について、平田清明との対談「歴史の主体的形成と学問」（一九六八年）でこう述懐している。

そういうことを考えて書いたのがあの『潮流』論文なのです。ところが確かに生産力論を生の形で容認しすぎたというか、自分なりに何か不満足なものがあった。いままでの『資本論』（ないし資本主義）把握に対置したかぎり意味があったと思いますが、反対に、絶対的剰余価値論のもっている重さが見失われて、相対的剰余価値論が本来的資本主義の擁護論に傾く、そういう傾向があったことを自分でもうすうす感じたわけですね。そこでこの点を考えてみようということが、理論的には、スミスにしばらく沈潜してみようということになったのです。（⑦534）

ところがこの『潮流』論文が生産力論だと言われた。確かにそのとおりです。だが批判者の批判で問題がつくされているかというと、どうもそうは思われない。自分で納得のいく自己批判をやってみようと思った。そこで、ちょっと日本を離れて、しばらく海底にもぐってじっくり考えてみましょうということからスミスとスミス研究に沈潜したわけです。（⑦529）

たしかに内田による山田＝ケネー＝富農主義の批判、大塚＝スミス＝労資協調主義の批判、星野「技術者＝労働者」論の批判とくらべるとき、内田の大河内に対する姿勢は、大河内理論をもっぱら生産力→価値法則→純粋資本主義の線で受けとめて、そのかぎりで大河内を肯定的に評価している。山田・大塚・星野に対しては階級的なものの欠如を批判していたのに対して、それら以上に階級的観点が欠如しているはずの大河内に対しては、逆にむしろ、いわば市民的なもの（価値法則）の側から評価しているのであり、このとき内田において階級的なものの観点は消えているわけである。だからこそ、「この『潮流』論文は生産力論だと言われた。確かにその通りです」という内田の自己批判が出てくる。

だがしかし、当時の内田批判者が言うように、「生産力」視点に代わって「生産関係」視点（「階級」視点）を持ちこめばそれで済むことなのであろうか。あるいは、市民主義思想に対して（当時の）社会主義思想を対置すれば、それで済むことなのであろうか。これが内田のいだいた根底的疑問である。つまり市民主義と社会主義（当時のマルクス主義）の関係をどうとらえるか。民主主義と社会主義の関係をどうとらえるか。ふたたび内田の回顧を引いておこう。

『潮流』論文から『生誕』までの時期は、言ってみれば安易な解放感のなかでのデモクラシーの問題があったと思うんですね。当時一般には、ブルジョア・デモクラシーというものが歴史的に先にあって、その次に、これを完全に否定するというかあるいはまったく異質なものとしての社会主義があるといったような、積木みたいに考える思想傾向があった。別の形で表現すると、市民主義か社会主義かという二者選択の形で出された市民社会の問題性――日本に即していえば資本主義以前のものがあるという限りでのみとらえられた市民社会の積極的理解といってもいいのかも知れない――があった、……これではデモクラシーの発展、展開という、さまざまの社会形態を貫いていくものが、具体的に押さえきれないのではないかという問題意識をもっていたんです。（⑦527 傍点は内田）

いずれにしても、内田による山田・大塚・星野批判と大河内評価との間には明らかに論調のズレがある。そのズレの背後には、こうした市民主義と社会主義との、ブルジョワ的なものとマルクス的なものとの、からませかたの問題が伏在していたのであり、とくには市民的なものの位置づけという問題が存在していたのである。内田は市民的なものと階級的なもののあいだで揺れている。この揺れとズレの感覚こそは内田思想の学的源泉をなす。そして内田はこうした問題意識をかかえつつスミス研究へと向かう。

四　内田市民社会論の原型

内田義彦のスミス論（『経済学の生誕』）に進む前に、以上にみた一九四〇年代の諸論文のうちに芽生えつつある内田の積極的視点、つまり内田市民社会論の原型的要素をあらためて整理しておくのがよいであろう。とりあえず以下の三点を摘出しておきたい。

(1) 生産力

営利・商業・貨幣資本といった流通面から資本主義の成立をとらえる歴史学派・労農派に対して、生産力の担い手としての産業資本にそれをもとめる大塚への共感。大河内の生産力理論を価値法則貫徹論と理解したうえで、それに対する一定の肯定的評価。地代範疇的資本（日本資本主義）という戦前の現実に対置して、合理的経営、相対的剰余価値、生産資本循環（P……P）の観点を打ち出した技術者運動への評価。これらは内田における生産力視点を表わしていよう。

(2) 下からの道

富農的経済表（ケネー、山田）に対する農民層分解の市場理論表式（レーニン）の評価。労資協調的生産倫理（スミス、大塚）に対する労働運動（マルクス）の強調。技術（者）の抽象的把握（星野）に対する技術（者）の階級的性格の指摘。上からの道＝独日型（歴史学派）に対する下からの道＝英米型（大塚）の観点。これらは総じて内田における下からの道の視点としてまとめえよう。(7)

（3）主体的適用

「技術＝客観的労働手段」という体系説に対置された、「技術＝法則の意識的適用」という適用説への強い共感は、内田における主体的観点、主体的適用の観点を物語る。

以上の（1）（2）（3）を総合してみると、〈主体的個人によって下から形成される生産力の体系〉とでもいうべきものが、さしあたり「価値法則」の名でよばれており、その価値法則に立脚した資本主義（純粋資本主義）が——言葉としては前面に出ていないが——「市民社会」である。そして、いわゆる社会主義（階級支配批判）の視点からはもちろん（これは敗戦直後期の一般的雰囲気であったと思われる）、これと重なりつつ、しかしこれとは異なる視点としてもう一つ、この市民社会の視点から、半封建的＝政商型の日本資本主義を批判するという、内田の独自的観点が生まれつつあった。

ただし二点、注意しておきたい。第一に、「市民社会」はこの段階ではまだ「純粋資本主義」（創成期の英米型資本主義をモデルとする）ときわめて近いところで考えられているように見受けられる。第二に内田は、一方で社会主義的なもの（ないし階級的観点）からブルジョワ的なものを批判したかと思えば（山田・大塚・星野批判）、他方でブルジョワ的なもの（純粋資本主義的なもの）から半封建的なもの（日本資本主義）を批判し、あるいはそうした批判を行っている大河内を評価する（大河内評価）。市民主義はあるときは批判され、あるときは評価される。内田義彦のなかではまだ、市民社会的なものの評価が一定しておらず、揺れている。彼のなかではまだ、市民的なものと階級的なものの関係がはっきりしていないのである。以下、はじめに述べたように、内田におけるその後の思索経路をスケッチ風に展望しておきたい（本格的な議論はこの後の第3章で）。

五　市民社会認識のその後

『経済学の生誕』の市民社会論

右のような揺れの自覚は『経済学の生誕』（一九五三年）でのスミス研究に連なっていく。否、『生誕』を超えて一九六〇年代の思索をも貫いていく。まずは『生誕』を訪ねなければならないが、その各章別の具体的内容をフォローすることはここでの課題でない。以上のような原型的市民社会認識に到達した内田義彦が、スミス研究をとおしてその彫りをどう深めていったかが問題である。こう問うときわれわれは第一に、『生誕』の内田において「分業」という視角が登場してくることに注目しなければならない。

スミスは『国富論』の本論を、分業論からはじめている。そして分業論こそ、スミスの生産力の理論と価値の理論との接点をなすもので、はじめに十分の考察を必要とするゆえんである。／論点は二つ。すなわち「生産力の基礎としての分業」という概念と、分業論を媒介にして価値の理論が生まれてくるゆえんと。（①195 傍点は内田）

スミスをとおして「生産力の基礎としての分業」ということを学んだ内田は、これまで「生産力」という語で語ってきたものを、以後、すぐれて「分業」という語で表現する。「生産力」のいちばんの根本は「分業」にあるということである。それればかりでない。スミスにあっては、その「分業論を媒介にして価値の理論が生まれてくる」ということは、同じ分業が行なわれているとしても、価値法則が貫徹するような分業こそが重要だということであり、そういう価値法則の貫徹こそ近代的な生産力の体系を築くものだということである。「分業」とは、これまでの内田の用語での「生産力」と「価値法則」の二つを同時に含むものとしてである。つまり内田のいう分業という語には、「価値法則の貫徹にもとづく生産力の体系」という意味がこめられているのである。という次第で、初期内田の市民社会を構成する三つの核心的要素のうち、(1)の「生産力」は「分業」という、新しい、より深い概念によって置き換えられる[8]。

と同時に『生誕』においては、内田における「スミス的なもの」(市民社会的なもの)の位置づけがほぼ定まってくる。そのからませかたをめぐって初期の内田が揺れていた、あの市民社会(ブルジョワ的なもの)と社会主義(階級的なもの)は、スミスとマルクスとの関係という表現において、つぎのような絶妙な関係におかれて、以後の内田の根本視座となっていく。

> ぼくは本書〔『経済学の生誕』〕においてスミスの積極面をおもいきっておしだしながら、その内在的批判をおこなうという方法をとっている。(①15-16)

私の学問的生涯は、日本資本主義論争に触発されて始まったといっていいが、その論争の推移と形骸化と中断の中で、私は、マルクスについて、スミスについて、さらにはスミスとマルクスの噛み合わせ方について、根本的に研究しなおさねばならぬと考えるにいたった。その問題意識を一口で言えば、スミスが提出している市民社会の問題をすり抜けてもいけないし、スミスを野放しにしておくこともいけないということである。こうして出来上がったのが一風変ったスミス研究の書である『経済学の生誕』である。第一に、経済学の流れの中でスミスを考えずに、ホッブス、ロック、ルソーという市民思想の中から経済学がどうして出来上ったかを見る、第二に、市民的思想家スミスの積極面を出来るだけふくらませた上でマルクスと対置してみる、というのがこの本の視角になっている。経済学と社会諸科学（ないし、それを包む思想）との関係、また、市民思想と社会主義思想との関係をどうおさえるかは、爾後、私の研究の中心テーマになった。（⑤300）

戦時中から始まったスミス研究の眼で日本を見ても困るし、従来のマルクス研究者の眼で、スミス研究者が日本を見る見方を否定するだけでも問題は解けない。スミスを思いきってふくらませてみる。ふくらませながら、マルクスの問題とその解決の仕方をあらためて考える。そういう仕方で日本とマルクスの経済学をとらえてみたいと思ったわけです。（⑦529）

抽象的概念としての市民社会

市民社会的なもの（スミス的なもの）の位置づけは、『生誕』においてひとまず確定してくるのであるが、しかし『生誕』の市民社会概念は必ずしも明解ではない。すなわち、市民社会がスミスに即して語られるかぎりでは、それは純粋資本主義にかぎりなく近いところでおさえられているようにも見えるし、『生誕』がところどころで注記してウェーバーやナロードニキを語るときには、たとえば「資本主義一般に対立するものとしての『市民社会』という概念」、「資本主義を否定して、市民社会を打ちたてようとする市民的運動」（①88傍点は内田）といったように、市民社会は資本主義と対立するものとして、もっと抽象的なレベルで捉えられているようにも見える。いったい内田のいう市民社会とは、資本主義（とくに純粋型のそれ）とイコールなのか、それとも資本主義と対立するものなのか。じつはこの点こそ、以後の――とりわけ一九六〇年代の――内田の主要課題となるところであって、内田自身がそれを証言している。

市民社会青年型アカデミズムの形成という発想を得ながら筆がそこ〔戦時中における市民社会的志向や概念の成立の意味〕に及び得なかったのは、市民社会への志向は果たして純粋資本主義への志向とそのまま同置していいのか、そもそも「市民社会」とは何ぞやといった問題が、解決さるべき学問的課題として次第に大きく心にのしかかって来たからである。現代資本主義論が氾濫するなかで、私は、社会主義とは何ぞやということを想念のなかにすえながら、「市民社会」の問題性にこだわりつづけた。（⑤302傍点は内田）

これに対する一応の解答が『日本資本主義の思想像』（一九六七年）である。とくにその第一論文「日本思想史におけるウェーバー的問題」である。ここにおいて内田は、近代日本の思想史的検討のなかから、実体的概念＝歴史的実在としての市民社会（すなわち純粋資本主義としての市民社会）とは明確に区別して、抽象的概念＝歴史貫通的概念としての市民社会の概念を、つぎのようにはっきりと獲得する。

その市民社会は、さしあたっては純粋資本主義への志向というかたちで受け取られていますが、漸次、抽象的な市民社会というかたちで自覚されてくる。……／一物一価＝価値法則を媒介にして結局、資本制取得が成立する。日本の資本主義は第二の意味で資本主義であっても、第一の意味では市民社会ではない。という意味で、市民社会への志向には、純粋資本主義への志向がはいっている。が、同時に、純粋資本主義は、労働による所有が価値法則を媒介にして結局、資本制取得に転変するというかたちで、能力に応じた所得という要求がぼかされてしまった社会である。そういう意味では、資本制社会はおよそ市民の社会といえるかという問題がすぐくっついている。コネや身分によってではなくて能力に応じたというところが押し出されてくるに従って、市民社会は抽象的性格をおび純粋資本主義からはみだしてくる。（⑤78 傍点は内田）

純粋力作型経済人の構成する市民社会というものは、主体としても概念装置としても、一つの抽象であります。ちょうどウェーバーの純粋力作型学問人の構成する学問的コミュニティという型での市民社会が一つの抽象であるように。しかし、そうした市民社会の概念は、純粋資本主義というかたちで実体化されて受け取られる面もある。この二つ——抽象的概念としての市民社会と実体的概念としての即ち純粋資本主義としての市民社会——は、当時では、日本の資本主義は資本主義社会ではあるけれどもまだ市民社会ではないというかたちで未分化にくっついています。後者はいわゆる近代化論になります。そして前者の、抽象的な歴史貫通的概念としての市民社会——さしあたりさまざまな体制をくぐりぬけながら実現してゆく市民社会というかたちのもの——というのは、たとえば、完成した資本主義体制であるアメリカは市民の社会であるかというかたちででてくる。また、社会主義について言いますと(社会主義体制か資本主義体制かというフェーズではなくて)社会主義と市民社会というかたち、つまり、社会主義における市民社会というかたちで設定されることになります。

(⑤84 傍点は内田)

こうして抽象的・歴史貫通的概念としての市民社会を措定しえたことによって、右の文にも見られるように、(1)市民社会への志向は純粋資本主義への志向(これは「近代化論」になるという)とは峻別され、(2)市民社会か社会主義かという二者択一レベルでの市民社会ではなく、「さまざまな社会形態を貫いていくもの」（⑦ 527）、「さまざまな体制をくぐりぬけながら実現していく……もの」（⑤ 84）としての市民社会概念に到達し、つまりは市民社会は資本主義をも社会主義をも貫いて展開していくものとして認識され、（3）したがってその延長上に当然ながら、「社会主義における市民社会」「社会主義と市民社会」という歴史的パースペクティブを獲得する。それが『生誕』から区別された一九六〇年代内田の到達点であった(9)。

このように展開された内田市民社会論を構成する三つの要素についてここで再確認しておけば、以下のようである。すなわち、さきにも述べたように、かつての（1）生産力に代わって、より深い概念としての「分業」が前面に出てきて、（1）分業、（2）下からの道、（3）主体的適用が核心的要素となる。

これを一言でまとめれば、市民社会とは〈主体的個人によって下から形成される分業の体系〉ということになり、そういうものとしての市民社会が——資本主義・社会主義を問わず——歴史貫通的に発展していくし、発展しなければならない、という認識となる。このように市民社会の概念を純粋資本主義への志向（実体的概念としての市民社会）から解き放って、あるいはむしろ実体的・歴史的概念としての市民社会とは別の物として、抽象的・歴史貫通的概念としての市民社会を設定したことによって、従来、資本主義形成のあり方の問題として展開されていた分業論、下からの道論、適用説（三つの核心的要素）は、資本主義（純粋資本主義）という枠をこえて、およそ社会形成の分業論的視角、下からの道、主体的適用の問題として組みなおされてゆく。内田市民社会論はそういうものとしての広がりと深まりをもつことになる。そのうえで、こういった社会形成論としての市民社会的視点から、前近代的あるいは管理社会的な日本資本主義のみならず[10]、およそ資本主義一般ならびに当時の現存社会主義に対する批判がなされていく[11]。

六　市民社会形成論としての学問論

賭ける——主体的適用としての学問

一九七〇年代以降の内田義彦はいわゆる学問論とよばれるものを議論するようになる。著作としては、『社会認識の歩み』(一九七一年)を嚆矢として、一九八〇年代に結実する『作品としての社会科学』(一九八一年)、『読書と社会科学』(一九八五年)がそれである。この後期内田の学問論は、たんに科学方法論とか、本の読み方論とか、社会科学の危機への警鐘とかいった、いわゆる学問世界内部での問題を扱ったものではけっしてない。もちろん、それ以前の内田とくらべるとき、「学問」という問題が積極的に入ってきて重要な位置をしめるのは事実であるが、しかしそれはけっして「学問論としての学問論」ではなく、これをあくまでも「市民社会形成論としての学問論」あるいは「学問論としての市民社会形成論」としておさえることが重要である。つまり内田学問論は、内田による新しい市民社会形成論なのであり、あるいはこれまでの内田市民社会論のさらにいっそうの展開なのである。

その学問論として内田が語っていることは、およそ要約することなどほとんど不可能であり、かりに要約し得たとしても、それを言葉や知識として知っても、それだけでは意味のないことである。したがってここでは、内田学問論を要約するなどという無謀な企てを捨て、これまで見てきた内田市民社会論（その核をなす諸要素）が学問論にどう流れこんでいるか、学問論をくぐることによって内田市民社会論はどういうふくらみを得るようになったか、という点にしぼって、後期作品への予備的な展望を開いておきたい。手がかりとして、内田義彦の学問論を読むときわれわれが出あうきわめて特徴的な一群のことばに注目したい。「賭ける」「参加する」「伝える」という動詞である。名詞でいえば「賭け」「決断」、「責任」「参加」（take part in / participation）、「（社会科学や個人的経験の）伝達」である。まずは「賭ける」から見ていこう。

内田はわれわれ一人ひとりにおいて社会科学的な客観的認識が成立してくる出発点として、日常生活における「賭ける」という行為を重視する。すでにはやく『社会認識の歩み』では、「社会科学的認識の芽がわれわれのなかで育ってくる最初の結節点は、われわれ一人一人が決断という行為に迫られることです。決断、賭けということがあって、はじめて事物を意識的かつ正確に認識するということが、自分の問題になってきます」（④37）と語って、マキャヴェリにひっかけてこれを論じていた。学問論の問題に限定して内田の議論をフォローすれば、「賭ける」ということは自立的個人、自覚的個人を前提とする。その自覚的個人が現実を読むために本を読み、社会科学を読む。そのとき何よりも重要かつ基本的なことは、断片を全体（体系、筋書き）につなぐまえに、「断片を自分につなぐ」（④57 傍点は内田）ことである。

という次第で、この「賭ける」という語にこめられているものは、学問（本）をできあがった体系（対象的存在）として自己から離れたところに置くのでなく、徹底的に自分とつなげ、自分の眼でじっさいに物をみるための道具として活用していってこそ学問なのだという、内田の視点である。そしてこの視点は、内田学問論のきわめて独自かつ特異な精髄の一つをなしている。『作品としての社会科学』ではたとえばこう語られる。

> 過去の、一人一人ではなくて、たくさんの人間が社会的に認識した認識の結果が凝結して、学問の諸体系の形で共有財産として蓄えられている、その共有財産を共有財産として受領するという面――その意味では、社会科学上の発見も自然科学と同じで後人は同じ発見の苦労をそのまままくりかえす必要がないわけです――と、一人一人の人間が、その完了形に凝結した学問体系をとかすというか、すでに学界で歴史的に検討ずみのものも、追体験の形で個人としてあらためて再検討・再確認しながら、それを使って自分の眼でじっさいに物を見、働

きかけてゆく、そういう二つの面を、社会科学は持っていなきゃならないはずです。(⑧17)

われわれはここに、技術論論争における内田の観点(適用説支持、体系説批判)が、こんどは学問(社会科学)のありかた・受けとめかたの問題として昇華・発展させられているのを見ることができる。できあがった外的体系としての「学問」は、それ自体としては死んだものでしかないのであり、それ自体としては学問ではない。その学問体系を社会の一人ひとりが、それぞれ自らの課題に応じて溶かし、使いこなし、機能させ、主体的に適用していってこそ、学問は「学問」たりうるし、一人ひとりの「賭け」という行為も生きてくるし、社会的分業の体系も有効に組むことができるのだという。内田にとって学問とは、すぐれて主体的に適用されてあるべきものだったのであり、市民社会とは学問をこのように主体的に適用する諸個人によって構成されるべきものであったのである。

参加する——下からの道としての学問

かつて内田は『社会認識の歩み』で「学問総合化の二つの道」(④168-170)を問題としていた。つまり、部分科学であってはならぬということは資本の側でも必要とされていることで、だからこそ共同研究、学際研究という名の「上からの総合化」が進められている。しかしそれは、なるほど対象を統一的・総合的にとらえることになるかもしれないが、しかし研究主体自身はあいかわらず部分人間にとどまったままであり、しかもそういう「上からの総合化」の結果としての「高度」な社会科学は、専門家による素人の管理・操作の学に至りつくのが関の山だ。

だから問題は、そういった「上からの総合化」に対置して「下からの総合化」をはかっていくことだ。このとき決定的に重要なことは、対象（客体）を統一的にとらえるだけでなく、研究主体自身が部分人間であることをやめ、素人と専門家の、あるいは同一人のなかでの素人の立場と専門家の立場の、分断をやめて、一人ひとりが創造に参加することでなければならない。一人ひとりが創造に参加するという行為をぬきに、学問は学問たりえないし、素人と専門家の有効な分業も組みえない。それが「下からの総合化」であり、「下からの道としての学問（形成）」であり、さらにいえば「作品としての社会科学」である。

すでに示唆されているように、この観点は後の『作品としての社会科学』で全面的に展開される。そこにおいて、「社会科学は絶対に作り手にまかせておいてはいけない。創造に一人一人が参加するのでないといけない」（⑧54）と口をきわめて力説する内田は、すでに判明するように、「参加する」の語のうちに「下からの道としての学問」＝「作品としての社会科学」というニュアンスをこめている。そしてこの観点は、初期内田がレーニン＝大塚から学んだ「二つの道」論の積極的展開――というより換骨奪胎した自由な活用――であることは明白であろう。その二つの道論はかつては資本主義形成の二つの道の問題（したがって革命戦略論の問題ともなる）であったが、後年の内田はこれを学問形成（学問総合化）の二つの道へと、さらにはおよそ社会形成の二つの道へと、徹底的に広げ深めていったのである。それはレーニン理論の受容としては当時においても誤れる受容であったかもしれないし、後年のような展開になると、もはやレーニンとは全然無関係のものであろう。いわば内田は、レーニンの誤れる受容を、そしてレーニンとの無関係化をすすめえたからこそ、この地点に到達したのだといってもよい。

伝える——個と普遍をつなぐものとしての学問

以上にみた「賭ける」（主体的適用としての学問）も「参加する」（下からの道としての学問）も、ともにじつは、ひろく社会的分業を有効に組んでいくために不可欠な環として位置づけられているのであるが、分業（社会形成）が有効に組まれるためにはもう一つ「伝える」（伝達）の問題がある。

直接的共感だけで支えられているようなレトリック無用の社会（ルソー的自然人）とちがって、あるいは特権・カネ・コネで結びつく非価値法則的社会（前近代社会）とちがって、市民社会では、個人の体験を社会全体の経験にまで高め、あるいは過去の知的遺産を現代に伝えるという操作が不可欠である。こうして個と共同体をつなぐためには、どうしても日常語（あるいは各分野の専門的技術用語）だけでは伝達不可能である。「個人的な体験が**社会科学という学問で**経験にまで高まる、そういう道を考えなければならない」（⑧18傍点は内田）。そこに学問（学術語）の意義と役割がある。学術語とは本来、個と普遍をつなぐ共通語なのであり、学問は市民社会におけるシンパシーの形成、したがって分業体系の形成にとって不可欠のものなのである(12)。

だから、社会の一人ひとりの人間が学術語を修得し学問をする主体となってこそ、ある人の経験は他人へと容易かつ的確に伝達することができ、こうして分業が有効に組まれるだけでなく、個人もそういった学問を修得することによって自由な人間となっていく。その程度は、学術語が日常語（日本語）のなかにどれほど溶けこんでいるか、逆に日常語（日本語）が学術語をどの程度手中におさめているかで示される。「一人一人が賭ける存在主体として社会に参加する人間になるということと、一人一人が社会認識を自分のものにするということ、そして、思想や社会科学の用語を日本語として手中に収めるということは別問題じゃない」（⑧32）。「伝える」ための媒介手段としての学問（学術語）とは、（特権的人物のいない）価値法則的な分業社会の個人と個人を結びつけるかなめなのである。

こうして内田市民社会論は学問論へと発展していく。というよりも、学問を不可欠の環とする下からの社会形成論となっていく。内田が透視している市民社会とは、以上の「賭ける」「参加する」「伝える」の語で規定すれば、〈賭ける主体として社会に参加する個人が学問的伝達によって結ばれあう分業社会〉だということになる。あるいは〈学問を媒介とした自由人たちが倫理的に結ばれあう社会〉といってもよい。

以上、内田義彦における市民社会認識の歩みを、生産力／下からの道／主体的適用の語で表現された初期に主眼をおいて分析してきた。ただしそれ以後についても、分業／下からの道／主体的適用の中期、および、伝える／参加する／賭けるの後期について、スケッチ風にフォローしておいた。これら三段の社会認識は、それぞれけっして別物ではなく、資本主義論（初期）↓歴史貫通的市民社会論（中期）↓学問論（後期）とすすむにつれて、一個同一のことの彫りが次第に深められてきたということも、容易に理解されよう。深められた到達点から顧みるならば、日本資本主義論争をとおして定着した日本のマルクス主義、市民社会の後進国に一般的なマルクス主義の一つとしての日本的マルクス主義をまえにして、内田義彦が生涯をかけて追い求めたものは、マルクスの思想とは市民社会（市民的自由）を本当の意味で実質化しようとする構想として読まれねばならぬということであったといえよう。

注

（1）この章では、内田義彦からの引用は『内田義彦著作集』全一〇巻、岩波書店、一九八八〜八九年、による。引用箇所の表記は、たとえば（著作集第一〇巻五六頁）ならば、（⑩56）のように略記する。強調の傍点は、とくに断り書きのないかぎり私のもの。

（2）レーニンにおける「二つの道」の理論の構造と問題点、および戦後日本におけるその受容と変容については、太田仁樹『レーニンの経済学』御茶の水書房、一九八九年、を参照。またN・N・N論文の意義については、後藤康夫「再生産論の具体化における媒介項をめぐって――N・N・N論文が提起するもの」『商学論集』第三〇巻三号、一九九二年一月、を参照。

（3）「価値法則」と「近代的生産力」の関係について、内田「国内市場論」（一九四七年）で補っておこう。「近代的生産力の展開の『力学』は、スミス＝マルクスによって価値法則のうちに把えられて来ている。スミスは、進歩的ブルジョアジーの学問的代表者として、かのマニュファクチュアによって彼が代表させているような高度な労働生産力の全面的な開花と一般的福祉の増大を価値法則の実現のうちに求め、マルクスは科学的社会主義の創始者として労働価値説を発展的に継承し、価値法則の貫徹の過程において実現される強大な生産力そのものの中に、社会主義社会実現の成就を見た。われわれは、このスミス＝マルクスの正しい理解に立つことなしには一歩も前進出来ないであろう。――この場合一見きわめて常識的なことながら……スミスにあってもマルクスにあっても資本主義社会での生産力の強力な発展が――その運動形態が調和にみちて考えられたにせよ、あるいは矛盾にみちたものとされていたにせよ――価値法則の実現と結びつけて考えられていたということである。／……彼〔スミス〕のいう生産力の発展形態としての近代社会の形成は、『利己心』一般の自由な実現によって行われるのではなく……社会の中層及び下層の階級の人々が、社会あるいは自然的な束縛から解放せられてその『利己心』の発揮の自由を得た場合に、正しくその程度において形成せられてくる。すなわち、彼らにあっては『正義』すなわち『普通なみの道義』を守るという『前提』が、等価関係の維持に対して一つの倫理的・習俗的＝法律的な強制として働いて、利己心の実現を節約・勤勉・深慮・注意等々といった『慎重』の徳の実現に結びつける。そしてそこに、たとえば交換、分業、貨幣の蓄蔵、その資本としての使用、なかんずくマニュファクチュア的分業等々といった、近代的生産力の展開が必要とする社会的＝自然的諸関係諸結節の形成と拡大が……行われてくる、そしてそこに……高い生産力の全面的な開花の基礎となりまたそれによって基礎づけられつつ、従前の諸集団から独立した諸個人によって正しく『文法的』に、価値法則そのものによって構成され展開させられてゆく一つの体系的な商業社会──『国内市場』が成立し深められてゆく」（⑩91-93傍点は内田）。ここにはやくも内田において、価値法則＝正義（倫理）＝近代的生産力という三位一体が提示され、市民社会の重要な内実が示されていることに注目しておきたい。

（4）詳しくは第3章の注（13）を参照されたい。

（5）たとえば内田義彦論を展開して古典的な杉山光信『『講座』理論と『経済学の生誕』──内田義彦の『市民社会』についてのノート」『思想』一九七一年一一月号（→杉山『戦後啓蒙と社会科学の思想』新曜社、一九八三年、に収録）も、この技術論論争とのかかわりには言及していない。

（6）以上、大塚・武谷・大河内の議論については、野沢敏治『内田義彦──日本のスミスを求めて』社会評論社、二〇一六年、の前編第Ⅳ章を参照されたい。

（7）「上から」のでなく、この「下から」の市民社会形成ないし近代化こそ、内田義彦が獲得していく立脚点であった。それは同時に、内田の主眼は「近代」一般の否定面でなく、「上から」の近代化の否定面を批判することにあったことを意味する。この点、村上俊介「内田義彦と社会科学──内田市民社会論を中心に」『季刊アソシエ』第一二号、二〇〇四年一月、を参照されたい。

（8）この分業論的視角は、下からの道の視角と重なりつつ、のちの内田において「参加」（take part in）の思想へとつらなっていく。

（9）本章の最初に断ったように、ここでは内田市民社会論について予備的展望を示すことに主眼が置かれている。内田市民社会論の本格的な内実については次の第3章にゆだねる。

（10）八木紀一郎『国境を越える市民社会　地域に根ざす市民社会』桜井書店、二〇一七年、によれば、戦後日本の市民社会論が対峙していたのは、「前近代的な日本というよりは、経済の復興と成長に向けて資源動員をおこなった戦後型の政治経済体制であった」(同書一〇七頁)とのことである。

(11) 一九六〇年代内田において抽象的概念としての市民社会概念が確立してくるにさいしては、日本近代思想史の研究や、ルソー、ウェーバー、ナロードニキにみられる非イギリス型の市民社会思想の研究が大きく寄与していると考えられる。その抽象的市民社会概念を下敷きとした内田の日本資本主義批判(市民社会なき資本主義、前近代と超近代の癒着)は、同じ時期の人間と自然との物質代謝過程論(『資本論の世界』など)の強調とも深いかかわりをもつ。

(12) 内田『読書と社会科学』(一九八五年)によれば、学術語の修得は一定の約束に従って努力するかぎり、ある意味では各界の専門語の修得よりもやさしい。事実、近代において経験科学が成立したことは、そういう学問の客観的伝達を容易にした(⑨74)。と同時にしかし、その共通語であるはずの学術語が、現実にはジャーゴン化し、学者語化してしまっているという堕落に対して、内田はきびしい批判をあびせる。「本来、社会各層の言葉のジャーゴン性を打ちやぶって会話に共通の場をつくり、隠者に秘められて存在するそれぞれの貴重な経験を、共同の経験にまで深める任務をもつ共通語であるはずの学術語が、それ自体ジャーゴン化し、諸学派の学者で、学問の名で実はその派のジャーゴンの通用範囲をめぐって相争うという事態になっている」(⑨71)。

3　市民社会論──「交換的平等」と「人間的平等」のあいだ

一　はじめに

この章では、戦後日本を代表する市民社会の思想家たる内田義彦に即して、彼のうちで「市民社会」はいかなるものとして認識され、いかなるものとして深化していったかについて見届ける。「市民社会」なる用語を使うか否かは別として、日本における市民社会思想の先達としては、内田以前ないし内田以外にも、丸山眞男、大塚久雄、大河内一男、高島善哉らの名を挙げることができる。しかし、戦後、最も一貫して市民社会を問いつづけ、問い深めたという意味で、われわれは内田義彦を市民社会論の原点に位置づけたい。

あらかじめ一言しておけば、内田義彦における市民社会の概念はヨーロッパ由来のものから出発しつつも、次第に、歴史実体と結びついた内包から離れて、この概念は抽象化され理念化され、さらには規範化されていった。それは同時に、内田における日本資本主義ならびに人類史への批判的認識の深化と不可分であり、また日本や世界の経済社会の時代的変遷とも不可分であった。つまり内田における市民社会の概念は、一個の不動の内包に固定されたものではなく、現実と概念の往復作業のなかで、また内田自身の社会＝歴史認識の深まりとともに、次第に進化してゆくものとしてあった。そしてその進化は、究極的に人類史の深層へと降り立ってゆく。ただしその際、旧来の概念内包が簡単に捨て去られるのでなく、旧来のものを包み込む形で新しい概念内包が追加される。こうして市民社会の概念は幾重にも多重化され多層化され、そしてそれら諸相があたかも円錐の表面を回りながら下降してゆくかのように、歴史社会の深部を照射するものへと掘り下げられていった。その総体として内田の市民社会思想はある。

二　純粋資本主義としての市民社会

内田義彦には「生産の理論。覚え書。」と自ら題した太平洋戦争期のメモがある。(1) 戦時の言論統制下、学問研究や表現の自由もなく、また若い内田自らも定職と言えるほどのものもないままに病苦と不安に耐えながら、自らに納得のいく学的拠点を求めてさまよっていた頃の研究ノートである。全体として大塚久雄、大河内一男らから多くを吸収している痕跡をうかがわせて興味深い文章であるが、そのなかで「スミスに於ける利己心の問題」を問うたのち、「self-interest の此の二面性、経済学的概念と倫理学的概念」と題された一節で内田はこう書きとどめている。

> かかる自己関心〔self-interest〕は人間の社会からの解放の原理として、近代社会成立の原理となる。但し、その解放のしかたは、感覚の全面的な肯定、解放＝ルネサンス的人間・ヒューマニズム・後の効(ママ)利主義としてであるか、又は感覚を否定しつつ、自らの中にある神＝理性を肯定すると云ふ媒介的な肯定の仕方、レフォーメーション〔宗教改革〕的、カント的人間としてあらはれるか、そのあらはれ方は、近代社会の成立の型によるであらう。個人の無媒介な主張が近代市民社会成立の原因たり得た社会と、理性によって媒介せられ……ることによって、否定的に始めて肯定し得る如き社会との類型的相異に対応して。
>
> （野沢／酒井 2002: 22　〔　〕は引用者、傍点は特に断らないかぎり山田、以下同じ）

利己心が自由放任を介して、全体利益に結合せられる所に道徳が存在するのであるが、ここでその両者の結びつき方が注意せられねばならぬ。……感覚の解放……が徳とせられるか否かは、云はば偶然的なことであり、英国市民社会成立期に於ての現実であったのである。[2]（……ついでに、市民社会確立がその頭初に於て既に感覚の解放ではない、別の自己否定的な肯定を市民階級に要求した社会、独逸のことが別個に注目せられてよいであろう。……）

（同 24-25）

ここで内田が見ているものは、スミスのいう利己心（自己への関心）が旧社会からの人間の解放の原理たりうることを認めたうえで、その現れ方は資本主義形成における類型差によって異なるということだ。具体的にはイギリスとドイツが比較されている。イギリスでは利己心は「感覚の全面的な肯定」を意味し、これが見えざる手を通して生産力の体系たる市民社会の形成へと結びついた。そのかぎりで利己心は「徳」でありえた。しかしドイツにあっては、そのような見えざる手は作用しておらず、したがって利己心はそのままでは生産力にも市民社会形成にもつながらない。ドイツにおける市民社会形成は、感覚の解放とは別の、「理性」という「自己否定的な肯定」によって媒介されねばならなかったというのである。[3]

スミスや利己心を問題とする内田の時代的関心は、そのような「見えざる手」やこれとともにある倫理がまったく妥当性をもたない統制経済日本への批判意識にある。それはともかくとして、当面のわれわれにとっての興味深い点は、ここに、内田義彦においておそらく初めて——少なくとも最も初期のものとして――「市民社会」なる用語が登場するということである。[4] ここでの「市民社会」は、「近代市民社会成立」とか「英国市民社会成立期」とかの用例に見るとおり、歴史実体的なものとして、さらに特定していえば「成立期イギリス資本主義」に限りなく近いものとして理解されていよう。そのイギリス資本主義は同時に、資本主義の「正常」かつ「典型的」な形態を代表するものとして、いわば「純粋」資本主義として、イメージされていたといってよい。

こうした純粋資本主義としての市民社会というのが、出発点における内田の市民社会理解であった。ただし「純粋」といっても、「純粋」への抽象化の程度はそれほど大きくなく、歴史実体としての初期イギリス資本主義に近いところで表象された資本主義である。そして、ここにいう市民社会は「資本主義」であるかぎり、歴史的には何よりも「封建主義」「封建社会」との対抗のうちに生まれてくるものとされる。やがて主著『経済学の生誕』(一九五三年)に至ると、イギリス市民社会形成史の一環としてのスミス『国富論』の意義にかかわって、市民社会がすぐれて封建社会から解放された社会として位置づけられる。例えばこうである。

この第二の流れの研究においては、古典経済学は市民社会形成史の一環としてとらえられ、古典経済学の形成と発展とは市民社会が封建社会から自らをときはなとうとしたとき、どのような問題があらわれ、経済学はそれに対してどう答えたか、という観点から研究されていた。……重商主義者こそ封建社会をうちたおし近代市民社会をうちたてる役割を果たした……。

（内田 1953: 34, 100 ①31, 90）

この市民社会は資本主義であるかぎり、それ自身のうちに資本－賃労働の階級対立や搾取関係を内含する社会でもある。ただし、スミスに即して捉えられた市民社会＝資本主義社会にあっては、各階級（地主、資本家、労働者）はそれぞれの商品（土地、資本、労働）の所有者であるかぎり対等な立場で相対する。またスミス的な市民社会は、階級的不平等よりも全般的富裕が優越する社会であり、たしかに階級的不平等は存在するがしかし対立が先鋭化していない社会であった。その意味でスミス的社会は、「資本主義」よりも「市民社会」という表現がごく自然に妥当する。

かれ〔スミス〕においては……各階級〔土地・労働・ストックの所有者たる三つの階級〕がその独占的＝特権的地位をうしない、相互にひらの商人としてのみ相対する社会、それが自然的社会としての市民社会である。それは市民の支配する社会、ほかならぬ市民社会である。

（同 207 ① 185-186 傍点は内田）

以上のような市民社会の概念は、もちろん独自日本的なものではなく、ヘーゲル＝マルクス的な「ブルジョワ社会」ないしスミス的な「商業社会」の系譜に属するものとみることができる。

三　価値法則の貫徹する社会としての市民社会

すぐ前の引用文にいう「各階級がその独占的＝特権的地位をうしない、相互にひらの商人としてのみ相対する社会」とは、一歩掘り下げていえば、「各階級」を超えてむしろ「各人」が独占的＝特権的地位を失い、互いにヒラの人間同士として相対する社会でもある。ここに「独占的＝特権的地位」とは、例えば封建的・身分的・人格的な特権や特定のコネによる利権・利益にあずかることを意味する。市民社会とはそのような封建的・コネ的な人間関係が消滅して、各人がヒラの商人としてのみ対応しあう社会である。各人を結びつけるのはそれぞれが所有する商品の物的支配力のみだという社会であり、人間関係が価値関係に純化した社会である。(5) このとき人びとの間の商品交換は「等価交換」（価値どおりの交換）というフェアな形でなされると想定されている。いわば「交換的平等」の世界である。それが内田のいう「価値法則が支配するところの市民社会」（⑩271）であり、あるいは「一物一価的市民社会」（内田 1967: 71 ⑤60）である。

商品のもつ「固有の力」を除いては一切の社会的紐帯はなくなり、この基礎のうえに資本の単一的な支配が確立する。この価値法則が全面的に浸透している社会、それが市民社会である。

（内田 1953: 97 ①87）

近代市民社会が、スミスでは、一物一価の経済社会としてとらえられた……。

（内田 1967: 67 ⑤56 両引用とも傍点は内田）

このような価値法則の貫徹する「一物一価」の社会は、同時に「生産力」が解放され発展する社会であり、その意味で市民社会は生産力の体系でもある。[6] 価値法則の浸透は生産力の解放とセットをなして理解されている。そのような価値法則社会としての市民社会は、一面では歴史的実体としてのイギリス資本主義に関連づけられながらも、[7] 他面では、現実の歴史的実体からある程度抽象化されて、一個の理念化された社会への傾斜を示す。そこでは、互いに特権的地位にないヒラの人間同士の等価交換が成立するためには、封建的・旧共同体的束縛から解放された「自由」「平等」[8] かつ「公正」な人間関係ないし法的関係が成立していなければならない。各人がその商品の所有主体として自立・独立し、交換の「正義」を犯すことなくフェアな人格として相対するものとされる。

そういう社会は、いわば「自由・平等・自立の諸個人からなる社会」である。もう少し丁寧に表現すれば、「自由で独立した諸人格の間で自発的に取り結ばれる平等な関係によって編成される社会」（今井 2001）である。規範的含意を強調していえば、「人間個体の確立と自律的な社会関係の形成を目指す概念」（坂本 1997）ということになろう。あるいは、高島善哉の古典的表現を借りるならば、「政治的には自由と平等と博愛の精神、法的には正義と契約の観念、経済的には等価と自由競争の思想」（高島 1974: 23）が支配する社会である。価値法則の貫徹する市民社会とはこうした社会としてある。そして、通例に内田市民社会論というとき、それはこういった内包において理解されている。のみならず、一般に戦後日本の市民社会論というときにも、ほぼこういった内容において理解されたうえで、それは「西欧近代」ないし「単純商品生産社会」を理想化するものだとの批判が、しばしばなされてきた。

再言するが、この「自由・平等・自立の諸個人からなる社会」なるものは、歴史的実体としての具体的社会と関連しつつも、そこから乖離してくる。「関連」というのは、たしかに「自由・平等」は歴史としての近代社会とともに生まれた観念であり、またそこで法的・形式的に承認された関係だからである。「乖離」というのは二重の意味においてである。第一に、仮に「純粋資本主義」なるものを想定しても、そこでは自由・平等はあくまでも形式的に存在するのみであって、実質的にはその正反対物に転化しているからである（第五節参照）。第二に、「純粋」資本主義ならざる多くの現実の資本主義においては、人びとの自由・平等への侵犯や価値法則の侵害は、形式面でも実質面でも、依然として日常茶飯の事態だからである。そうした現実を踏まえるとき、自由・平等な社会（価値法則の貫徹する社会）としての市民社会の概念は、なるほど歴史としての西欧近代のなかから抽出されたものではあるが、最終的には、そうした歴史具体性を超えて理念化され、あるいは規範化されたものとしてある。(9)

戦時中の経済学史研究を振り返って、内田は「市民社会はさしあたっては純粋資本主義への志向というかたちで受け取られていますが、漸次、抽象的な市民社会というかたちで自覚されてくる」（内田 1967: 92 ⑤ 78）と述べているが、それは同時に内田自身の思索の歩みでもあった。内田のいう「抽象的概念としての市民社会」は、まずは以上の含意において理解しておく必要がある。ただし後論でみるように、それに尽きないものへと深められていくのが、他の論者とちがって内田の特徴なのであるが。

四　労働力商品の売買と市民社会

さて、「交換的平等」としての市民社会論の系論をなすが、しかし内田市民社会論の成立にとっても、また現代的経済学の課題にとっても枢要な論点として、労働力商品への価値法則の貫徹をめぐる問題について立ち入っておこう。問題の核心は、「一物一価の進行と資本・賃労働関係の進行は必ずしもパラレルではない」（同71⑤60傍点は内田）という点にある。つまり、資本主義の進行はそのままでは労働力商品に関する「一物一価」化をもたらしはしないのであり、それゆえ賃労働関係の市民社会化に関しては、いわゆる市場の論理のみに期待することはできないということである。

価値どおりの交換は当然に労働力商品にも及ばなければならない。労働力売買にも市民社会的関係が貫徹されなければならない。労働力商品に価値法則が浸透するということは、労働力が販売され、使用された（労働力が消費された）のちに、ふたたび正常に再生産されるということである。ここに再生産とは労働者個人の肉体的・精神的さらには社会的・文化的な再生産のみならず、労働者世代の継続的再生産を含む。そのためには、労働力の使用条件において一般商品とはちがって特殊な条件が課されねばならず、また賃金も右の広い意味での労働力再生産に必要な条件を満たさねばならない。

ところが資本主義の現実は、労働日の過度の延長、労働力に対する権力的な支配と酷使、衛生的・道徳的に劣悪な労働環境、労働力の価値以下への賃金の切下げ（低賃金）など、労働力の正常な再生産を許さないという事態の連続であったし、いまもそうであり続けている。この点、一九世紀のイギリス資本主義に即してはマルクス『資本論』が如実に描いているとおりであり、明治以来の日本資本主義にかかわっては大河内一男が「原生的労働関係」としてするどく告発したところであった。(10) 戦時中の内田は大河内から多くを学んだのであるが、その大河内は十五年戦争のさなか、「戦争が社会政策の発展の推進力となる」として、こう語る。

> 戦争が社会政策の発展の推進力となるという点は、充分な検討がなされていないようである。明治以来、わが国における正常な労働者保護――労働力保全――の欠如が累積して「労働力」の全般的磨滅、したがってまた国民体位の低下を来し、国防上憂うべき結果を齎した……が、同じ事実はまた、軍需産業拡充にとっての「健全なる」労働力の調達の困難を表面化し、これに対して、「労働力の培養」「熟練工の養成」を社会政策として必然的たらしめたところのものであった。而して社会政策のこの必然性は、平和時の経済社会がただ潜在的にのみ包蔵して来たところのものを戦争は一挙に顕在化し露わにしたのである。長期戦とこれに続くべき経済建設の強行は……「労働力」に対する合理的な保全策を全般的な国策として必然的たらしめ……るであろう。
>
> (「社会政策と統制経済」一九三八年 大河内(1969b: 344-345)傍点は大河内)

まことに戦争は経済社会の発展を集約的に遂行する。平時の経済社会が、その実現のために数十年の歳月と啓蒙運動とを必要とする社会政策を、戦争は一挙に実現するのである。戦時統制のあわただしい喧騒の中に、我々はかえって社会政策の静かな足どりを見出すのである。

（「賃金統制の理論」一九三九年 同 401-402）

つまり戦争経済は、健全かつ有能な兵士や労働力を必要とし、また高度な軍需産業を発展させるべく日本資本主義は産業構造的にも生産力的にも高度化していかねばならない。こうして戦争の遂行は、結果的に、労働力の「保全」「培養」のための社会政策を推進することによって、労働力商品の売買に価値法則を浸透させていかざるをえない。「原生的労働関係」の解消なくして資本主義の高度な発展はありえないが、戦争経済はこの解消を一挙に遂行するというわけである。ここには労働力商品に限ってではあるが、統制経済が市民社会をもたらすという、いささか逆説的で問題含みの――しかし一概に無視できない――「市民的」議論が展開されている。戦後直後の内田義彦が取り組んだのはまさにこの問題であった。雑誌『潮流』掲載の論文で内田は指摘する。

社会民主主義的な主張すら許されない戦時中において、戦争が社会政策を遂行するというような主張が、一つの――少なくとも一面の現実性を持ち、しかもかぎられた範囲にせよ一つの進歩性を持ち得たのは、どういう根拠があってであろうか。……大河内教授は生産力の名において、前期的原生的労働関係の掃蕩と、労働力の軍隊的または前期的くいつぶしからの労働力の肉体としての保持を、資本主義の高度化そのものが「内在的」に要求する労働力の「価値通り」の売買にかかわらしめて要求し、時局に対する一つのプロテストとなし得た。

（内田「戦時経済学の矛盾的展開と経済理論」一九四八年⑩113, 116 傍点は内田）

ここで内田は、価値法則的社会の形成という観点から、大河内の議論を戦時日本資本主義への批判として評価している。たしかにそう評価しうる余地はあるが、はたしてそれで事は済むのだろうか。事実、この内田論文はその後「生産力論」（生産関係ぬきの議論）だとの批判を受けるのであるが、内田は一面で批判を受け入れつつも、「だが批判者の批判で問題がつくされているかというと、どうもそうは思われない」（内田 1971b: 217 ⑦ 329）ということで、問題の解決を求めてアダム・スミス研究に沈潜していく（くわしくは本書第I部第2章三を参照）。問題は「市民社会」をどう形成していくかにあり、それは結局「市民社会」とは何かの問いに連なる。仮に大河内理論が「市民社会」的主張を含んでいたとしても、その「市民社会」はすぐれて「総資本の立場」からの「国策」として、「上から」形成されるべきものとして捉えられていなかったか。あるいは、戦争や統制にもたれかかった価値法則論に終わっていないか。おそらくこの問いが、内田の胸中に突き刺さった棘をなしたのであろう[11]。

やがて内田はさまざまな機会にこれを問う。ただし大河内そのものに即してでなく、マルクスを材料にして問い返す。――大河内が戦時経済のうちにみた社会政策（さしあたり労働力の価値どおりの売買）の必然的進展という問題は、実はマルクスが一九世紀イギリス資本主義のうちにみた「工場立法」の必然性をめぐる問題と通底している。『経済学の生誕』後の内田はマルクスについても積極的に発言するようになるが、その時、しばしば引かれるのがこの工場立法の問題である。[12] 労働日の短縮をめぐる労働者の闘争、そして労働日を法律によって規制する工場立法に関する『資本論』の記述は周知のところであるが、内田はこれを読み解いて、工場立法が「議会に上程されてくる必然性」と、「上程された法案が資本家によって骨抜きにされる必然性」と、この二つの必然性に注目する（内田 1971a: 191-192 ④ 165）。「工場立法」の背後には、程度はともあれ、労働力への価値法則の浸透という市民社会的要求が存在する。労働力の原生的食いつぶしに対して、工場立法という形で労働力の正常なる再生産を保証しようという市民的動きは、大工業制度の時代にいわば「自然史的過程」として必然的に登場してくる。しかし、その実現はまずは資本家の利害によって阻止されるのであり、これも他方の必然なのである。こう読み込みつつ内田独自の視点が以下のように開示される。

> 工場立法の**実現**が、大工業制度の展開という物質的土台から**自動的**に出てくるかというと、

そうではない。議会に上程はされるが必ず骨抜きにされる。そこで工場立法の実現をめぐって闘争が起こる。工場立法はこの「長い内乱の所産」だというまことに意味深い表現をマルクスはとっているわけですが、ここに階級闘争史観と生産力史観を、見事に統一した彼の見方がある。

（同 192 ④165 傍点は内田）

当面の関心に引きつけた用語に直せば、労働力への価値法則の貫徹という動きは、大工業制度のもと「工場立法」という形で自然必然性をもって出てくるのではあるが、その自然必然性は「自動的」には実現しない。「実現」のためには労働者による「闘争」「長い内乱」が絶対に不可欠なのである。労働者の側での意識的かつ主体的な努力がなければ、価値法則は実現しないということだ。「生産力」的必然は「階級闘争」の媒介なしには実現しない。こう内田はみる。[13]

ここには、かつて「戦争は社会政策を遂行する」という大河内理論を評価した内田はいない。価値法則は「上から」与えられるべきものでもないし、事実、「個別資本の立場」はもちろん、「総資本の立場」からも簡単には与えられはしない。価値法則はまた客観性にもたれかかって実現するものでもない。客観性や生産力的基盤を背景としつつも、下からの主体的な努力や闘争を通じて実現され、維持されるものなのである。労働力商品の問題を契機として、内田市民社会論はここに「下から」の、そして「主体的」な社会形成という方向へと視野を深めていく。

五　能力に応じた取得としての市民社会

一般の生産物が商品化されるだけでなく、労働力までもが商品化されてこそ商品経済は完成する。同じく一般商品間に一物一価が実現するだけでなく、労働力商品に一物一価が貫徹してこそ価値法則的市民社会は完成する。だがしかし、労働力が商品化される社会とは、実は資本・賃労働関係が確立する社会であり、要するに資本主義社会である。そして資本主義的蓄積の過程は、これを「所有」（ないし「分配」）という側面からみれば、剰余労働の取得を通じて、資本家にとって最終的に、他人労働（労働者の剰余労働）の所有にもとづく新たな他人労働（新たな剰余価値）の領有をもたらす。仮に資本家が当初は「自己労働にもとづく所有」から出発したとしても、資本循環の繰り返しのなかで当初の自己労働の所産は他人労働の所産に転変し、「他人労働にもとづく他人労働の所有」のシステムが確立する。労働はもはや所有を根拠づけないし、逆に所有は所有自身によって根拠づけられて剰余価値は二重三重に不労所得化する。マルクスはこれを「領有法則の転回」「取得法則の転変」と呼んで、『資本論』（第一部第二二章第一節）で解明した。

これが意味するのは、いわゆる価値法則の貫徹は所有と非所有との格差と断絶を生み出すということであり、自由・平等な諸個人間の関係はその実質において不自由・不平等の関係に転化するということである。市民社会はその内実において資本主義的階級支配に転化するのである。市民社会という形式のもと、その内実は資本主義によってくり抜かれる。「労働にもとづく所有」としての市民社会は、「所有にもとづく所有」という資本主義へと必然的に転回する。労働力商品への価値法則の貫徹とは、市民社会をいっそう市民社会たらしめるものであったが、同時に市民社会から「はみ出す」——「はみ出す」以上に市民社会をある意味で「否定する」——資本主義を生んでしまう。所有としての資本主義を生んでしまう。

> 一物一価＝価値法則を媒介にして結局資本制取得〔所有にもとづく所有〕が成立する。……純粋資本主義は、労働による所有が価値法則を媒介にして結局資本制的取得に転変するというかたちで、能力に応じた所得という要求がぼかされてしまった社会である。そういう意味では、資本制社会はおよそ市民の社会と言えるかという問題がすぐくっついている。コネや身分によってではなくて能力に応じたというところが押し出されてくるに従って、市民社会は抽象的性格をおび純粋資本主義からはみ出してくる。
>
> （内田 1967: 92-93 ⑤78 傍点は内田）

ここにいう「コネや身分」は前述のように価値法則の阻害要因であり、市民社会によって克服されるべきものであった。さきには、このコネ的・身分的関係に対置して「ひらの商人」による一物一価的関係として市民社会が概念化されていたのであるが、ここでは新しく、その「ひらの商人」を所有の側面から定義して、それは自らの「能力」に応じて取得する者だという。ここに市民社会は、「能力に応じて取得する」という人間類型によって構成される社会として深められてゆく。ロック的にいえば「自己労働にもとづく所有」の社会である。そういった市民社会の概念は、たしかに、所有にもとづく所有としての資本主義とは別物である。内田市民社会論は「純粋資本主義からはみ出してくる」のである。

「市民社会」が抽象化され「資本主義」から分離されるということは、一方で、日本資本主義の問題として以下の発問を生むことになる。「日本の資本主義は第二の意味〔資本制取得〕で資本主義であっても、第一の意味〔価値法則〕では市民社会ではない」（同93⑤78）、と。ここに日本は「市民社会なき資本主義」という特徴づけを得ることになり、いわゆる純粋資本主義とは異なる——いわば前近代的要素と絡みあった——日本資本主義の独自な構造ないし類型が問われることになる。そしてその問いは、たんに日本資本主義の問題にとどまらず、広く各国の資本主義をめぐって「資本主義と市民社会」という分析視角を提示する。否、それにとどまらずこの市民社会概念は、その否定的側面が顕在化してきた当時の社会主義諸国を前にして、「社会主義と市民社会」「社会主義における市民社会」（同100⑤84）なる問題提起へと至る。

さて、「能力に応じた取得」としての抽象的な市民社会は、個人がその労働、努力、才能に応じて取得する社会を意味する。「取得」のうちには、たんに物的・経済的な所得や所有のみならず、広く個人の社会的評価もまた含まれていよう。そうしたものとしてこれは、何よりも、前近代的なコネや身分、封建的な所有や特権などによる取得――いわゆる地代（レント）範疇――への対抗概念であるが、同時に――領有法則の転回や利子範疇に示される――資本主義への批判概念でもある。[14] 要するに「能力」主義的な取得原理は、前近代的であれ資本主義的であれ、「所有にもとづく所有」に対置された市民社会の原理をなす。[15]

一九六〇年前後の内田義彦は、徳富蘇峰からヒントを得て、この「能力」主義的人間類型を「力作型経済人」とも表現し、もって近代日本の経済人と資本主義のあり方への批判概念とする。「旧思想を軽蔑する新時代の青年が、のれんにもたれかかったりして経済的利益を追求しようというのは、矛盾もはなはだしいではないか――というのが蘇峰の言い分で、この言葉を使って、たいこ持ち型＝コネ型経済人と一物一価の力作型経済人という範疇を設定したわけです」（同95⑤80 傍点は内田）。

「所有に応じた取得」に対する「能力に応じた取得」は、ここに「コネ型経済人」に対する「力作型経済人」によって構成される市民社会へと彫りを深められてゆく。「純粋力作型経済人の構成する市民社会というのは、主体としても概念装置としても、一つの抽象であります」（同100⑤84）と内田自身が言うとおり、こういう市民社会の概念はかなり「抽象的性格」が強い。それによって内田は、日本資本主義とそこでの人間類型を批判的に照らし出す。

> コネだけでは駄目で実力を備えていなければコネにもはいれない、というのが日本経済のロジックです。純粋コネ型ではない。しかし純粋力作型でもない。能力＝力作をうちに秘めてコネの論理に従う、いわば賤民的＝パリア力作型が日本の経済人の基本タイプで、そういうパリア力作型という形態でのコネ型経済人をもって日本の「経済社会」はいともダイナミックに形成されてきた。……コネを通じて能力が展開され、能力によってコネの圏の維持・再編成が行なわれます。……ですから、力作型は、それが、力作型に徹して——パリア型でなく——純粋力作型になろうとすればするほど能力を発揮する場所からはじきだされてしまって、結局力作型経済人ではなくなってしまう。（同96⑤81 傍点は内田）

内田義彦にとって日本資本主義は、各人の「能力」がそれ自体として展開し、その展開された能力が一物一価的に評価されるという市民社会ではなかった。そうではなく日本では、「純粋コネ型」とは言わないまでも、能力とコネとが相利共生的に絡みついた「パリア力作型」が経済人の主流を占め、「純粋力作型」が経済世界から放逐されるという事態が繰り返されてきた。日本資本主義をこう捉える内田のこの指摘は、内田の時代を越えて、現代日本の問題性を、否、日本に尽きない世界各地で起きている諸問題を、その深奥において照射している。

なお、内田における能力（労働）に応じた取得というのは、封建的なものであれ資本主義的なものであれ、すぐれて財産やコネといった地代範疇的なものの支配に対する批判概念として設定されているのであって、時と所を問わず「能力」がすべてだという能力絶対主義とは無縁である。「能力主義」は今日の新自由主義が好んで奉ずるところであるが、その場合、能力主義は能力的弱者を切り捨てる論理として使われている。[16] 内田の「能力」主義はあくまでも地代範疇批判として提示されているのみでなく、実は内田のなかにはもう一つ、そうした偏狭な能力至上主義を相対化する視点が存在する。[17]

第一に、現実のブルジョワ社会での能力の尺度をそのまま肯定して能力差を議論するのでなく、「各個人の持つ、あらゆる伏在的な能力が、自由に展開される場を求める」ことが肝要だということを、内田はマルクスから学んでいる（内田 1966: 112 ④ 313-314）。[18] 第二に内田においては、「人間は労働に応じて評価され」ねばならないという議論は、「労働する人間としての共感を基礎とする人間平等観」のうえに立って、そしてまた「人間は、ただ人間であるという単純な理由で生きる権利がある」という「生存権の思想」とセットとなって、展開されている（内田 1967: 349-350 ⑤ 288-289）。内田の「能力」主義の奥底には、人間存在へのもう一歩深い洞察が秘められているのである（第七節参照）。

六　「人間―自然の物質代謝」としての市民社会

『日本資本主義の思想像』（一九六七年）で「抽象的概念としての市民社会」を押し出したとき、内田義彦はそれを「抽象的な歴史貫通的概念としての市民社会」とも言い直していた（同 100 ⑤84）。この、歴史を貫通する市民社会とは一体なんなのか。

実はこの市民社会概念こそは、内田思想の最奥の根底を支え、かつ他とちがってきわめて内田的な市民社会論の根幹をなす。それは内田において、早くには一九六〇年代以前から胚胎しつつ、以後、終生にわたって彫りを深められていく。この概念にあってはいわゆる西欧近代の理想化とは無縁であるし、いわゆる近代の人間中心主義も相対化される。しかも、内田のこういう市民社会概念は従来、じっくりと検討されることがなく、それゆえにとんでもない誤解も生じていると思われるので、以下で十全に立ち入ってみたい。本節と次節がそれである。便宜的に二つの節に分けるが、内容的には一個同一のことであり、二つの節はそのどの側面に光を当てるかのちがいでしかないこと、あらかじめ断っておく。

内田が「歴史貫通的」なものというとき、何よりもまず人類史の根底をなす「人間と自然との物質代謝過程」を表象していたことは、誰しも認めるところであろう。ただし、内田にきわめて特徴的なことであるが、その物質代謝過程はたんに自然的事実として据えおかれていたのでなく、『経済学・哲学草稿』のマルクスを借りて注釈しているように、その場合の「人間」は、少なくとも本来的には「能動的で自由な主体としての人間」として、また「意識をもった社会的人間」として設定されている（内田 1966: 116-118 ④ 318-319）。要するに内田における「歴史を貫通する市民社会」のなかには、自由な――自由を求める――人間による自然との社会的な物質代謝過程という、人類永遠の営みが含意されている。[19] 彫りを深められた内田市民社会論を理解する鍵は、まずは、歴史貫通的なものとしての人間-自然の社会的物質代謝過程を見定める点にある。[20]

その内田は、こうした物質代謝過程としての歴史貫通的市民社会について、「さまざまな体制をくぐりぬけながら実現してゆく市民社会というかたちのもの」（内田 1967: 100 ⑤ 84）、「いろいろの社会形態をくぐりぬけて貫徹する市民社会の成長」（内田／長州／宮崎 1967: 208）とも換言している。つまり市民社会は静的なものでなく、歴史的に動的なものであり、人類史の将来に向かって次第に「実現」「成長」してゆくものだという認識である。この市民社会は、たんに資本主義から「はみ出す」以上に、資本主義を含めて各種体制を「くぐりぬけて貫徹する」という点で、前節までの市民社会とは概念内包を異にする。資本主義とのズレである以上に、資本主義を前方にも後方にも突き抜けていくような市民社会である。従来の長い人類史のなかで牛歩のごとく形成され、いま「人類の前史の最後の段階」たる資本主義的近代において――価値法則、自由・平等、能力に応じた取得、ないし少なくともそうした観念の成立、ならびに大工業的生産力の発展とその矛盾という形で――格段に進展すると同時に、しかし現実においては資本主義社会のなかで歪曲され阻止もされてもいるものとして、そして将来的に、曲折を経ながらも人類史のなかで次第に完成されていくべきものとして、内田の歴史貫通的市民社会はある。[21]

何に向かっての実現であり成長なのか。大きくは、社会的物質代謝の過程を不断に「合理化」してゆくことであろう。「全体として合理的に人間と自然との質量転換をしてゆく」（内田 1971a: 200 ⑤ 171）ことであり、「自然の合理的管理組織」（内田 1966: 204 ④ 395）を作り上げてゆくことである。そのためには科学・技術の発展も必要であるが、経営組織や社会的制度の変革も不可欠である。しかし、それ以上に――いや、それらの根底にあるべきものとして――肝要なことがある。民主主義と自由の問題である。

まずは民主主義の問題について。内田自身、「デモクラシーの発展、展開という、さまざまの社会形態を貫いていくもの」（内田 1971b: 216 ⑦ 527）と発言しているように、民主主義もまた、歴史を貫通して成熟していくべき動的なものとして、市民社会をつくりなす重要な支柱であった。その民主主義について、敗戦直後の若き内田義彦は、次のように、目の覚めるような認識を示していた。

民主主義下の社会的意志形成の本質は、民衆の意見が投票によって社会化せられ単一化せられるという点にあるのではない。それはもっと動的なものである。それはむしろそれぞれの立場にある民衆が、能動的な主体として自らの責任において自らの眼で見、自らの頭で考えるとともに、それぞれの立場からの意見が自由に交換せられ相互に滲透を受けることによって深化し、民衆自身が巨大な社会的複眼を構成するという点にある。

（「新聞と民主主義」一九四五年 ⑩ 20-21）

民主主義とはたんに多数決とか、投票民主主義、議会制民主主義とかに尽きるものでないことは、今日ではもはや誰の眼にも明らかであろう。議会制民主主義の装いのもとに、議会外での金権的ロビイング活動によって政治的意志決定が左右され、民意が政治に反映されず、これと不可分な形で他方、民衆による民主主義への不信と政治的無関心がはびこる。そんな現実を前にするとき、民主主義の本質は民衆自身が「巨大な社会的複眼」を構成することにあるという、七五年前の——まさにこれから民主主義日本が築かれようとしていた時点での——内田の言葉は、あらためて民主主義の原点を悟らしめる。民衆による「巨大な社会的複眼」の形成によってこそ、社会的物質代謝は「下から」そして「主体的」に合法則的な運営のもとにおかれることになろう。学問はそのためにこそある。[22] 歴史を貫通して展開する市民社会、あるいは人間–自然の物質代謝としての市民社会が実現すべき課題はそこにある。

加えて、民主主義と並行して、人間的自由の発展としての市民社会もまた、さまざまな歴史をくぐりぬけながら実現されてゆくべきものであろう。内田義彦は、物質代謝過程の合理的制御に向けた人間の営為のなかに、自由に向けて主体的に努力する人間の姿を見る。マルクスの言葉(『資本論』第三部第四八章)で言えば、「自己目的として行われる人間の力の発展、すなわち真の自由の領域」への歩みを読み取る。物質代謝の合理化の過程は、自由を求める人間に担われてこそ実現するとともに、その過程そのものが自由な人間を生み出し、また生み出さざるをえない。その「自己目的として行われる人間の力の発展」は「遠いかなた」の夢物語かもしれないが、しかしそれをいま「目標」として掲げるか否かは決定的な分岐をなす。なぜなら、目標のいかんは「当面の問題の処理の仕方」を規定するからである(内田 1971a: 201-202 ⑤ 172-173)。「現在の行動がその現在形において将来的な意味をもつ」(内田 1974: 313 ⑥ 255 傍点は内田)ようにしなければならないのであり、それを羅針盤とし針路として思考し行動することのうちにこそ、市民社会への成熟があるからである。この点は後年の内田義彦もしばしば確認するところであって、それは例えば、「歴史をくぐり抜けて遠い将来に成立してくるであろうところの、しかしそれが課題としていいま、現に、人々に意識され行動に方向をあたえつつある市民社会」(専修大学社会科学研究所 1982: 50 ⑧ 363 傍点は内田)という表現に示される。市民社会は「遠い将来」のことかもしれないが、

同時に「現に」あるべきものなのである。(23)

以上、内田のいう歴史貫通的な市民社会が、物質代謝の合理化、そしてそのなかで要請もされ結果として析出されもする自由と民主主義を射程におさめたものであることについて見てきた。しかし、物質代謝の合理化とセットをなして人間の自由と民主主義が展開し、逆に、自由を求め民主主義を構成する民衆に担われて物質代謝が合理化していくためには、さらに必要なことがある、と内田義彦は見ていた。そこまで問い深めたところに内田市民社会論の神髄がある。何なのか。節を改めよう。

七　生きることの絶対性に根ざした市民社会

『社会認識の歩み』（一九七一年）の「むすび」で内田はこう書いている。少し長いが、内田市民社会論の最奥部を語るためにも欠かせないので引いておこう。

> 人間が人間らしく生きるということを自己目的として考える。むろん孤立した人間としてではない。人間的本質（ダス・メンシュリッヘ・ヴェーゼン）は社会とのかかわりあいを含んでいる。人間は社会をなして存在し、社会を創造する存在である。ということをも含んで、やはり、人間が生きるということが自

己目的としてある。その生きるという営為のなかには当然に学問がある。学問だけじゃない。さまざまな文化諸領域が含まれている。そういうものを含んで、自己目的として行なわれる人間の力の発展ということが言われているわけですね。／繰り返すようですが、自己目的として行なわれる人間の力の発展というものを、遠いかなたに目標としてもっていないと、現に、資本が人間というものを蝕んでいる姿は見えない。そしてそれが見えてこないと、社会科学の対象すら、真の意味では見えない。生きているということそれ自体の意味・重さを捉えてこそ、社会科学が解決すべき問題が見える。

（内田 1971a: 202 ④173）

人間が人間として「生きる」「生きている」ことこそ自己目的であり、その「生きる」ことと不可分なものとして「学問」があるが、その学問が空回りせずに真に意味ある学問となるためには、学問は人間が「生きる」ことそれ自体のもつ重みに深く根ざしていなければならない。——ここには、個々人の生そのものの絶対的重みの自覚と、学問（さしあたり社会科学）のあり方とが、不可分なものとして強調されている。内田市民社会論が最終的に見据えていたものは、この「生きる」ことと「学問する」こととが相互に循環しあう社会であった。

内田は問う。「学問が真に社会的に意義あるものになるための今日的テーマの発見も、一個の人間がそれぞれに生きているということの絶対的意味にかかわらせないかぎり、おこなわれないのではないか」。こう問う内田のなかには、公害問題であれ薬害問題であれ、問題の最初の——いわば小さな——シグナルが出された時点で、なぜわれわれはこれを問題として認識しえなかったかという反省がある。シグナルをシグナルとして受けとめえなかったのは、その背後に、「野鳥の一つや二つ、人間の一人や二人死んだとして世界の大勢からすれば何ほどのことがある」との心理がはたらいていたからではなかったか。つまり、「野鳥の一つや二つ、人間の一人や二人」を例外視ないし無視し、「一人一人の人間が生きるということそれ自体のもつ絶対的意味」に心を寄せない（以上、内田 1974: 357, 363-364 ⑦ 292, 298 傍点は内田）。むしろ、そこから眼をそむける。だからこそ、学問的課題が課題として見えない。それでは「真に社会的に意義ある」学問的テーマも見出せなくなり、ひいては人間の自由や合法則的な物質代謝への道も閉ざされる。

加えて銘記すべきは、この「人間がそれぞれに生きるという営みを行っているということそれ自体がもつ絶対的な意味」（同 363 ⑦ 292）に立脚することによってはじめて、「生きるものとしての人間的平等の観念」（内田 1967: 348 ⑤ 287）も生まれてくる、ということである。『日本資本主義の思想像』の最終章で内田は、西欧近世史において、財産神聖観（所有の支配）に対抗して、労働する人間の側から働く者どうしの共感のうえに立って「働かざる者食うべからず」の命題が出てくることの画期的意義を説く。そして言う。「労働する人間としての共感を基礎にする人間平等観であり連帯観であるからこそ、働いていても（ないし働けなくて）食えない人間への共感が同時に働いて……生存権、人間は、ただ人間であるという単純な理由で生きる権利があるということが、同じ労働する人間としての共感からくる連帯観に支えられて出てくる」、と（同349⑤288傍点は内田）。ここに示されているのは、財産の支配を否定して労働する人間（いわば純粋力作型経済人）としての共感と連帯が基礎をなすべきこと、だがしかし、そうであるからこそ、たんに労働する人間のみならず「働いても（ないし働けなくて）食えない人間」への共感も生まれるということである。

「労働する人間としての共感」という視点から出発しているが、含意は狭く「労働する人間」だけではない。「共感」の射程は「働けない」人間へと、そして「ただの人間」へと及ぶ[24]。その「ただの人間」一人ひとりが「生きていることとの絶対性」に身を置くということは、「人間的平等」の観念の形成と同義なのである。およそ人間は生きているかぎり、人間として平等だという観念がここに生まれる。重ねて言う、――生きることとの絶対性に根ざすとは、人間としての平等性のうえに立つということなのである。そして重要な点であるが、ここには、かつての「交換的平等」（価値法則＝一物一価的平等）を超えて、「人間的平等」（生ある者としての平等）が見据えられている。同じく「能力に応じた取得」を超えて「必要に応じた取得」の原理が暗示されている。「人間は、ただ人間であるという単純な理由で生きる権利がある」のであって、それは分配上は「必要原則」の世界である。あるいはこれを「互酬性」の世界といってもよく、いずれにしても能力主義的差別とは無縁な世界である。歴史を貫通して実現されていくべき市民社会のうちに内田義彦が最後に見定めていたものはこれである。さまざまな社会形態をくぐりぬけ、歴史を貫通して次第に実現されてゆくべき市民社会とは、人間的平等（つまり生きることの絶対性）の観念を基盤とし、自由を求める人びとが学問を媒介にしつつ巨大な社会的複眼としての民主主義を形成し、こうして人間と自然との社会的物質代謝を制御してゆくものとしてある。

ただし、ここで注意が必要なのであるが、内田が人間的平等としての市民社会へと降り立ったということは、かつての交換的平等としての市民社会を全否定するものではない。究極的には人間的平等（生存権の思想）を根底に置きつつも、日常的にはそれと交換的平等（労働＝能力の尊重）との緊張をはらんだ共存を各人が引き受けるべきものとして、内田市民社会論は構想されていた節がある。例えば空想的社会主義を評価して内田は、「ここでも、人間は労働に応じて評価されにゃいかん、ということと、生存権の思想が同時に出ている」（内田 1967: 350 ⑤ 289）と語り、また「現代の根本問題の一つ」としてこう述べる。「人間は仕事を通じてのみ人間たりうるという側面と、仕事においては無能力でも、ただ生きているということで人間としての存在理由と妙味をもつという側面があること、そしてこの問題は、思想史的にいえば宗教改革の問題なのだが、たんに歴史上の事として既に済んだ問題に止まらず、現代の根本問題の一つだ」（内田 1974: 311 ⑥ 253-254）。見られるとおり内田においては、「生存権」と「労働」、「ただ生きているということ」と「仕事」

とが時に緊張をはらみつつも共存するような世界が見はるかされている。内田的市民社会における市民は、この人間的平等と交換的平等の緊張的共存を自ら引き受けていくべき存在としてあったのであろう[25]。福祉社会を根底にもつ市民社会の構想といってもよい。

あらためて振り返るまでもなく、以上から明らかなように、内田市民社会論は、成立期イギリス資本主義に近いもの（純粋資本主義）の表象から出発しつつも、やがてブルジョワ的な平等（等価交換的フェアネス）や能力主義（地代範疇批判）へと理念化され、さらに最終的に、歴史を貫通する伏流の開花を見透すという形で、人間としての平等性（生ある存在としての絶対性）と学問する自由人に担われた物質代謝の制御へと、円錐を回り下るように深められていった。単純化していえば、資本主義としての市民社会から、資本主義からはみ出す市民社会をへて、資本主義をもくぐり抜ける市民社会へと深まっていった。深められた到達点から振り返って内田市民社会論のエッセンスを取り出すとすれば、第一に、「所有」原理に対抗して「能力」原理を生かすための市場の社会的制度化（社会的調整）の思想であり、第二に、「能力」原理の絶対化を抑止し「福祉」原理を根底に据えるための人間的平等（生存権）の思想であった。

八　おわりに——「一人一人」から

以上のような内田市民社会論の究極の到達点は、一種のユートピアかもしれない。しかし、繰りかえし言うが、内田義彦はそのユートピアを羅針盤としていま持つか否かが決定的に重要なことだという。歴史へのもたれかかりでなく、歴史に主体的に参加する人間として、私たちの「現在の行動」はその「将来的な意味」において問われているのだという。

振り返ってみれば内田は、大河内社会政策論との格闘のなかから、市民社会形成における「主体的」かつ「下から」の道の立場にしっかりと立った。それはスミス論においては、スミスを「社会の中層および下層の人々」（内田 1967: 261 ⑤ 215）の立場に引き寄せ、学問にかかわっては「上からの総合化」に対置して「下からの総合化」（内田 1971a: 195-198 ④ 168-169）を、また、専門家支配の管理の学に対置しては市民による「作品としての社会科学」を押し出すという形で表明されていた。しかし、内田は次第に「下から」というよりも、「一人一人」から、という用語を好んで多用するようになる。この点、『社会認識の歩み』では格別に顕著であるが、『作品としての社会科学』も例外でない。ほんの数例を引こう。

人間は孤立した存在ではないけれども、集団の単なる構成要素でもない。一人一人の人間が学問的思考を有効に身につける意味が、そこにあるのです。 （内田 1971a: 4 ④6）

社会科学がなぜわれわれに縁遠いものになっているのか、どうすれば社会科学的認識がわれわれ一人一人のなかで育ってゆくのか、その方法を考えたい……。 （同 15 ④14）

私は、参加という言葉が、日常的なところから極限状態を含めてあらゆる意味内容を包含する日本語になるということと、社会科学的志向が国民一人一人のなかに育ってくることとは別問題ではない、つまり、一人一人が賭ける存在主体として社会に参加する人間になるということと、一人一人が社会認識を自分のものにするということ、そして、思想や社会科学の用語を日本語として手中に収めるということは別問題じゃない、同根のものと考えております。 （内田 1981: 37 ⑧31-32）

「下から」や「主体的」でもなく、また「個人」や「個体」でもなく、「一人一人」という。いわば「一人一人の思想」である。「一人一人」の語は、階層の上下と関係なく、また他人事にも響く「個人」「個体」の語でもなく、生きかつ学ぶ存在としての各人に自分のこととしての自覚と決断を迫っているかのようである。と同時にそれは、安易な顔出し型参加による集団形成とそこへの埋没をも戒める言葉であろう。というよりも、およそ集団や組織の形成の根底にあるべき「賭ける存在主体として社会に参加する人間」の重要性を秘めた言葉なのであろう。数々の社会問題について、内田は「さしあたってある程度まで一人で」解決してゆくべきだと語るが、「この場合、『さしあたってある程度まで一人で』というのは、現在ではという意味ではありません。将来においても、常に、要するに事の本質においてそういうものだと私は思っています」（同 36-37⑧31）と念を押す。

もちろん、内田がいわゆる市民運動、社会運動、政治運動を否定しているのではないし、そのための集団形成を否定しているのでもない。むしろ積極的にその必要性を認めていることは、さきの公害問題や薬害問題の例を引くまでもなく明らかである。あるいは「一人一人が科学する主体になる。あるいはそれが組んで集団を形成する」（内田 1971a: 197④169）、「一人一人が科学を身につけ、その連合した働きでもって日本の経済をきちんと立てなおす」（内田 1981: 188⑧156）というように、「集団」「連合」形成の必要も視野のうちにある。[26] そういった民衆運動や集団形成を見つめたうえで、なお内田は「一人一人」の重さにこだわる。あくまでも「一人一人」を原点に置き、そのうえで社会的に連合するのである。しばしば「内田には政治がない」との評言を聞く。しかし内田は、その「政治」なるものの根底にあるべきものとしての、否、およそ「市民社会」

形成の根底にあるべきものとしての、「一人一人」の決断と自覚を問うているのであり、それを有効に作用せしめる学問（作品としての社会科学）を問うているのである。「学問を一人一人の人間がやること、つまり社会のすべての成員が、一人一人、生きるという営みのなかに学問的営為を含ませること」（内田 1971a: 3 ④ 5）。それを通してこそ、自己目的としての人間の力と自由の発展に一歩近づき、また民主主義という巨大な社会的複眼も育ってゆく。そして物質代謝が市民社会的に調整されるようになる。

内田義彦の歴史貫通的な市民社会は、そういった「一人一人」の自覚と学問を通して形成されるべきものとしてあった。後年の内田はいわゆる学問論を主要なテーマとするようになるが、その学問論とは以上の意味で、内田が市民社会形成の「いかにして」に答えたものである（前章参照）。学問論は何よりも市民社会形成論として理解されるべきであろう。

注

（1）編者によって「〔経済学研究覚え書〕」と付題されて『時代と学問——内田義彦著作集 補巻』（野沢／酒井 2002）に収録されている。その執筆時期は、編者の推定によれば「太平洋戦争も進んだ頃」（同 493）とあり、また、文中の「19.4-14」（同 9）なる記載が執筆年月日を示すものだとしたら「昭和一九年四月一四日」と理解することができるので、一九四四年四月あたりであろう。なお、文中の別種の記載「15.4.16」（同 17, 18）も執筆の日付だとしたら、これはおそらく、正しくは「19.4.16」と書くべきものの誤記ではなかろうか。

（2）のちに内田義彦はいう。「スミスは封建的な政治の機構や、重商主義的規制によって設定された独占が解消されたとき、そこにおいて（はじめて）利己心はそのまま社会的善の槓桿になると考え」た、と（内田 1967: 261 ⑤214）。本章では内田義彦からの引用は主として単行本から行い、（章末の参考文献欄に示す発表年：ページ数）の形式で示す。なお『内田義彦著作集』第①〜⑩巻（内田 1988-1989）の該当巻数とページ数を、例えば「⑤214」のように付記する。以下同じ。

（3）こうした理解には大河内一男『スミスとリスト』初版一九四三年（大河内 1969a）からの強い影響が見られる。

（4）もちろん「市民社会」なる語は内田の独自的案出によるのではない。「市民（的）社会」という日本語は、一九二〇年代、マルクス文献の訳語として初めて使用されたとのことであるが（植村 2010: 162-164）、やがて一九四〇年代、この日本語は固有の概念として日本の社会科学のうちに登場しはじめる。すなわち一九四一年の高島善哉『経済社会学の根本問題』（後に幾度か改訂・改題され最終的に高島（1974）となった）や前注の大河内『スミスとリスト』（大河内 1969a）がそれである。大河内はスミスを語りつつ、「利己心」が「生産力」と結びつくことによって「徳性」となる社会を「市民社会」と呼んだ。他方、高島は市民社会をすぐれて一七〜一八世紀以来のヨーロッパにおいて支配的になった「歴史的概念」として把握し、その市民社会は資本主義社会から階級関係を捨象したものであり、資本主義社会の概念によって完成をみるべきものとした。内田自身、「太平洋戦争中に、日本で、市民社会という言葉が資本主義という言葉にかわって用いられてきた」と回顧しているが（内田 1971a: 127 ④109）、それはこうした文脈を意識しての発言であろう。

（5）もちろんこれは経済的取引関係に限った表現であって、そこでの要点は経済的取引において経済外的な強制や特権が作用しないという点にある。それはまた経済以外の人間関係では、少なくとも公的領域では法の下における平等が支配し、ブルジョワ的な正義と法治の精神が貫徹する社会であることを示唆する。

(6) 例えば内田「国内市場論」(一九四七年)や「戦時経済学の矛盾的展開と経済理論」(一九四八年)をみよ(⑩91, 116)。

(7) 例えば『経済学の生誕』における次の一文をみよ。「イギリスの資本主義社会が封建制度の完全な否定のうえにたち、それゆえに資本主義社会のなかでも価値法則が完全に浸透する社会として、ほかならぬ『市民社会』の典型として特徴づけられることは周知のことであろう」(内田 1953: 98 ①88)。

(8) あらかじめ一言しておけば、ここにいう「平等」とはあくまでも等価交換としての量的平等であって、それ以上ではない。「平等」の概念がそれに尽きないことは後論(五、七節)で取り上げる。

(9) これとは別に内田義彦は、思想史のうえでは「資本主義」と「市民社会」が乖離し対立しうるものであることを、早くから視野に入れていた。すなわち、イギリスでは資本主義と市民社会が幸福な同居を開始したが、ドイツでは市民社会は資本主義に「対立」するものとして、またロシア・ナロードニキにあっては、市民社会への希求が資本主義の「否定」という形で表明された(内田 1953: 98-99 ①88-89)。同じく日本においても、とりわけ明治期、市民社会の思想は経済(資本主義)の領域においてでなく、反経済的ないし非経済的な形をとって、わずかに文学のなかで芽吹くにとどまったという(内田 1967: 81 ⑤68)。

(10) 大河内一男「労働保護立法の理論に就いて」(一九三三年)大河内(1969b: 179-189)参照。

(11) 事実『経済学の生誕』では、「上から」の近代化を推進する重商主義に対して、「下から」のそれを主張するスミスの像が前面に出される。以後の諸著作を通じて内田は、市民社会形成の「下から」の道をさまざまな方途で探ることになろう。

(12) さしあたり以下をみよ。『資本論の世界』第V章(内田 1966 著作集④)、『日本資本主義の思想像』第五章(内田 1967 著作集⑤)、『社会認識の歩み』むすび(内田 1971 著作集④)。

(13) 内田義彦においては、価値法則の展開はたんなる外的・客観的事実としてではなく、その実現のための意識的・主体的な行動と結びつけられて理解されていたことについては、杉山（2012）を参照せよ。また田中（2013: 122）は、「マルクスの価値概念の貫徹に労働日をめぐる闘争という運動の契機を重視したユニークなマルクス主義者である内田義彦」と評しているが、これは内田の核心をついた言葉である。なお、労働力商品は、それが売れなければ失業して直ちに生存を脅かされること、売れた場合でも生身の人格が購買者による所有の客体となりその指揮・命令に従わねばならぬことなど、一般の商品とは異なる特殊性をもつ。この特殊性ゆえに労働者は、商品販売者としての立場において事実的に劣位に置かれる。それゆえ労働力商品に関しては、たんに市場の需要供給法則に任せておけば価値法則が貫徹していくというわけにはいかない。逆に価値法則貫徹のためには、市場の外からの「制度化」（立法措置を含む）が必要となる。古くは工場立法や労働保護立法がそれであり、また広く資本主義のもとで福祉国家が必然とされることもこれにかかわる。一般に資本主義（市場）が社会的に調整されねばならない主要な理由の一つもここにある。近年における非正規雇用の拡大とそこでの劣悪な労働条件や低賃金は、価値どおりの労働力売買という市民的原理が侵害されているのではないかと疑わせるに十分である。労働力商品における価値法則は労使間の「闘争」「内乱」を通してこそ実現するものだ、とマルクス工場立法論を読み込んだ内田の視点は、労使関係や労働力再生産過程を「市場」に委ねるのでなく、社会的・政治的に制度化していく必要と必然の議論へとつながっていく。

(14) 一般に内田義彦においては、資本主義はその「所有」と「機能」の矛盾的統一として把握されている。それまでの封建社会などとちがって、資本主義がきわめて「ダイナミック」かつ「強靭な生命力」をもつシステムであることは内田のしばしば強調するところであるが（内田 1966: 24 ④236）、その背後には「資本」のうちに、たんに「所有としての資本」のみならず、資本主義に独自な――他の社会にはない――「運動し機能する資本」という側面をみるという観点がある。「機能する資本」とは「生産資本循環」とも換言され、それは資本の「生産力」的側面を表しており、利潤や超過利潤の獲得に向けて資本家が不断の目的設定と経営の合理的変革をなしとげるものとして理解されている。資本のこの側面では、資本家なり経営者なりのいわば「能力」が問われているし、現に資本はそれを開発していく。そのかぎりではこれは「能力に応じた取得」の世界であり、ある種の市民社会的な要素である。これに対して「所有としての資本」は資本の不労所得（レント）的にして「強制」的な側面、つまりは地代範疇的側面であり、このかぎりの資本は、封建的所有と同様、市民社会と対立する。内田の「資本」はこの両側面が絡みついたものとしてあるのであって、これは内田にきわめて独自な視点である（内田 1971b: 219-221 ⑦532）。

（15）今日の問題としていえば、「能力に応じた取得」という市民社会概念は、Piketty（2013）が提起した資産不平等および所得不平等の拡大の問題に対する一つの視点を提供していよう。アメリカにおけるＣＥＯ（最高経営責任者）をはじめとするトップ経営陣の異常に高い労働報酬が（Boyer 2010）、はたして「能力に応じた取得」と言えるのか。また今日、世界に広がっている資産所得の増大は「領有法則の転回」（他人労働にもとづく他人労働の領有）の現代的増殖以外の何ものでもないとも言える。その意味でアメリカをはじめ先進諸国の「市民社会」（少なくとも内田的概念の一つとしての市民社会）は衰弱しているのではないか。この点、Crouch(2004)における「ポスト・デモクラシー」論や、Reich（2007）の「スーパー・キャピタリズム」論が示唆に富む。

（16）この点、「平等」観における新自由主義と福祉国家論とを対比した新村聡がきわめて興味深い議論を展開している。新村によれば、新自由主義は福祉領域にも市場原理を貫徹させようとし、福祉における負担（give）と給付（take）の等価性、すなわち、能力（負担能力）に応じた取得を主張する。つまり分配的正義として「能力原則」を掲げる。これに対して福祉国家論ないし共同体原理においては、負担（能力に応じた負担）と給付（必要に応じた受益）の「不平等」を通して、成員間の実質的平等化をはかる。ここでは「必要原則」が分配原理となる。なお、「自己労働にもとづく所有」

というロック的原理は、財産所有者の不労所得への批判原理として機能してきたが、最近ではノージックらのリバタリアンによって、「福祉国家における所得再分配を不労所得として批判する原理」として利用されているという（新村 2006: 28）。

（17）能力主義を相対化する視点は、内田において一九六〇年代あたりから顕在化してくる。なお鈴木信雄は、内田においては「『能力主義』への共感が色濃くでている」として、「『財産の支配に対する能力の支配』は……容易に『切り捨て能力主義』となり、能力による差別の原理に転化してしまう可能性がある」（鈴木 2010: 132）という危惧を表明している。そしてこれには植村（2010: 211）や小野寺（2015: 286）からも賛意が表明されている。内田市民社会論を交換的平等社会のレベルで理解するかぎりもっともな疑問であるが、しかし、内田のなかには、鈴木（2010: 238）も気づいているように、能力主義を絶対化させないもう一つの重要な視点――人間的平等社会としての市民社会（第七節参照）――が存在することを見定めるかぎり、内田市民社会論は「切り捨て能力主義」とは無縁である。内田が「活発な能力主義」と「通勤ラッシュの能力主義」を峻別していたことを想起されたい（内田 1974: 121-122 ⑥100）。

（18）この点においても新村の議論は示唆深い。「マルクスによれば、生産物の分配における『平等な権利』とは、『同じ尺度』で測ること、『ある特定の側面』だけからとらえることであり、分配における『平等の権利』とは、さまざまな側面を持った人間存在について、労働という『特定の側面』だけに注目して、それを唯一の『尺度』として測定した結果に比例して分配することなのである。……これに続いてマルクスが提示しているのが、『各人は能力に応じて〔労働し〕、各人には必要に応じて〔給付する〕』という共産主義の分配原則である。……しかし……資本主義においても必要に応じた分配が部分的に存在することをマルクスは否定していない……（「公的な貧民救済にあてるための元本」……）。……〔この点の〕意義を認識したのが、アマルティア・センであった。……センは『必要原理』が……資本主義における医療・教育・社会保障・住宅などの社会サービスの原理、つまり福社国家の原理であることを明確に認識していた（『不平等の経済学』一〇九頁）。……こうしてセンは、平等主義と不平等主義の対立と一般にみなされているものが、実際には、人間の多様性のどの側面を重視するかという『焦点変数』の選択に依存していることを示す。一般に『平等と不平等の対立』とか『自由と平等の対立』とみなされているものがじつは『平等と平等の対立』であり、より重要なのは『何の平等か』についての見解の相違に由来する、というのがセンの主張である」（新村 2006: 29-30）。

（19）物質代謝における「主体的要素」「人間的要素」の主導性は、すでに早く戦時中の研究ノートにおいて「生産力」を問うたとき、その冒頭から強調されていたところである（野沢／酒井 2002: 6-7）。

（20）　このかぎりでの歴史貫通的市民社会は、『ドイツ・イデオロギー』における次の文章と相即的である。「これまでのすべての歴史的諸段階に当然存在した生産諸力によって規定され、逆にそれを規定しかえす交通形態とは、市民社会のことである。……この市民社会は、全歴史の真のかまどであり、舞台である……」。「この歴史観がよってたつところは、現実的な生産過程を、しかも直接的生命の物質的生産から出発して展開し、この生産様式と結びつき、それによって産みだされた交通形態、すなわち種々の段階における市民社会を、全歴史の基礎としてつかむところにある……」（マルクス／エンゲルス 1966: 73, 81）。

（21）アンドリュー・バーシェイはいう。「内田にとって市民社会は、実質的に超歴史的な地位をもっていた。『西欧近代』よりも抽象的で、その歴史よりももっと長い歴史をもつものとして、市民社会は苦しみながらゆっくりと築きあげられてゆく『自覚的個人の構成する社会』である」（Barshay 2004: 訳227）。

（22）民衆自身による「巨大な社会的複眼」の形成という内田民主主義論は、学問や学問的分業のあり方への提言に連なっていく。「学問研究が次第に細分化されるのは、それが（さしあたって）国内でその他の諸分野での専門研究と結びついて、巨大な社会的複眼を形成することによって意味をもつのである。それがなければ社会は見えてこない」（内田 1967: 252 ⑤207）。この認識は後年の名著『作品としての社会科学』（内田 1981）の超テーマをなすであろう。

（23）この点、内田義彦は重ねて言う。「原生的共同体からさまざまな社会形態をくぐりぬけて――この社会形態のなかには『社会主義』社会をふくんでいるわけですけれども、それをもくぐりぬけて――自律的諸個人の共同体が開花する。が、この殆んど空想的な将来が、いま現に方向性として、人々の現実の意識に働いている」（専修大学社会科学研究所 1982: 41-42 ⑧355 傍点は内田）。

（24）戦後日本の高度成長が同時に大規模な自然破壊を伴ったことの背後に、「科学信仰とともに、人間の権利認識の弱さ」があったことを指摘しつつ、内田はこう批判する。「ただの人間である限りでの人間の権利と発言の重さが、すなわち人格が、これほど無視され、その格差がいよいよ大きくなってきた国はあるまい」（内田 1981: 187 ⑧155）。

（25）この人間的平等と交換的平等の問題は、今村仁司においても「平等」（互酬原理における正義）と「等価」（交換原理における正義）の語によってこう語られていた。「互酬的正義の基本的な内容は平等としての同等性である。……［そこでは］個人の個別的な特性（強い／弱い、健康／病気、……等の個別的差異）はいっさい考慮する必要もなく、万人はメンバー資格をもつかぎりで平等である。……他方……実物交易の文脈（「商業」とよばれる）での同等性は、格差を前提にした等価計算である。……やり取りした結果えられる事物の量を、相手の事物の量と比較して「等しい」と評価することを等価交換とよぶなら、『商業的』交易における同等性（「等しい、同じ」と判断すること）観念は、等価性以外にはありえない」（今村 2007: 527-531 傍点は今村）。つづけて今村は、「平等」と「等価」の両原理はそれ自体としては対立するものであるが、現実の社会においては両原理が必要とされており、両者は妥協ないし混合されざるをえないが、究極的に実現されるべき「公正」においては「存在の同等性［平等］を優位させる仕方で等価原理との結合を目指す努力」（同 551）が必要だとしているが、これは、等価交換的平等のさらに根底に人間的平等の理念が把持されていなければならないと透視した内田義彦に通じる議論である。

(26) 近年の欧米における「新しい市民社会」論は、市民社会をすぐれて「市場」とも「国家」とも異なる第三の領域として位置づけ、各種の自律的集団や中間団体ならびにそれらによって形成される公共空間を意味させている。Habermas (1990) は「自由な意思にもとづく非国家的・非経済的な結合関係」を Zivilgesellschaft と呼び、例えば教会、文化サークル、学術団体、弁論クラブ、市民運動などのアソシエーションを挙げている。「新しい市民社会」論は「市民社会」をすぐれて――「政治社会」(国家) および「経済社会」(市場) と異なる――独自な領域空間として位置づける点に特徴があり、これに対して戦後日本の市民社会論にあっては「市民社会」は社会総体のひとつの相として理解されている点で相違する。しかし、少なくとも中期以降の内田にあっては近代的な産業主義 (市場) や権力 (国家) のもつマイナス面への告発が強まっており、その意味で「新しい市民社会」論とも通底する認識を共有している。この点、篠原一が「彼ら〔内田義彦・平田清明〕の理論は新しい市民社会論とつながる多くのものをもっていた」(篠原 2004: 102) と評している通りであろう。内田市民社会論が「新しい市民社会」論にさらに示唆するところがあるとすれば、それは「中間団体」であれ何であれ、「集団」「団体」の形成の根底にあるべき「一人一人」の参加意識の根底的重要性ということであろう。

参考文献

今井弘道 (2001)「『市民社会』と現代法哲学・社会哲学の課題――第一次〈市民社会〉派の批判的継承のために」同編『新・市民社会論』風行社。
今村仁司 (2007)『社会性の哲学』岩波書店。
植村邦彦 (2010)『市民社会とは何か――基本概念の系譜』平凡社新書。
内田義彦 (1953)『経済学の生誕』未來社。

――（1966）『資本論の世界』岩波新書。

――（1967）『日本資本主義の思想像』岩波書店。

――（1971a）『社会認識の歩み』岩波新書。

――（1971b）『読むということ――内田義彦対談集』筑摩書房。

――（1974）『学問への散策』岩波書店。

――（1981）『作品としての社会科学』岩波書店。

――（1985）『読書と社会科学』岩波新書。

――（1988-1989）『内田義彦著作集』第①～⑩巻、岩波書店。

内田義彦／長州一二／宮崎犀一（1967）「経済学」図書新聞社編『座談会 戦後の学問』図書新聞社。

大河内一男（1969a）『スミスとリスト――大河内一男著作集第3巻』青林書院新社。

――（1969b）『社会政策の基本問題――大河内一男著作集第5巻』青林書院新社。

小野寺研太（2015）『戦後日本の社会思想史――近代化と「市民社会」の変遷』以文社。

坂本達哉（1997）「戦後『市民社会』思想の再検討にむけて」『神奈川大学評論』第二六号。

篠原一（2004）『市民の政治学――討議デモクラシーとは何か』岩波新書。

杉山光信（2012）「『近代化』と『二つの道』――内田義彦の『市民社会』再考」『明治大学心理社会学研究』第八号。

鈴木信雄（2010）『内田義彦論――ひとつの戦後思想史』日本経済評論社。

専修大学社会科学研究所編（1982）『「作品」への遍歴――内田義彦 大佛次郎賞受賞記念講演』時潮社。

高島善哉（1941）『経済社会学の根本問題――経済社会学者としてのスミスとリスト』日本評論社。

高島善哉（1974）『アダム・スミスの市民社会体系』岩波書店。

田中秀夫（2013）『啓蒙の射程と思想家の旅』未來社。

新村聡（2006）「平等と不平等の経済学――新自由主義的『平等』と福祉国家的『平等』の対立」『季刊

経済理論』第四三巻第一号。
野沢敏治／酒井進編（2002）『時代と学問――内田義彦著作集 補巻』岩波書店。
マルクス、カール／フリードリッヒ・エンゲルス（1966）『新版ドイツ・イデオロギー』花崎皋平訳、合同出版。
Barshay, Andrew R.（2004）*The Social Sciences in Modern Japan: The Marxian and Modernist Traditions*, Berkley and Los Angeles: University of California Press.（山田鋭夫訳『近代日本の社会科学――丸山眞男と宇野弘蔵の射程』ＮＴＴ出版、二〇〇七年）
Boyer, Robert（2010）'The Rise of CEO Pay and the Contemporary Social Structure of Accumulation in the United States', in: Terence McDonough et al. eds., *Capitalism and its Crises: Social Structure of Accumulation Theory for the 21st Century*, Cambridge University Press.
Crouch, Colin（2004）*Post-Democracy*, Cambridge: Polity Press.（山口二郎監修／近藤隆文訳『ポスト・デモクラシー――格差拡大の政策を生む政治構造』青灯社、二〇〇七年）
Habermas, Jürgen（1990）*Strukturwandel der Öffenlichkeit: Untersuchungen zu einer Kategorie der bürgerliche Gesellschaft*, Frankfurt am Main: Suhrkamp Verlag.（細谷貞雄／山田正行訳『公共性の構造転換――市民社会の一カテゴリーについての探求』第二版、未來社、一九九四年）
Piketty, Thomas（2013）*Le capital au XXIe siècle*, Paris: Seuil.（山形浩生／守岡桜／森本正史訳『21世紀の資本』みすず書房、二〇一四年）
Reich, Robert B.（2007）*Supercapitalism: The Transformation of Business, Democracy, and Everyday Life*, New York: Vintage Books.（雨宮寛／今井章子訳『暴走する資本主義』東洋経済新報社、二〇〇八年）

〈補〉内田義彦はどう受け継がれたか——経済学の場合

一　はじめに

内田義彦の学問と思想を継承するということは、ひとり経済学だけの問題ではない。社会科学はもちろん、芸術・文学から自然科学まで、広い分野で柔軟かつ透徹した思考を展開した内田義彦を受け継いでいくことは、ある意味で至難の業である。内田義彦を最もよく理解しその思索を発展させていくことができる人物とは、おそらく内田義彦とは別の分野で専門をきわめたような人ではないかとも思う。芸術家であれ科学者であれ職人であれ、あるいは世にいう勤労者であれボランティアであれ生活者であれ、自らがかかわる部署の仕事を奥深く究めるがゆえに、自らの専門を超えて普遍的な何かを感得した人。そのような人が内田義彦に出会って、そこで感じたり刺激を受けたりしたことを自らの言葉で語るとき、そのときはじめて内田義彦が本当の意味で伝わり、生き返り、そして継承されていくのだろう。

このことを銘記したうえで、ここでは内田義彦論へのひとつの補論として、経済学の領域にしぼって、しかも市民社会論の問題にしぼって、さらに言えばマルクス学という領域にしぼって、内田義彦を継承する代表的な議論を振りかえっておきたい。内田の市民社会論が、人間と自然の社会的物質代謝の過程をいかに合法則化し、かつそのなかで、またそのために人間の自由・平等と民主主義をいかに実質化していくかという視点を根底にすえて展開されていたことは先の第3章にみた。その内田市民社会論の継承者たちは、当然ながら近現代社会認識において、この人間と自然との物質代謝という歴史貫通的な、そしていわば使用価値的な視点を共有するところから出発する。だがしかし、物質代謝という事実をどの側面に重点をおいて受けとめるか。そこにはおのずと各論者の問題意識、研究対象、そして個性などに応じて視角の相違を生むことになった。

人間と自然の社会的物質代謝を、人びとの日々の生活の再生産の過程として、いわば時間軸のなかで受けとめていったのが平田清明（一九二二～九五年）だとすれば、これを人びとの分業と交通という社会的諸関連と共同存在性として、比喩的にいえば空間面を中心に捉えたのが望月清司（一九二九年～）であった。前者の議論は「循環論的市民社会」、後者のそれは「分業論的市民社会」

とひとまず命名できよう。ただし、相違はあくまでも重点の置きどころであって、循環論的視角が分業論的視角を排除しているわけではないし、逆に分業論的視角が循環論的視角を忘れているわけではない。

以下、第二、三節で平田の市民社会論について、第四節で望月の市民社会論について論じ、最後の第五節でまとめの議論をする[1]。相違面の指摘が先走ったが、内田の議論を継承し発展させようとする平田と望月には、相違を超えて共通した重要な特徴が見られることは言うまでもない。それは、戦後の世界および日本において「正統」とされたマルクス主義体系への疑問と再審という問題意識である。

すなわち戦後マルクス主義の世界にあっては「マルクス・レーニン主義」の名のもとに、マルクスとレーニンの――場合によってはマルクス・エンゲルス・レーニン・スターリンの――思想的一枚岩性が強調され、これによってソ連社会主義や各国マルクス主義政党の正統性や歴史的先進性が擁護されていた。しかし時代は変化する。資本主義圏では戦後成長とともに社会主義勢力が次第に衰退し、社会主義圏ではそれ以上に、言論の不自由、民主主義の欠如、経済的停滞、そして国内外におよぶ軍事弾圧といった否定的事実が顕在化してきた。そんな時代にあって、在来の「マルクス・レーニン主義」的マルクス主義は、はたして自由と平等の推進者であり、人類の解放者でありうるのか。そもそもそれは本当にマルクスその人の思想であったのか。

内田市民社会論の継承者たちはこうした問いから、必然的に「マルクス学」という分野を開拓していくことになった。「市民社会派マルクス主義」とも呼ばれた彼らは、官許の教義体系に頼るのでなく、自分たち自身の眼で本当にマルクスが言っていることを確かめることから出発した。そのなかで従来ほとんど無視されてきたマルクス文献(『経済学批判要綱』、フランス語版『資本論』)に光が当てられ、あるいはまた、慣れ親しまれたマルクス文献であっても、その草稿の粗雑かつ恣意的な編集が緻密に解きほぐされた(『パリ草稿』『ドイツ・イデオロギー』)。こうした「原マルクス」の発見と復帰の運動は一つのうねりとなって、時に「マルクス・ルネサンス」と呼ばれもした。このような仕事は、たしかにそれ自体としてはマルクス解釈学であり、古典読解の学であるが、しかし重要なことは、そうしたマルクス再読を通して、硬直化した教条体系の壁を破って、マルクス思想の新しい現代的可能性が探りだされたことであり、また、当面の関心に即していえば、何よりも「市民社会」の思想家マルクスの実像が浮き彫りになってきたことである。

二　平田清明における生産資本循環の視角

ケネー『経済表』と生産資本循環

平田清明の著作は量的に膨大で、分野的にも理論から時論まで広範囲にわたり(2)、加えて内容的にも難渋であって、生半可な読みと理解が許されない。それでも彼の学問的軌跡を大別すれば、ケネー、マルクス、グラムシという三つの柱を見出すことができ、これを基準にして彼の研究人生は三つの時期に区別することができよう。これら諸時期を通して、彼の市民社会思想は次第に形成され、また豊富化し、そして変容していった。その平田市民社会論を理解するカギは初期平田のケネー『経済表』研究のなかにあり、学位論文「フランス古典経済学研究」（一九六一年）や大著『経済科学の創造』（平田 1965）が執拗に論ずる「生産資本循環視角」にある。[3]

ここに生産資本循環とは、マルクスが『資本論』第二部で展開した資本循環形態の一つである。マルクスはそこで、資本の価値増殖的本性を示す貨幣資本循環（G……G'）、社会的総資本の連関と再生産を示す商品資本循環（W'……W'）と並んで、資本運動によって媒介される人間と自然との物質代謝過程（日々の生活の再生産）を表現する生産資本循環（P……P）という三つの循環形態を区別し、重商主義はG……G'に、古典派経済学はP……Pに、そしてケネー経済表はW'……W'にそれぞれ依拠して資本主義を分析していると述べた。平田は『経済表』が最終的にW'……W'に立脚していることは否定しないものの、しかしケネー的見方の根底にはP……Pが厳存しているのであって、むしろ生産資本循環視角から商品資本循環視角へのアウフヘーベンのうちにケネー経済学体系が存立しているのだという点を、口をきわめて強調する。つまり、何よりもまず無数の生産資本の時間的な運動があり、それが総括されて商品資本循環ないし空間的な社会的再生産構造に帰結するのだ、という認識である。それはケネーがフランス革命前夜に経済社会を見た視角であると同時に、高度成長開始期の日本を分析する視角として平田が選びとったものでもあった。(4)『経済科学の創造』の「あとがき」で平田は自らの課題をこう宣言する。

> 敗戦直後の数年まがりなりにも偕調していた政治過程と経済理論とが、一九五五、五六年を旋回点として、違和局面を露呈し悲劇的な相貌をそなえるに至って以降、新たな経済学的基準の創出をもって歴史認識に生気を吹きこむ課題が、私のすべての研究の、いわば超テーマとなった。経済的時間――資本の回転循環〔生産資本循環〕によって規定される歴史的時間――のなかに生きる人間が、その市民的実感にひたされた日々の生活を再生産することを通じて、物質的な産業連関に外化される体制的人間関係をみずから再生産する諸過程の構造に関して、人類の英知がこれまでどのような批判的理論認識を我がものとしていたか、この点、虚心に古典から学ぶこと。
>
> (平田 1965: 564〔 〕内は引用者。傍点は、特に断りのない限り私のもの。以下同じ)

「一九五五、五六年」の日本は経済的には高度成長の開始期に当たり、政治的には保守政党による長期安定政権の開始期に当たる。この時期以降、人びとは大衆消費社会と企業中心社会のなかへと吸収されていき、敗戦直後に高揚した民主主義運動も安保反対闘争（一九六〇年）を頂点にして、次第に下火になっていく。そのなかで、人びとの日々の生活の再生産（生産資本循環）がどのようにして新しい物質的な産業連関（再生産構造）を、つまりは新しい日本資本主義の構造を作り上げていくのか。平田にとってはこれこそ解くべき問題であり、そのための理論基準を求めて『経済表』に内在するのだ、というわけである。

内田義彦と平田清明

日本資本主義の問題を見つめながら、その分析方法を求めて経済学の古典に沈潜するというのは、戦中期以来の日本の経済学史研究の特徴をなす。平田に特徴的なのは、その際、内田義彦の圧倒的影響があったということである。戦前の日本資本主義論争の成果、とりわけ講座派の山田盛太郎『日本資本主義分析』（初版一九三四年 山田 1977）の方法をどう理解し、現代的にどう発展させるか。平田の「あとがき」には実はこうした問いが伏在しているのであるが、それは平田が内田から学んだものであった。内田はいう。

> 日本資本主義の姿を輪切りにする――これは、講座派、とくに山田盛太郎先生の『日本資本主義分析』の発想の継承を示す……ものです。……『分析』には当時からいろいろな批判が

> あります。……『分析』には類型があって発展がないと……。それは……結局、山田氏は日本資本主義を再生産論の適用として分析するという、それがどうも解らんということになる。……資本主義のある時点、ある時点を取って輪切りにして再生産構造を示すのか、それとも、経済の発展の流れというものを時間の線に沿ってたて割りにとり、発展の大すじを示すのか、こういう二つの考え方が、この論争には示されているわけです。この輪切り（＝再生産構造）というのは、経済の流通面での一時点の平面図を切り取るというのではなくて、生産資本の循環――もちろん、そのなかには労働力商品の再生産が含まれています――というものをつかまえながら、その連関として一国の再生産構造をおさえる。……つまり……一時点、一時点における断面に歴史の動きが示される、そういう仕組みが採られているわけであります。
>
> （内田 1967: 85-86 傍点は内田）

「再生産論の適用」という『分析』の方法とは、「流れ」――日付をもった歴史の過程――のなかの一点で「輪切り」にして、その「断面」図を描くことだと内田はいう。断面図を描くということはけっして流れや歴史を無視することでなく、むしろ断面のなかに歴史が流し込まれているものと見ることである。断面のなかに流れを見、構造のなかに過程や歴史を見る。それが『分析』の方法なのだと内田はいう。これを経済理論の問題としていうと、「生産資本の循環」（流れ）を追いかけつつも、その循環が絡みあい連関しあって客観的に形成される「一国の再生産構造」（断面）を捉えるということになる。内田はこの方法を山田『分析』のなかに見、内田から学んだ平田は、これを『経済表』の原型から完成へと向かうケネーの理論的歩みのなかに検出する。

生産資本の回転循環の十全な探求は、必然的に、社会的総資本の再生産構造への認識を導き、個別資本の循環範式としてのW'……W'を社会的な再生産法則へと飛躍させる。……W'……W'は個別資本の一循環範式でありながら、直接に、社会的総資本の再生産構造の内実を形成するものとして、みずからを展開する。農業のみが生産的であるという、まさに「重農主義的偏向」のもとに、ケネーは、循環→回転→再生産構造の論理的連繫を一挙に捕捉し、すぐれて再生産論的な経済科学を創造することに成功するのである。（平田 1965: 339-340）

繰り返すが、ケネー再生産論の根底に循環論が貫いている、再生産論は循環論を含んでいる、再生産論は循環論にさかのぼって理解されなければならない、というメッセージである。このように平田は『経済表』の形成過程を『資本論』の論理を使って解剖した。それによって彼は同時に、（1）『資本論』第二部の新しい読み方を提示し、（2）「流れ」と「輪切り」という内田的発想を展開し、（3）さらには山田盛太郎における資本主義分析の方法の妥当性を確認し、（4）そして最後に、こうして確認された視角をもって戦後日本認識のための自らの「経済学的基準」としたのであった。

なお、この「生産資本循環と再生産」という見方は敷衍されて、広く「過程と構造」「形成と構造」という社会＝歴史認識の視角へと発展していく。社会＝歴史は「過程（時間）の構造的（空間的）総括」と「構造（空間）の過程的（時間的）内実」との同時把握のうちに認識されねばならないと平田はいう。関連する指摘は平田（1965）の随所に見いだされる。このとき「過程」の語には、生きた人間の具体的関係行為（物質代謝）の世界が表象されており、「構造」の語には具体性を捨象された社会の物象的抽象的連関という含意が込められている。そしてこの「過程」的視角は、後年の市民社会論を用意することになろう。

マルクスにおける循環＝蓄積論と所有論

ケネー研究の集大成を『経済科学の創造』として出版した平田は、ただちに本格的なマルクス研究を開始する。初期平田は中期平田へと移行する。以後ほぼ二〇年間、彼は市民社会論的なマルクス解釈を展開する。それまでの日本における市民社会論は、アダム・スミスや啓蒙思想などを典拠にすることが多く、マルクスはもっぱら市民社会批判の文脈で理解されていたが、マルクスに依拠して市民社会論を展開したことは平田のオリジナルな点をなす。平田が重視したマルクス文献は、『経済学批判要綱』（Marx 1953）とフランス語版『資本論』（Marx 1967）である。前者は『資本論』の最初の草稿であり、一九五〇年代になってようやく広く利用できるようになった新資料である。後者はマルクスが責任を負った最後の『資本論』であり、独自の資料的価値があるにもかかわらず従来無視されてきたものである。

平田がまず取り上げたのは『要綱』であったが、そこへの最初の切り口は当然ながら循環論であった。『創造』後の最初の論文は「マルクスにおける経済学と歴史認識」（平田 1966）と題されていたが、それは平田（1971）への収録に際して「循環＝蓄積論と歴史認識」と改題された。それに示されるように、平田にとってのマルクス体系――したがって平田自身の経済学体系――は、何よりもまず「循環＝蓄積論」として存在するものであった。ここに「循環＝蓄積論」とは平田独特の用語であり、資本循環論のなかで理解された資本蓄積論、ないし循環論にまで引き延ばされた蓄積論という意味である。平田が問題としたのは、原論文のタイトル「経済学と歴史認識」からも推察できるように、『要綱』の経済学は何を理論的基軸として成立したかであり、また『要綱』中の有名な歴史認識「資本制的生産に先行する諸形態（フォルメン）」は循環＝蓄積論とどういう関係にあるかであった。解答は、平田自身によってこう要約されている。

私は、『諸形態』の属する論理次元が蓄積過程の展開としての循環＝回転過程であることを、

> 見いだした。そして、この循環＝回転として展開する資本蓄積の総体把握こそ、後年の『資本論』における生産過程と流通（＝および領有）過程との関連と区別として論じられるべきものであり、そこに、一九世紀世界像の社会＝歴史認識の理論的結節点が存在する、ということを私は知ったのである。循環＝回転としての資本蓄積の総体把握。これこそ、まさに追求されるべきものなのである。（平田 1971: 5）

マルクスの最初の経済学体系は価値論ではなく、循環＝蓄積論を基軸として成立したのだ、と平田は強調する。『要綱』では蓄積論が循環＝回転という広範囲な視野において展開されるからこそ、価値増殖を求める資本がもたらす時間と空間の絶滅傾向（資本回転時間の短縮と市場の空間的距離の短縮）が検討対象となり、こうして、資本の「世界市場創造傾向」や「文明化作用」が語られることになる。『創造』以来の平田の循環論的視角は、ここに『要綱』という素材をえて、新たに「世界市場」という問題圏を開拓する。ケネー論ではすぐれて「循環＝回転と再生産構造」という問題設定をしていた平田は、このマルクス論に至って「循環＝回転＝蓄積と世界市場」へと重点を移動させはじめる。

マルクスを論じつつ平田が獲得した新しい論点はそれだけでない。「世界市場」以上に重要な新しい論点が登場する。そのきっかけは、『要綱』の循環＝蓄積論がその内部に「諸形態（フォルメン）」を含んでいたことへの注目である。周知のように「諸形態」の内容はすでに『要綱』公刊以前から知られており、アジア的、ローマ的、ゲルマン的の諸共同体論として、主に経済史研究において利用されていた[5]。しかし平田が見るところ、「諸形態」は共同体論である以上にむしろ所有形態論である。しかも彼にとっては、そうした所有論がなぜ循環＝蓄積論のうちに展開されているかが問題であった。ここに「所有論」という新しいテーマが浮上してくる。

『要綱』マルクスにとっても平田にとっても、所有（資本制的私的所有）の本質は、循環＝蓄積論においてこそ明らかにされるべきものであった。それを示すのが、あの「領有法則の転回」の議論であり、つまりは自己労働にもとづく市民的所有が他人労働にもとづく他人労働の私的資本制的領有へと転変することの秘密を解く理論であった。そして「諸形態」最終部が、「われわれは、第二循環の終わりになってようやく、資本の本性がどのようなかたちで現れ出るかを見てきた」（Marx 1953: 訳III 450 強調はマルクス）と書いているとおり、領有法則の転回は、理論的には「第二循環の終わり」になって明らかになるものであった。つまり「循環＝蓄積論においてこそ、ブルジョア的所有の本質は批判的に解明される」（平田 1971: 40）ということである。

この領有法則の転回という視角は、そのうちに「市民社会」（市民的所有）と「資本主義」（私的資本制的所有）というテーマを内蔵しつつ、その後の平田において、近現代社会を把握していく基軸的な視座となる。それどころか平田にとっては、マルクスの『資本論』全三部の体系は所有論〔領有法則転回論〕として読まねばならないものであった。『資本論』は……所有論である。それは自己労働にもとづく個体的にして私的な所有が〔第一部第一篇〕、他人の不払労働にもとづく、すなわち資本家的な私的所有へと自己転変し〔第一部第二篇〜第三部第六篇〕、しかもこの転変の成就の暁において、ふたたびこの資本家的領有を隠蔽する仮象として法的に確立され、社会の公認原理になること〔第三部第七篇〕を批判的に解剖したものである」(平田 1970: 334)。

要約しよう。ケネー研究以来の平田の「資本循環と再生産構造」という視角は、ここマルクス研究において「循環=蓄積論と世界市場」および「循環=蓄積論と所有論」という二つの方向へと展開される。特に後者についていえば、所有が循環=蓄積論のなかで領有法則の転回という視角において把握されたことによって、平田は「市民社会と資本主義」という問題を発見していく。その延長上に平田市民社会論が開花する。循環論的な市民社会論が開花することになる。

三　マルクス的市民社会からグラムシ的市民社会へ

市民社会と共同体／市民社会と資本主義

平田のいう「市民社会」とは何なのか、実はそれほど明確ではない。平田自身において多義的かつ不鮮明であるだけでなく、日本語の「市民社会」は西洋語では civil society および bürgerliche

Gesellschaftに起源をもつことにも起因していよう。しかし、この時期の平田はどちらかというと、語のヘーゲル=マルクス的伝統に引き寄せたところで、つまり国家や政治社会でなく近代人の日常的な経済社会に引き寄せたところで、要するにbürgerliche Gesellschaftという含意において、「市民社会」を使用することが多い。だがそれにしても、平田は「市民社会」のうちに多様なニュアンスを込めている。名著『市民社会と社会主義』(平田1969)によりつつ、さしあたり三点、摘出しておこう。

第一の含意は、市民社会とは市民の日常的な生身の生活過程に即したところで捉えられた社会だというものである。「市民社会とは、何よりもまず、具体的な人間がひらの市民として相互に自立して対応し、その所持する物を、したがって意思を、交通しあう社会である」(同86)。ケネー研究での用語を想起すれば、市民社会とは、客観的構造に物象化される以前の、具体的な人間的諸過程のアスペクトで捉えられた社会であり、「所有=分業の経済的=社会的過程としての展開そのもの」(同175)なのである。「具体的な人間」といい、「過程」的側面の強調といい、平田の市民社会概念の根底には、あの生産資本循環の視角が息づいている。と同時に、このかぎりでの市民社会の概念はまだ漠然としていて、「ひらの市民」「自立」といった近代的規定を受けつつも、人間の社会的生産=交通関係一般という歴史の基層的事実(物質代謝過程)を指しているものとしても読める。

第二に、平田のいう市民社会には、私的個人が形成する自由・平等な社会という意味もある。「市民社会とは……人間が市民として、相互に交通する社会ではないのか。ここで市民とは、日常的＝経済的生活における、ひらの具体的人間であり、自由平等な法主体の実在的な基礎である」（同79）。自由・平等な個人はすぐれて西欧近代社会の産物であり、西欧の歴史において伝統的共同体との闘争のなかから、またその共同体の解体のうえに析出されてきた存在であり、そのかぎりで肯定的に評価されるべきものである。市民社会とは西欧近代における自由・平等な私的所有者の社会だと平田がいうとき、そこには「市民社会」は「共同体」の対立物だという認識が込められている。「自他の区別のないべっとりとした共同体的関係」に対して、市民社会は「自他の区別を確立することによって……個体としての自己を我がものにさせる」として、平田は、この共同体から市民社会への移行に人類史上の「巨大な進歩」を見ていた（同92）。そこから「市民社会と共同体」という問題視角が生まれ、西欧と日本（あるいはアジア）という比較文明論的な議論や、日本資本主義に残存する共同体的要素への批判が展開されることになる。

こうした市民社会理解は平田に独自なものというよりも、日本の市民社会論の伝統のなかでは、アダム・スミスのいう「商業社会」に近いものとして、比較的多くの論者に共有されていた。平田の市民社会は「西欧近代を理想化している」とか、「単純商品生産社会を実態化している」としばしば批判されるが、そういう側面よりも、当時の日本において通例に受容されていた市民社会概念を受け継いでいるものと見た方が自然であろう。少なくとも平田の市民社会概念のこの第二のニュアンスについてはそう言える。

平田に独自なのは、そういう「自由・平等」な市民社会をすぐれて所有論の観点から「個体的所有」の社会と規定した点にある。共同体と市民社会を区別するメルクマールは「個体的所有」の存否にあるとしつつ、彼はいう。「彼〔市民社会の成員〕の所有は、表面的には私的＝排他的な所有であるが、内面的には、排他的ではない個体的な所有である。市民社会が客観的にうみだすものは、この『個体』・『個体的労働』・『個体的所有』なのである。……市民社会は、私的排他性の制約においてではあるが、自他の区別を確立することによって、逆に、個体と類体との関連と区別を意識させ、個体としての自己を我がものにさせる」（同 88-92）。つまり平田にとって、共同体とちがって近代市民社会とは、私的所有の奥に個体的所有を成立させている社会であり、あるいは逆に、個体的所有を生みだしつつもそれを私的所有に転化させてしまっている社会なのである。

平田市民社会の第三のニュアンスは、資本主義と対比されたものとしての市民社会である。つまり「市民社会と資本主義」という枠組みのなかでの市民社会である。平田によれば、少なくとも西欧近代にあっては、資本主義社会の基底に市民社会があるのであって、近代社会は市民社会と資本主義社会の二層において理解されなければならない。市民社会は近代西欧の第一次的社会形成であり、その上にはじめて第二次的社会形成たる資本主義社会が存立する。そして、市民社会を資本主義社会へと媒介する論理は、あの領有法則転回論である。マルクスの『資本論』はもちろん、彼の唯物史観も、まさにこういう二層の論理において展開されているのだ、と平田は強調する。

市民社会の資本家社会への不断の転成の過程として、現実の市民社会は存在するのであり、同じく、そのようなものとして現実の資本家社会が存在するのである。このゆえにマルクスは、市民社会ということばにおいて、資本家社会を意味させていたのである。なお……市民社会段階なるものがそれ自体として存在するわけではない。市民社会という第一次的社会形成の資本家的な第二次的形成への不断の転変として、現実的な社会形成が展開するのである。

(同 52-53)

西欧では資本主義は市民社会の転化したものとして、社会の第二次的形成として存在する。現実には市民社会は資本主義へと転化したものとしてしか存在しないが、それでも市民社会は概念的に資本主義社会とは区別されねばならない。従来の日本マルクス主義はこの区別を怠り、そこから「市民社会＝ブルジョワ社会＝資本主義社会」という安易な等置のもと、市民社会は打倒されるべきものとしてしまった。逆に両者を区別してこそ、次のような新鮮かつ重要な課題がみえてくる。すなわち、日本の資本主義は市民社会に立脚していたか、日本は市民社会なき資本主義ではなかったか、あるいは戦後日本の高度成長は市民社会に立脚した資本主義をもたらしつつあるか、と。内田義彦がアダム・スミスや近代日本思想史の研究のなかから探り出した「市民社会と資本主義」という問題設定を、平田はマルクス研究を通して再発見したわけである。

個体的所有の再建

以上のように「市民社会」概念を確認した平田は、そこからさらに「社会主義」の問題へと切り込んでいく。平田が眼前にした一九六〇～七〇年代の社会主義諸国では、中ソ対立、チェコ事件に見られる政治的自由や人権の抑圧、国家中心の計画経済の行きづまりなど、多くのマイナス面が露出しはじめていた。そのなかで日本の伝統的マルクス主義は、依然として階級闘争万能の主張が強く、個人や人権の問題への関心は希薄であった。そのなかで平田は、あらためてマルクス的社会主義とは本来何であったかを問う。

平田の結論的主張は、マルクス的社会主義は「個体的所有の再建」である、の語に集約される。ここに至る過程で平田が選びとった分析視角は所有論であり、分析方法は徹頭徹尾、文献解釈を基礎とするものであった。問題は『資本論』第一部の結論部分「資本制的蓄積の歴史的傾向」（ドイツ語版第二四章第七節、フランス語版および英語版第三二章）に登場する「否定の否定」にかかわる次の文章である。平田はこの文章の日本語訳の間違いを指摘しているので、まずは邦訳書のままに引用しよう。

> 資本制的生産様式から発生する資本制的取得〔領有〕様式は、したがって資本制的な私的所有は、自分の労働を基礎とする個人的〔個体的〕な私的所有の第一の否定である。だが資本制的生産は、一自然過程の必然性をもって、それ自身の否定を生みだす。これは否定の否定である。この否定は、私的所有を再建するわけではないが、しかも、資本主義時代に達成されたもの――すなわち協業や、土地・および労働そのものによって生産された生産手段・の共有〔共同占有〕――を基礎とする個人的〔個体的〕所有を生みだす。
>
> （Marx 1962: 訳⑷ 1160 強調はマルクス）

ここには、自己労働を基礎とする個体的私的所有→資本制的私的所有→資本主義時代に達成されたものを基礎とする個体的所有、という「否定の否定」の論理が示されている。問題は最後のセンテンスである。マルクス自身が校閲し自ら責任を負った最後の『資本論』たるフランス語版では、‘Elle *rétablit* non la propriété privée du travailleur, mais sa propriété indivuduelle....’（Marx 1967: 342 イタリックは引用者、以下同じ）とされている。そしてマルクスはこの部分について、『資本論』の新版編集に際してはフランス語版に従うべきであると指示していた。事実、マルクス死後のドイツ語版第三版（一八八三年）および第四版（一八九〇年）ではこれに従って、'Diese *stellt* nicht das Privateigenthum *wieder her,* wohl aber das individuelle Eigenthum....' (Marx 1962: 791) としている。これを訳せば、「これ（否定の否定）は私的所有を再建しはしないが、しかし……個体的所有を再建する」となるはずだが、しかし邦訳はいずれもそう訳していない。代わりに「生みだす」（長谷部訳）、「つくりだす」（岡崎訳）[6]としている。しかしそれでは、資本主義によって否定された「個体的所有」が、資本主義後の社会において「再建される」という、マルクスの趣旨は伝わらない[7]。平田が問題とするのはこの点である。

これはたんに誤訳の問題でなく、マルクス主義者の社会主義像にかかわる深刻な問題だという。マルクスの文章をフランス語版に従って素直に読めば、「否定の否定」の結果としての社会主義社会においては「個体的所有の再建」が実現するということになる。個体的所有は近代市民社会のなかで私的形態におおわれてはいるもののすでに成立していた。市民社会の資本主義への転変によって、その私的個体的所有は「第一の否定」を受けて私的資本主義的所有に変質した。その私的資本主義的所有を再び否定し（「否定の否定」）、当初の個体的所有を再建するのが社会主義なのである（平田 1971）。ここに再建される個体的所有とは、おそらく「労働と所有の同一性」が共同的レベルで実現するような社会関係を意味しているのであろう（平田 1982: 293）[8]。「個体的所有の再建によってのみ、〔資本主義時代にできあがった〕事実上の社会的所有が真実の社会的所有となる」（平田 1971: 475）のである。

こう考える平田は、当然ながら、社会主義とは資本主義からの断絶である以上に「市民社会の継承」であることを強調する。「近代市民社会において、私的形態によって歪曲されていた勤労人民の個体性・個体的労働・個体的所有が、いま社会主義社会において、真実に開花しようとするのである。……したがってわれわれは、資本主義から社会主義への革命的移行が、世界史の段階的切断であると同時に、一つの段階的継承であることを、確認せねばならない。／この意味での市民社会の継承としての社会主義を確認しうる者のみが、今日、社会主義を語りうるのである」（平田 1969: 104）。

社会主義を「個体的所有の再建」と規定し「市民社会の継承」として位置づけた平田の思想は、「社会主義とは国有である」との常識がまかり通っていた当時のマルクス主義を大きく革新するものであった。のみならずそれは「社会主義と市民社会」という問題を提起することによって、ソ連をはじめとする現実の社会主義諸国における「市民社会」の不在をするどく告発する視点を提供した[9]。平田の文章中、「資本主義から社会主義への革命的移行」云々の言葉は、今日ではたしかにむなしく響く。しかし、「社会主義」であろうと「資本主義」であろうと、「個体的所有の再建」および「市民社会の継承」という平田の市民社会思想は、おそらく、一人ひとりが個体的でありながら同時に共同性を獲得していくような生のあり方を、そして、自覚的個人による社会形成とその社会における個人の十全なる自己実現を遠望していたのであろう。

以上のように中期平田は、資本循環視角の延長上に領有法則の転回という新しい理論基軸を開拓し、個体的所有という失われた概念を発見する。循環論のなかから所有論に至りつき、これを最大限にふくらませる。それによって平田に独自な市民社会論が展開され、「市民社会と共同体」「市民社会と資本主義」「市民社会と社会主義」という切り口から現実的諸問題への批判的考察が深められていった（Yamada 2018: Ch. 3 参照）。

グラムシ市民社会論の受容

その平田は一九八〇年代後半以降、論調を変化させていく。この時代、一方で東欧諸国の市民革命やソ連の崩壊があり、他方で日本の経済大国化とバブル崩壊があり、戦後世界の地政学的構造が大きく変動した。そのなかで平田の発言は時事問題や実践的運動論にかかわるものが多くなる。理論的には、新しく国家論やレギュラシオン理論への発言も目立ってくる。それと絡みあいながら、そしてそれら諸発言の根底をなすものとして、新しくアントニオ・グラムシの市民社会論（グラムシ 1961-1965）を摂取したことが重要である。それは同時に平田市民社会論にある種の変容をもたらし、ある種の刷新をもたらした。この一点にしぼって後期平田をフォローしよう。

　グラムシの受容とともに、平田が市民社会を問題とする視角も変化してくる。以前は「市民社会なき社会主義」批判はもちろんのこととして、「市民社会と共同体」「市民社会と資本主義」という視角のもと、市民社会なき日本資本主義、個体的所有なき資本主義的所有を批判するという問題意識が強かった。しかしグラムシ受容とともに、平田の問題設定は「市民社会と国家」という視角へと移行する。もちろん平田がこれまでこの問題を知らなかったわけではない。むしろ、若き時代にマルクス『哲学の貧困』を訳して以来、「市民社会と国家」は平田のなかで長らく伏在していた課題であり、それがいま復活したといった方が正確かもしれない（平田 1993: 243-248）。いずれにしても晩年の平田は、市民社会を共同体や資本主義との対比においてよりは国家との対比において、その経済的側面よりは政治的側面に重点を置いて、bürgerliche Gesellschaft よりは civil society の含意において、論ずるようになる。平田自身、こう述懐している。

> 現代の日本に執着すればするほど……年代を異にして共通するある一つの視座が必要であると私は痛感する。――一定の時代の社会的諸関係は経済上の生産諸関係に還元され尽くされないのであって……これ〔社会諸関係〕によって律動づけられる生産諸力・生産諸関係の矛盾こそが、国家次元の変革過程に通底するものである。……私はふたたび市民社会と国家と

いう古典的なテーマに対面させられることになった。　（平田 1993: 242-243）

市民社会と国家をめぐっては、古典的には「市民社会の国家への揚棄」を語るヘーゲルと、これを逆転させて「国家の市民社会への再吸収」を主張するマルクスとが有名である。そのヘーゲルとマルクスに学びつつ、戦間期の獄中で新しい市民社会論を構想したグラムシに、平田は注目する。彼が理解するグラムシ市民社会論とは何か。平田による説明のエッセンスを抜き出せば以下のようになる。

社会主義革命がなされたロシアでは、市民社会は未発達で国家がすべてであったが、西欧では市民社会が発達しており、国家が動揺すると市民社会という頑強な構造が現れ出る。そういった西欧において社会主義革命をなそうとすれば、ロシア型の機動戦による国家奪取ではなく、市民社会という戦場での陣地戦を勝ち抜くしかない。グラムシは土台（経済社会）と上部構造（国家）の間に「市民社会」を発見し、そこに解放運動の主戦場を求めたのであった。つまり市民社会とは、私的利害の総体（欲望の体系）であると同時に、政治的公共的エレメントを内包するものである。したがってブルジョワ国家による支配とは「政治社会」による強力的支配だけでなく、「市民社会」における私的諸組織（学校、教会、各種結社など）を通して被統治者の能動的同意を得る過程でもある。つまり市民社会は支配階級の知的・道徳的リーダーシップによる合意形成の場であり、ヘゲモニー装置である。したがって社会主義運動にとっては、市民社会という領域でいかにカウンター・ヘゲモニーを形成するかが決定的に重要となる。こうしてグラムシは、市民社会を何よりも、市民の広範な合意獲得をめぐるヘゲモニー闘争の場として重視した。またこのヘゲモニー闘争を通して、「国家の市民社会への再吸収」というマルクス的観点をアクチュアルなものにしたのであった(同 255-261)。

グラムシとともに平田にあっては、「市民社会」のニュアンスはいまや、経済的日常的生活の場から政治運動の場へ、自立的個人の場から連帯する社会的個人の場へ、そして獲得し継承すべきものからヘゲモニー闘争の場へと転換をとげている。そこでは市民社会をめぐる西欧と日本の落差という、かつての問題意識は後景に退いている。それは「市民社会と国家」という問題設定からして、ある意味で必然的な転換であったかもしれない。ともあれ、かつてのマルクス的市民社会とこのグラムシ的市民社会は、平田自身においてどう関連し、どう関連しないのか。ヘゲモニー闘争の場としてのグラムシ的市民社会においては、あの「自他の区別のないべっとりとした共同体的関係」はどうなり、「個体的所有」はどうなるのか。そのあたり、平田にはたしかに明示的記述はない。

だがしかし、平田のこのグラムシ受容がもつ意義はどこにあるか。それはこの受容が、東欧革命などを受けて一九九〇年代以降隆盛を迎えた「新しい市民社会論」への道を開いたというか、少なくともそれと契合する視点を含んでいたという点にある。あるいは、戦後日本型の経済的市民社会論から、各種中間団体への人びとの「連合」を通して「政治」活動の意義を重視する型の市民社会論への橋渡しの役を担いえたとでもいえようか。グラムシはヘゲモニー的支配の場たる市民社会として、学校、教会、各種結社などを挙げていた。同じく最近の「新しい市民社会論」を代表するフランクフルト学派のハバーマスも、文化サークル、学術団体など、数々の中間団体やアソシエーションやその活動領域を「市民社会」Zivilgesellschaft と名づけて、「国家」とも「市場」とも異なる第三の領域——自由意思にもとづく結合関係——として希望をかけた（Habermas 1990）。ハバーマスの場合は非国家・非市場としての市民社会が強調されるが、平田の場合には対国家にかかわる「政治」が重きをなしているという違いはあるが、グラムシ＝後期平田とハバーマスは意外と近いところに立っていたと言えるかもしれない[10]。

しかし晩年の平田はハバーマスに接近するよりも、フランス・レギュラシオン理論へと向かった。というよりも、「レギュラシオン」という概念の淵源をグラムシの「ヘゲモニー」概念のうちに発見しようとした。いわく、「ヘゲモニー概念はレギュラシオン概念を用意するものであった」（平田 1993: 269）、「レギュラシオニストは自らの基礎概念をグラムシのうちに見出した」（平田 1988: 21）、と。どういうことか。

グラムシによれば、市民社会はヘゲモニーの獲得をめぐって、各種階級や利害団体が抗争し、妥協し、合意を獲得していく場であった。合意を通して支配が貫徹し、場合によっては旧来の支配体制が転覆される場であった。平田によれば、レギュラシオン学派が開拓した重要な点は、市民社会における各種の妥協は一連の「制度」へと物象化されるという観点を押し出したことである。ここから経済社会における「制度諸形態」への視点が開かれる。そして平田はいう。「ヘゲモニーが、市民社会における合意形成において成立するものであるかぎり、ヘゲモニー装置は、社会的な合意形成としてのレギュラシオンの諸様式および制度的諸形態において追求されてこそ、政治経済学の内実が得られることになる」（平田 1988: 20 傍点は平田）。われわれは今日、レギュラシオン理論を通して、例えば「賃労働関係」という制度形態が決してたんなる「市場経済」なるものに還元できない——社会的・政治的な媒介を必要とする——ことを理解しているが、平田がグラムシ的ヘゲモニー概念のうちに見ていたものも、ひょっとしてこれに近いことだったのかもしれない(11)。

以上、循環論の視角から市民社会論に切り込んだ平田清明は、まず『経済表』研究のなかで「生産資本循環と再生産構造」という問題視角を定礎したのち、つづくマルクス研究のなかで、資本循環論のなかから所有論という認識視角を獲得するに至った。所有論の視角を得ることによって平田は、一方で「領有法則の転回」の理論を通して「市民社会と資本主義」というプロブレマティークを、また「個体的所有の再建」の議論を通して「市民社会と社会主義」というプロブレマティークを開拓していった。そして高度成長とともに戦後日本資本主義が確立し、他方また社会主義諸国の多くの否定的側面が露呈されるに及んで、平田の市民社会論的マルクス主義は大きな反響をよんだ。やがて一九九〇年前後の社会主義諸国の崩壊期、平田はグラムシを受容し、ヘゲモニー闘争を重視する政治的市民社会論を展開することになったのである。

四　望月清司における分業論的市民社会

疎外と社会的交通

望月清司によるマルクス市民社会論研究は森田桐郎（一九三一～九六年）との緊密な協力のもとに展開された。望月は西洋経済史、森田は世界経済論、とそれぞれの出発点を異にしていたが、一九六〇年代末から一九七〇年代にかけての十数年間、両者は在来のマルクス主義教義体系を拒否してマルクスその人の原像に迫るべく、相互に連携しつつマルクスの文献的解釈という世界に沈潜していく。合言葉は「カリカチュアからオリジナルへ」（望月 1973: 8; 森田 1974a: 1）。「カリカチュア」とは、それまでのマルクス主義の教義体系であり、「オリジナル」とは、もちろんマルクスそのものの原思想である。平田清明が『経済学批判要綱』『資本論』など、主として中後期のマルクス文献を素材にしたとすれば、望月・森田によるマルクス再発見は『パリ草稿』[12]『ドイツ・イデオロギー』『経済学批判要綱』など、主として初中期文献に依拠していた。やがて一九八〇年代に至ると、望月は第三世界論、森田は国際労働力移動論など、すぐれて現代世界の問題へと切り込むようになる[13]。

そうした二人の学的営為の総体を念頭に置きつつも、ここではマルクス再読を通して提起された市民社会の問題に焦点をしぼる。そのマルクス市民社会論は望月の大著『マルクス歴史理論の研究』（望月 1973）に凝縮されているとみてよいので、以下では本書を検討の中心にすえる。望月のいう「マルクス歴史理論」とは、いわゆる教義体系にいう「唯物史観」や「史的唯物論」なるものとは一線を画した語であって、事実上、マルクスその人における市民社会の歴史理論を意味している。望月によって再構成されたマルクス的市民社会とは何であったのか。以下では初期マルクス論を中心にフォローする。

『パリ草稿』では「市民社会」（bürgerliche Gesellschaft）なる用語が消失する。この不思議な事実に注意を喚起することから、望月の議論は始まる。それ以前のマルクスはヘーゲル『法の哲学』に学び、これと批判的に格闘しつつ、ヘーゲル的な市民社会に対する国家の優位でなく、国家に対する市民社会の優位を論証しようともがいていた。そのマルクスは移住後のパリでは、「市民社会」の語を自ら禁句としたのである。なぜなのか。マルクスのパリ体験をも想像しつつ望月はこう推測する。

> 「ブルジョア」というフランス的日常語に遭遇することによって〔マルクスが〕自国語の「市民（ビュルガー）」概念にまつわる歴史的母斑に想到せしめられたこと、そしてこの時に抱いた当惑があのエンゲルスの『国民経済学批判大綱』〔イギリス古典派経済学の批判〕を触発の契機として、イギリス政治経済学（ポリティカル・エコノミー）を媒介とする「市民社会」のドイツ的＝ヘーゲル的観念の根源的な再検討にかりたてたこと、これをわれわれは知る。……ヘーゲル的体臭のしみついた「市民社会」（die bürgerliche Gesellschaft）を用いないで、イギリス経済学の表象する「市民社会」（civil society）を解明しきること、これをマルクスは課題として自己に厳しくつきつけたにちがいない。
>
> （望月 1973: 61-62）

ヘーゲル的＝プロイセン的「市民（ビュルガー）社会」からスミス的＝イギリス的「市民（シヴィル）社会」への開眼と視点の移動（同 69）。『パリ草稿』をこのように位置づけた望月は、消えた「市民社会」の謎を追いつつこれに分け入っていく。そのときこの草稿の執筆順序が意味をもってくる。すなわち望月は、最初に執筆された『経哲』第一草稿の「疎外された労働」論がさまざまな理論的難点をかかえつつも、そこに「人間と自然との物質代謝過程」認識が胚胎していることを読み取るとともに、次に執筆された『ミル評注』のうちに市民社会認識に向かっての決定的な飛躍を見出す。「社会的交通」視座の措定がそれである。ここに「交通」(Verkehr) とは「歴史貫通的に類的な相互補完行為、人間的＝ゲゼルシャフト的行為」(同 127) のことである。望月の引用するマルクスを見よう。

> 国民経済学〔古典派経済学〕は、人間の共同存在性(ゲマインヴェーゼン)を、あるいは自己を発揮する人間的本質(メンシェンヴェーゼン)を、類的生活つまり真に人間的な生活を営むための相互補完を、交換ならびに商業という形態でとらえている。／デステュット・ド・トラシーはいう、社会(ソシエテ)とは一連の相互的な交換(エシャーンジュ)である。それは交換による相互的な統合の運動にはかならない、と。アダム・スミスはいう、社会はひとつの商業社会であり、その成員はおのおのがひとりの商人である、と。／ここに見るように、国民経済学は、社交的交通 (geselliger Verkehr) の疎外された形態を、本質的で本源的な、したがって人間的規定にふさわしいときめこんでいるのだ。
>
> (同 124-125; マルクス 1962: 97-98)

見られるとおり、「人間の共同存在性」「類的生活」「社会的交通」という人間社会の本源を、古典派経済学は「交換」「商業」というその疎外された形態でしか捉えない。逆にいえば疎外された形態においてであるとはいえ、古典派は「共同存在性」や「社会的交通」という人間の社会的本質を捉えている。この点は、森田桐郎による『ミル評注』研究によって、より積極的に説明されている。(14) 森田によって補えば、「国民経済学にとって交換とは、私的所有者間の商品交換以外のものではありえなかった。だが……マルクスはその基底にひそむ普遍的な内実――すなわち人間の相互的欲求と相互的補完を実現するための生産物の相互享受としての交換、つきつめていえば活動の交換――を把握するとともに、いかにしてそれが疎外された形態をとるかを分析し、『ミル評注』に書きとどめた」（森田 1972: 231）のである。ここで重要な点は、商品交換とそれ以外のさまざまな形態での交換や取引を「生産物の交換」「活動の交換」という観点から包括的に理解していることである。それはすでにマルクスにおける「分業」視角の形成をも意味している。

望月はこの点にさらに踏み込んで、労働過程での「活動の交換」は――媒介物（貨幣）を介することなく直接的になされるところの――「協業－分業的なゲマインシャフト的関連（ベツィーウング）」として、また社会的な次元での「生産物の交換」は――貨幣という物象を介するところの――「交通－分業的なゲゼルシャフト的関係（フェアヘルトニス）」として規定する（「関連」の固定的・静態的な姿が「関係」）。少々難解な議論であるが、望月のみるところ、マルクスにあっては人間の本質にして歴史貫通的な原事実はゲマインヴェーゼン（共同存在性）であり、そのゲマインヴェーゼンの二つの存在様態としてゲマインシャフト（成員の無媒介的関連）とゲゼルシャフト（個人の媒介的関係）があり、しかもこの両者は「歴史をともにつらぬく」ものとして想定されている（望月／森田／岸本 1973: 60 傍点は望月)。こうして望月は、マルクスのなかから、たんなる過去の「共同体」といった遺物としてでなく、ゲゼルシャフトと並ぶ社会的交通の一形態としてゲマインシャフトを取りだした。そのことは今日、さまざまな資本主義における市民社会的関係(ゲゼルシャフト)と非市民社会的関係(ゲマインシャフト)を、また、市場(交通-分業)と企業組織(分業-協業)、そしてそこに埋め込まれた制度と規範の役割を考えるうえで重要な意義をもつ。

『パリ草稿』に戻れば、マルクスは古典派経済学との格闘のなかから、「共同存在性」「社会的交通」という歴史貫通的な人間的営為を見定める。と同時に、この「社会的交通」の疎外された近代的形態は、次に執筆される『経哲』第三草稿では、さしあたり「社会(ゲゼルシャフト)」という概念に昇華させられていくのだという(望月 1973: 123, 1974: 165-166)。あの消えた「市民社会」は『経哲』後半になって「社会」の語のうちに、先進のイギリス・フランス的現実を踏まえたニュアンスをともなって復活してくる。望月はその『パリ草稿』論をこう締めくくる、——『経済学・哲学草稿』の課題は、ヘーゲル的=プロイセン的な『市民社会』を分業論としての疎外論の火でとかしきり、きたえなおしてかれ〔マルクス〕自身の『ゲゼルシャフト』をとり出す」ことにあった、と(望月 1973: 152)。

分業と市民社会の歴史理論

『パリ草稿』分析を終えて望月（1973）は『ドイツ・イデオロギー』（その「第一章 フォイエルバッハ」）の世界へと踏み込む。『マルクス歴史理論の研究』第3章がそれである。まことにこの章は本書の「華」として輝く。

さて、『ドイツ・イデオロギー』はマルクスとエンゲルスの「共著」になるというが、しかし彼らの生前には公表されることはなかった。二〇世紀になってからの公表後も編集問題をめぐって各種見解が乱立し、さまざまな版が重ねられてきた。「共著」のあり方をめぐっても「マルクス口述、エンゲルス筆記」説から「エンゲルス主導」説まで、諸説はまったく嚙みあっていない。本書はしばしば「史的唯物論の基礎」を築いたと称されるのだが、その実、叙述は錯綜と混乱を極めており、とても一筋縄での理解を許さない。

例えば近代的大工業のもとで生産諸力が発展し「ひろがりつくした分業」の到来を確認したかと思うと、他方で将来社会における「分業の廃止」が謳われる。その分業廃止論にかかわって、「朝には狩りを、昼に魚取りを、夕べに家畜の世話をし、夕食後に批判する」（マルクス／エンゲルス 1966: 68）といった牧歌的な分業廃止風景が語られもするが、草稿本体の写真版を解読すると、これはエンゲルスの筆跡で書かれているが、「夕食後に批判する」の一句はマルクスの字で追記されたものだという。ことほど左様に、この書を何らか統一的で整合的な思想を展開したものとして読み解くのは至難の業である。

その意味で『ドイツ・イデオロギー』は、『経哲草稿』以上に緻密な文献的検討と細心の内在が要求される書なのである。その問題の書に望月は「持分問題」というまことに斬新な切り口を導入して、鮮やかにこれを解きほぐしてゆく。『ドイツ・イデオロギー』分析のためには、「草稿に入りみだれるマルクスとエンゲルスの筆蹟の背後に横たわる理論上の『持分問題』へのアプローチが不可欠の前提なのである」(望月 1973: 167) という。文中どこからどこまでがマルクスが書いた文であり、どこからどこまでがエンゲルスのそれかを腑分けする作業である。そのためには筆跡鑑定はもちろん、両者の好みの用語・用法による判別、さらには各自の前後の諸著作との思想的連続性いかんによる分別、等々、といった作業の積み重ねが必要となる。

この気の遠くなるような持分確定作業の結果、望月の前に現れ出たものは、その所有観、分業観、市民社会観、そして歴史観において大きく隔たったマルクスとエンゲルスの姿であった。ここに通説として信じられていたマルクス・エンゲルス一体説はみごとに崩壊する。マルクスはレーニンから引き離されたのみならず、いまやエンゲルスからも分離され、ここに「オリジナル・マルクス」の一端が鮮明に浮かび出る。

望月による腑分けを結論的にいうと、エンゲルスは「所有形態史論」、マルクスは「分業展開史論」とでも呼びうる歴史理論を展開していた。『ドイツ・イデオロギー』はこのあい交わらざる二条の議論を「一冊の書物につめこもうという悲劇的な努力」（望月 1973: 225）の産物であり、であるがゆえに生前の出版はありえなかった。エンゲルスの所有形態史論とは「分業」と「私的所有」を等置し、私的所有の延長上に「階級支配」と「国家」を見通してゆく歴史把握である。ここでは「市民社会」はもっぱら「国家」との関係のなかでしか把握されず、また、将来的な階級支配の廃止とともに「分業の廃止」が展望されて、あの「朝には狩りを」の風景へと連なってゆく。望月はエンゲルスの世界史像を以下のように要約する。

性的分業→家族内自然発生的分業→家族内私的所有＝家族内潜在的奴隷制→家族間・社会的分業→階級支配→共産主義革命→私的所有と分業の廃止（同 234）

これに対して分業展開史論のマルクスはこう定式化される。

共同体的諸個人→内部交通→共同体間交換→所有諸形態→農工分離→大工業＝市民社会的分業→そして普遍的交通の完成＝諸個人の自由な連合（共産主義）（同 249）

右のうち望月がとりわけ強調するのは「農工分離」、すなわち「都市と農村の分離（分業）」である。それははるか後年の『資本論』をも貫徹するマルクス歴史理論の原点をもなすものであって、[15]彼がジェームズ・ステュアートやアダム・スミスなど、イギリス経済学から学びとった視点であった。当面の『ドイツ・イデオロギー』でも「都市と農村の対立は……文明の全歴史を今日（反穀物法同盟の）にいたるまで貫通している」（マルクス／エンゲルス 1966: 107）と確認されている。そこから出発して資本制的大工業に至るまでの分業の展開過程を追うマルクスの眼を、望月はこう述べる。

> この分業展開史論で注目に価するのは、その展開が「都市の農村からの分離（手工業の自立）」→「生産と交通の分離（商人階級の形成）」→「都市間分業（マニュファクチュア成立）」→「都市からの農村の分離（農村工業の成立・発展）」→そして「大工業（世界的交通への到達）」というふうに、生産諸力の発展が、その内部から不断に新しい生産＝交通関係を産出し、それがまたより高次の生産諸力の創造を促迫するといった、単純抽象の関係から複雑具体への、おそらく弁証法的といってよい自己展開の連鎖として構成されていることであり、しかも、この止揚と重畳の史論の到達点である「大工業」が、単なる大経営でも大技術体系でもなくて、工業目的への自然力および自然科学の適用というテクノロジカルな諸条件が「ひろがりつくした分業」……の有機的総体として編制されている、ということであった。

（望月 1973: 241 傍点は望月）

マルクスにとって「大工業」とは、労働の断片化というネガティヴ要因であるとともに、否それ以上に、生産諸力や社会的交通を普遍的に発展させることによって、将来社会の物質的土台を形成すべきポジティヴ要因でもあった。この「大工業」という高みに立って、マルクスはこれまでの全文明史を振り返って書きつける。

これまでのすべての歴史諸段階に当然存在した生産諸力によって規定され、逆にそれを規定しかえす交通形態とは、市民社会のことである。……この市民社会が、全歴史の真のかまどであり、舞台である……。（マルクス／エンゲルス 1966: 73; 望月 1973: 246 強調はマルクス）

市民社会は、生産諸力の一定の発展段階での諸個人の物質的交通の全体を包括している。それは、ある段階の商業と工業の生活全体を包括している。……「市民社会」という言葉は、一八世紀にあらわれたが、そのときというのは、所有関係がすでに古代的および中世的なゲマインヴェーゼンからぬけだしおえたときであった。かかるものとしての市民社会は、ブルジョアジーとともにだけ発展するのであるが、生産と交通から直接に展開される社会的組織体は、いつの時代にも国家およびその他の観念的上部構造の土台をなしていて、たえずこの名前でよばれてきた。

（マルクス／エンゲルス 1966: 163; 望月 1973: 247）

分業展開史として世界史を押さえるマルクスのなかに「市民社会」が新たな内実をともなって再登場することになった。「生産と交通、人間と自然の、そして人間と人間との物質代謝、そこから展開してくるゲゼルシャフト組織をマルクスは、あ、ら、た、め、て『市民社会』と命名した」（同 246 傍点は望月）。いったん消えた「市民社会」はいまイギリス経済学をくぐった眼のもと、ここ『ドイツ・イデオロギー』で「あらためて」マルクス自身の概念として復活した。そのとき「市民社会」とは、そのいちばんの根底においては、このように歴史貫通的な物質代謝と社会的交通の相において捉えられていたのである。

この「すべての歴史諸段階」的市民社会を基本におきつつも、しかし、右に見る『ドイツ・イデオロギー』の文章には、ほかにも「生産諸力の一定の発展段階」とか「ブルジョアジーとともにだけ発展する」とかの限定を付された市民社会が登場する。望月自身、「まだきわめてラフなトルソー」（望月 1973: 248）と述べているが、森田は他の諸著作をも視野に入れつつ、マルクスの新しい「市民社会」概念を「三重の規定」において整理する。すなわち、「普遍的ゲゼルシャフト的関係としての市民社会〔歴史貫通的な相〕、私的商品所有（生産）者の『市民社会』〔等価交換と同市民関係の社会〕、そして資本制的《市民社会》〔いわゆるブルジョア社会〕」(森田 1972: 242; 望月／森田／岸本 1973: 65-69) である。

こうして望月においては、分業展開史としてのマルクス歴史理論は、同時に市民社会の貫通とその様態変化の歴史理論として析出された。「分業展開史論を、ブルジョア社会としての市民社会形成論としてのみならず、ブルジョア社会をさえつきぬけてその上に築かれるはずの将来のゲマインシャフト――かかる意味での『市民社会』――形成史論として読むべきである」(望月 1973: 261)。これが望月の検出したマルクス歴史理論の実像であり、市民社会の歴史理論であった(16)。

五 おわりに

以上、内田義彦の市民社会思想を継承し、これをマルクス研究において発展させる試みを平田清明と望月清司という二つの相において見てきた。内田の物質代謝論を原点に据えながらも、平田はこれを生産資本循環→所有論→個体的所有論として展開する一方(循環論的視角)、晩年にはグラムシ市民社会論→政治的市民社会論という軌跡をたどった。望月も同じく物質代謝論を下敷きにしつつ、これを分業＝社会的交通論の側から受けとめ(分業論的視角)、市民社会の三層の規定――なかでも歴史貫通的概念としての市民社会――をマルクスのうちから取り出し、また人間的本質のゲマインヴェーゼン性とそれがゲゼルシャフト／ゲマインシャフトという二つの様態をとって発展することを強調した。細部の異同はさておき、平田と望月の大きな社会ヴィジョンの相違をあえて取り出すとしたら、中期平田が「共同性」を視野に入れつつも「個体」を強調するのに対して、望月はゲゼルシャフト／ゲマインシャフトの発展として現れる「共同存在性」の様態を重視するという点であろうか（望月／村上 2011: 32）。

内田と平田を対比してみよう。ともに市民社会の思想家として、両者は「市民社会と資本主義」「市民社会と社会主義」という問題設定を通して、国内外における「市民社会」の実現ないし成熟を希求していたのは間違いない。希望の行きつくところ、内田にあっては狭く「近代」を突き破って広く深く人類史の根底をつらぬく市民社会へと降り立ち、そこから一人一人が「学問」する市民へと成長することとの重要性を説く。他方、平田にあってはマルクス的＝経済的市民社会が実は公共的・政治的なものと不可分だとの認識を強めつつ、「政治」をする市民団体への注目となる。内田における「一人一人から」の思想を踏まえつつも、晩年の平田はこれを補って、「一人一人」がまずはメゾレベルの各種アソシエーションへと連合し連帯し、自らを社会的個人へと政治的に錬成していく必要があると言いたかったのであろう。

こう対比してみると、両者の相違はむしろ相補的であって、内田における学問論が内田的な市民社会形成論であったのと同じように、後期平田における政治的市民社会論は、中期平田のマルクス的市民社会をいかに実現するかという問題へのひとつの解答であったのかもしれない。「一人一人」の思想を基底に据えつつ、かれらの分業的協業をメゾレベルの連帯へと編みあげていくこと、——それが、グラムシ的市民社会（ヘゲモニー闘争）を通じてマルクス的市民社会（個体的所有の再建）へ、という平田的な市民社会形成の設計図であったのかもしれない。

内田と望月はどうか。内田が名著『資本論の世界』（内田 1966）で資本主義的大工業のもとで展開する歴史的なポジ・ネガ両要因を取り出し、そこに「新社会の形成的諸要素と旧社会の変革的諸契機」を見出したことは周知のことだが、望月はその内田マルクスを最大限に活用する形で、『ドイツ・イデオロギー』におけるマルクスとエンゲルスの「持分問題」にメスを入れた。大工業を労働の断片化としてネガ面でのみ捉えがちなエンゲルスから、大工業を「ひろがりつくした分業」としてポジ・ネガ両面で押さえるマルクスの像を分離しえた背後には、望月による内田への深い内在があった。望月はたしかに内田分業論の最良の成果を継承し、それを初期マルクス研究のなかで生かしている。

加えて何よりも、望月（および森田）は、マルクス思想の形成史に内在するなかから「市民社会」の「三重の規定」を取り出した。すなわち分業と社会的交通という人類史貫通の相、私的所有体制貫通の相、そして固有に近代的な相の三つである。これは、あたかも内田義彦における三つの市民社会概念——すなわち歴史貫通的な市民社会（さまざまな体制を「くぐりぬけ」ながら実現してゆく市民社会)、価値法則の貫徹する社会としての市民社会(資本主義から「はみ出す」市民社会)、純粋資本主義としての市民社会——と、寸分たがわず符合するというわけではないが(前出の第3章参照)、それでも近似的な市民社会認識の三相である。内田が戦中・戦後の現実を見つめるなかで掘り下げていった市民社会の諸相を、望月は初期マルクス研究のなかから探りあて、重層的な概念化を試みた。とりわけ、内田的な歴史貫通的市民社会が望月のマルクス研究のなかで確認された意義は大きい。

注

(1) 平田清明と望月清司を一括して論じた最近の研究として、小野寺(2015: 第5章)参照。

(2) 平田清明の略歴と人物像については創造の会(1996)によって、また著作目録と主要著作の解題については平田清明記念出版委員会(2019)によって、詳しく知ることができる。

(3) 最初の著書『経済科学の創造』に先だって平田は、主として一九五〇年代までの仕事をまとめて、一九六一年、学位論文としてまとめた。これは従来公表されていなかったが、このほど綿密な校訂と丁寧な解説を加えたうえで『フランス古典経済学研究』(平田 2019)として出版された。ここでも「生産資本循環」の意義が強調されている。

(4) この「生産資本循環視角」は平田が——つね日頃の対話を通じて——内田義彦から吸収したものである。例えば「生産力の体系という視角——専門的にいえば『生産資本の循環』の視角」「『生産資本循環』の立場から社会的生産力を分析する」(内田 1967: 268, 312)といった表現にも見られるように、内田においてそれは「生産力」や「物質代謝」との強い結びつきにおいて提示されていた。

他方、平田の生産資本循環は内田的なものを出発点としながらも、やがて見るように、貨幣資本循環や商品資本循環をも巻き込みつつ「資本循環＝回転」視角へと、さらには資本による世界市場創造や所有の分析へと展開をとげてゆくべきものとしてあった。

（5）「諸形態」部分の邦訳は一九五九年に出ており（マルクス 1959）、またそれ以前に大塚久雄はこれを共同体論として読みこなしていた（大塚 1955）。

（6）岡崎次郎訳『資本論』⑶、国民文庫、一九七二年、四三八頁。全集版『マルクス＝エンゲルス全集』第二三巻第二分冊、大月書店、一九六五年、九九五頁。

（7）この点は『資本論』英語版（Marx 1996）も同じ過ちを犯している。英語版では「ドイツ語第三版に従って訳した」との触れ込みに反して、当該部分を'This does not re-establish..., but *gives* him....'と訳し、're-establish'とは別の動詞'give'を混入させている。それによって、フランス語版の素直な英訳たる'but [this] *re-establishes* the individual property of workers'という含意が消されてしまっている。

（8）この「労働と所有の同一性」としての「個体的所有」把握に対しては、山之内靖から重要な問題提起がなされている。「平田における『個体』概念は……自己自身への関係、自己自身の自己への媒介といった、典型的な同一性原理に立脚している……。……平田にとっての個体とは、何よりもまず、自己自身において完結し、自立（＝自律）的であるところの同一的主体なのである。……平田における自己同一的主体の能動性は、他者を主体として容認し、自然をも人間の外にある主体として受け入れる受動性（＝受苦性）の契機を根本的に欠いてしまっているのである」（山之内 1982: 74-75）。

（9）ここにわれわれは、内田（1967）が断片的に提起していた「市民社会と社会主義」の問題が、平田によってマルクス文献に即する形で深められているのを見る。

（10）山口定はグラムシを受容した平田清明を高く評価して、「世界的な『市民社会論ブーム』の先駆けとしての平田清明」と規定している（山口 2004: 111）。

（11）ただし、その平田は「レギュラシオン（調整）様式」についてはしばしば論ずるが、「蓄積体制」

ないし「成長体制」――レギュラシオン理論を構成するもう一つの基軸概念でマクロ経済的骨格を意味する――についてはあまり語らない。ケネー論の平田において統一的に把握されていた「過程と構造」「循環と再生産」のうち、「構造」「再生産」への眼はマルクス論で次第に消えていったが、レギュラシオン理論を論ずるここ晩年においても消極化している。

(12)『パリ草稿』とは、パリ在住中の青年マルクスが一八四四年に書いた草稿の総称であり、邦訳書としては『経済学・哲学草稿』(マルクス 1964) および『経済学ノート』(マルクス 1962) がそれに当たる。前者は『経哲』とも略称され哲学畑では疎外論文献として注目されてきた。後者のうち「ジェームズ・ミルに関するノート」(いわゆる『ミル評注』) は、この時代のマルクス研究によって新しく脚光を浴びることになった。両草稿の関係に関する研究も進み、『経哲』第一草稿→『ミル評注』→『経哲』第二、第三草稿という執筆順序がほぼ定説となった。望月・森田はこの執筆順序がもつマルクスの市民社会思想形成史上の脈絡を重視する (望月 1973: 56-57; 森田 1972: 191-196)。

(13) 望月清司の仕事を概観したものとして、村上 (2000)、望月/村上 (2011) を参照。また望月 (1973) に結実したもの以外の彼の研究をまとめた書として、望月 (2019) が出版されている。

(14) 森田が『ミル評注』に取り組むきっかけとなったものは、当時のソ連型現存社会主義への批判意識であり、一九六八年チェコの「プラハの春」の理論的指導者であったが、ソ連の侵攻後に「マルクス主義の背教者として追放されたオタ・シーク」への共感であった。森田によれば、社会主義における商品生産の問題をめぐってオタ・シークはマルクスを超えなければならないと考え、「社会主義経済の基本的性格は商品生産 (ただし組織された商品生産) である」と断言した (森田 1972: 244-247)。一九七〇年代初頭、森田がオタ・シークとともに格闘していた問題、すなわち、普遍的な社会的交通の観点から社会主義における商品生産を把握するという問題は、いわゆる社会主義経済が消滅し資本主義が世界を覆いつくした今日においても学ぶべき多くのことを示唆している。とりわけ「組織された商品生産」という視角は、これを「制度化 (調整) された市場」と読み替えれば、グローバル資本主義が暴走する今日への有力なる批判視点を提供していよう。

（15）「あらゆる発展した・商品交換によって媒介された・分業の基礎は、都市と農村との分離である。社会の全経済史はこの対立の運動に要約される」（Marx 1962: 訳(3) 586［第一部第一二章第四節］強調はマルクス）。

（16）望月の議論はこのあと、中期マルクスの草稿『経済学批判要綱』（Marx 1953）に分け入って、そこでの二大歴史認識を検討の俎上にのせる。「貨幣にかんする章」での「世界史の三段階論」（望月はこれを「依存関係史論」と呼ぶ）と、「資本にかんする章」での「資本制的生産に先行する諸形態」（いわゆる「諸形態（フォルメン）」）である。前者については森田（1970, 1974b）の力編も忘れてはならない。しかし、紙幅の都合もあって本稿での検討は初期マルクス論にしぼるので、中期マルクス論については割愛せざるをえない。

参考文献

内田義彦（1966）『資本論の世界』岩波書店。

——（1967）『日本資本主義の思想像』岩波書店。

大塚久雄（1955）『共同体の基礎理論』岩波書店。

小野寺研太（2015）『戦後日本の社会思想史——近代化と「市民社会」の変遷』以文社。

グラムシ、アントニオ（1961-1965）『グラムシ選集』全六巻、代久二編、合同出版社。

創造の会編（1996）『学問文芸共和国——追悼平田清明』非売品。

平田清明（1965）『経済科学の創造——「経済表」とフランス革命』岩波書店。

——（1966）「マルクスにおける経済学と歴史認識」『思想』第五〇二、五〇三、五〇六、五〇九号。平田（1971）に収録。

——（1969）『市民社会と社会主義』岩波書店。

——（1970）「市民社会の経済学批判——所有論としての『資本論』体系」内田義彦ほか著『経済学史』筑摩書房、所収。

——（1971）『経済学と歴史認識』岩波書店。

——（1977）「現代社会主義と『市民社会と社会主義』」『現代の理論』第一六五号。

——（1982）『経済学批判への方法叙説』岩波書店。

——（1988）「社会的制御調整の政治経済学」『思想』第七七一号。

——（1993）『市民社会とレギュラシオン』岩波書店。

——（2019）『フランス古典経済学研究』日本経済評論社。

平田清明記念出版委員会編（2019）『平田清明著作 解題と目録』日本経済評論社。

マルクス、カール（1959）『資本主義的生産に先行する諸形態』手島正毅訳、国民文庫。

——（1962）『経済学ノート』杉原四郎／重田晃一訳、未來社。

——（1964）『経済学・哲学草稿』城塚登／田中吉六訳、岩波文庫。

マルクス、カール・エンゲルス、フリードリヒ（1966）『新版 ドイツ・イデオロギー』花崎皋平訳、合同出版社。

村上俊介（2000）「望月市民社会論の累重的形成」『専修経済学論集』第三五巻一号。

望月清司（1973）『マルクス歴史理論の研究』岩波書店。

——（1974）「労働・疎外・交通」「分業・所有・市民社会」「共同体・市民社会・社会主義」森田／望月（1974）所収。

——（2019）『望月清司論文選 ドイツ史・マルクス・第三世界』日本評論社。

望月清司／村上俊介（2011）「望月清司先生に聞く」（質問者＝村上）『専修大学社会科学研究所月報』第五七四号、四月。望月（2019）に再録。

望月清司／森田桐郎／岸本重陳（1973）「共同体・市民社会・社会主義——人間にとって共同性とはな

にか」『現代の理論』第一〇八号、一一月。
森田桐郎（1970）「資本主義の世界的体系——基礎視点」長洲一二編『講座マルクス主義8——資本主義』日本評論社。
——（1972）「『ジェームズ・ミル評注』——市民的ゲゼルシャフトの批判的・経済学的認識の形成」現代の理論編集部編『マルクス・コメンタール』現代の理論社、所収。
——（1974a）「マルクスと『マルクス主義』」「自然・人間・社会」森田／望月（1974）所収。
——（1974b）「『貨幣にかんする章』分析——市民社会と歴史認識」山田鋭夫／森田桐郎編『講座マルクス経済学6——コメンタール「経済学批判要綱」（上）』日本評論社、所収。
森田桐郎／望月清司（1974）『講座マルクス経済学1——社会認識と歴史理論』日本評論社。
山口定（2004）『市民社会論——歴史的遺産と新展開』有斐閣。
山田盛太郎（1977）『日本資本主義分析』岩波文庫。
山之内靖（1982）『現代社会の歴史的位相——疎外論の再構成をめざして』日本評論社。
Habermas, Jürgen（1990）*Strukturwandel der Öffenlichkeit: Untersuchungen zu einer Kategorie der bürgerlichen Gesellschaft*, Frankfurt am Main: Suhrkamp.（細谷貞雄／山田正行訳『公共性の構造転換——市民社会の一カテゴリーについての探求』第二版、未來社、一九九四年）
Marx, Karl（1953）*Grundrisse der Kritik der politischen Ökonomie (Rohentwurf) 1857-1858*, Berlin: Dietz Verlag.（高木幸二郎監訳『経済学批判要綱』全五冊、大月書店、一九五八〜一九六五年）
——（1962）*Das Kapital*, Bd. 1, in: *Karl Marx – Friedrich Engels Werke*, Bd. 23, Berlin: Dietz Verlag.（長谷部文雄訳『資本論』全四冊、青木文庫、一九五二年）
——（1967）*Le Capital*, Tokyo: Far Eastern Book Sellers-Publishers. This is the first reprint of the first French edition published in Paris: Maurice Lachâtre et Cie, 1872-1875.
——（1996）*Capital*, Vol. 1, in: *Karl Marx – Friedrich Engels Collected Works*, Vol. 35, New York: International

Publishers. This reproduces the first English edition published in 1887, translated from the third German edition by S. Moore and E. Aveling.
Yamada, Toshio（2018）*Contemporary Capitalism and Civil Society: The Japanese Experience*, Springer.

第Ⅱ部　断想・内田義彦

高級な学問だけを学問と思わないで、基本的なことを恥ずかしがらずにやること。演習なんかでも基礎的なことはつい質問し損うということがありますね。今さらという感じが先に立って。その「今さら」を捨てること。それとね、「学問的方法」というものを学問にこだわらずに考えること。こちらの教え方も下手なんでしょうが、学問的思考を案外学問の領域の外でやっていて、それが学問的方法の基礎だということに気がつかないでいるという気もしないでもないですね。

例えば、昔私の大学の学生でね、山岳部で遭難して死んだ人がいてその人の日記――山へいくと絶対記録するんですね、どこで間違ったかということを必らず書く、その日記をみたことがあるんですが、最後は手がふるえているんですけれども、死ぬ瞬間まで克明に書いてある。ぼくはそれでショックだったですね。その学生をぼくは知らないんですけれども、そういうのがぼくの講義をきき、答案をかいている。それを見てね、ぼくにこれだけ書けるかといえば、書けないですね、ぼくには。それから恐くなった。そんなのがいっぱいいるはずなんですけれども、それが「学問」の中では出てこない。縁のないものだと思っているんですね。

(「学生のみなさんへ」増田四郎氏との対談、東京経済大学、一九七三年)

探る

小さな橋

もしかりに、あなたにとっての古典は何ですかと問われたら、ためらうことなく私は『資本論の世界』の名をあげる。たぶん『資本論』や『経済学批判要綱』とならべて、あるいは、ひょっとしたらそれらをさし措いて——。古典というものが、内田先生のいわれるように、情報を見る眼の構造を変え、古くから知っているはずのことがにわかに新鮮な意味をおびて身にせまってくるような書であるとするならば、青春時代に出会った『資本論の世界』は、まさにそういう意味で私の古典であった。そうでありつづけてきた。

一九六〇年代に学生生活をはじめた私にとって、『経済学の生誕』発刊時〔一九五三年〕の興奮は知るよしもなかったのはもちろん、たしか大学二年のとき、この令名たかい本を買って読んだのであるが、正直いってよくわからなかった。そうこうするなかでマルクスを読みはじめたが、当時流行の、というか少なくとも支配的とみなされていたマルクス主義の理論や分析に対しては、眼前にみる事態の進行との落差がつねに気になっていた。「マルクス」をめぐるそんなモヤモヤをアッと吹きとばし、まさにマルクスを、そして現代や自分自身をみる眼の構造を変えさせてくれたのが、『資本論の世界』という小さな本であった。一九六六年の秋、大学院生のときである。

開巻早々、「フォイエルバッハ的人類への愛でもなく、モレスコット流の物質代謝への愛でもなく、愛する人、つまり君への愛が人間を再び人間にする」という、謎のような、だが魅力あふれる、マルクスの夫人あての手紙を、これまたいささか謎めいた形で紹介しておられる内田先生の、その真意は何だろうか。そんなことを友人たちと議論したことも想い出すが、何といっても、「資本主義の意外に強靭な生命力」にたびたび苦汁をなめつつ、そのなかから『資本論』を書きあげていったマルクスが前面に押し出されたことは、当時の高度成長日本におけるマルクス学の実状のなかで、まことに新鮮な訴求力をもって私に迫ってきた。その「強靭な生命力」の認識がさらに広く、「前史の最後の段階」というマルクス的歴史観や、「ポジ・ネガ・ポジ」という手法のなかに位置づけられているということを知り、私にとってはじめて「マルクス」が面白くなってきた。と同時に、あの『生誕』もまた、はじめて面白く読みふけった。うれしい体験であった。

とはいうものの、『資本論の世界』で開眼させられたということと、これを理解しそこに隠されている宝を存分に掘りだしえたということとは、悲しいかな、別物である。以後の私は本書再発見の繰りかえしであった。というより、この本にかぎらず内田先生の書かれるものからは、その時々に「なるほど」とわかったつもりになっていたことが如何にわかっていなかったか、その浅読みのほどをいやというほど知らされつづけてきた。いつも後手後手に。

例えば、この『資本論の世界』が同時に、古典の断片をその全体系につなぐのでなく、まずは「断片を自分につなぐ」読みの大切さを語りかけていたのだと知ったのは、のちの『社会認識の歩み』を通してであり、その『歩み』がまた、社会科学を問うことと不可分なものとして「日常語と学術語」を問うていた、その重みに気づかされたのは、さらにのちの『作品としての社会科学』においてであった。さらにつづけるならば、その「日常語と学術語」の問題が、これまた同時に、学問の有用性と一面性への先生の問いとつながっていたのかと知ったのは、『読書と社会科学』によってであったし、そしてこれら一連の問いが、最も抽象的な範疇の研究においてもすでに全体としての社会が表象されていなければならないと説く『生誕』に、はるか淵源していたのだと悟ったのは、つい最近のことであった。

だが、いまここで内田解釈をしたいのではない。先生の学問は、およそ知識の羅列でも論理の構築でもないし、したがってまた、なまなかな解釈なり、まして要約なりを受けつけないのだ。先生のものを読んだあとの私は、いつも、要するに何がどういう論脈で書いてあったのか、さっぱり整理できない。わずかに二、三の印象的な文言が、あの独特な語り口調とともに心に残るのみである。しかもそれが、なかなか消えない。わかったらわかったで、わからなければわからないままに、消えないのである。そういう断片が、一方、他人との議論のなかで時々フッとよみがえって、あらためて自分の問題としてしみ入ってくる。他方、先生のあれこれの文言が時日の経過とともに私のなかでそれなりにつながってくるのだが、つながればつながるほど強く感じるのは、素材や表現こそちがえ、先生は結局一つのことしか語っていないのではないかということである。

ただし、その「一つ」が難物だ。かりに言葉であらわしえたとしても、それを頭で知ってもどうしようもない。その「一つ」になるほどと納得する者は、それを自己の胸中に住まわせて、日々およばずながらその声を聞く営為なくして、本当に理解したことにならないであろう。それほどまでに平明な真理として、その「一つ」はある。「哲学者は万人の知ることを語る」とは先生のよく引かれることばであるが、内田先生の「一つ」はそういうものとしてあるように思えてならない。

言いかえれば、内田先生の書かれたものを、書かれたものとして学んでもあまり意味がないし、たぶんそれは先生の本意でもなかろう。もちろん、書かれたものをとおしてしか学べないのではあるが、それによって見えてくるはずの、先生の生きた居場所と姿勢をこそ学ぶべきではなかろうか（事実『資本論の世界』が面白いのも、マルクスのそういった居場所を照らし出しているからだ）。先生はよく創造現場、賭け、臨床、処方箋といった語を愛用される。それに示されているように、学問と日常との緊張をはらんだ接点に身をおいて、いつもそこから発言される。日常のなにげない経験の側から問題を学問に送りこみ、逆に学問でもって身のまわりの難問を解いていく、その小さな橋の上に立っておられるのだ。小さな橋ではあるが、しかし誰にもどこにもあるはずの橋だ。にもかかわらず日常人も学問人も、それぞれに日常世界や学問世界におぼれて、みなが忘れてしまいやすい掛け橋である。その橋のうえに立ちきること。学ぶべきは何よりも、先生のそういった知のたたずまいである、――少なくとも私にとっては。

（一九八八年七月）

一つのことを

内田義彦先生――

こうして現実にお別れしてみると、尽きせぬ悲しみの念はもちろんですが、先生という存在がどれほど深く私につきささっているか、あらためて思い知らされます。

先生は生涯、たった一つのことをめぐって、思索を深めてこられました。日本資本主義論争を振りかえられたごく初期も、『経済学の生誕』の頃も、そして『資本論の世界』や『作品としての社会科学』の中後期にも、先生の思想は最終的には、ある一つの問題のまわりを回っています。それを「市民社会」の問題と言ってしまえばそれまでですが、要は、わたしたち凡人がどうしたら自由な人間となり、自由な人間として結ばれあうかです。それを『作品』は「賭ける」「参加する」「伝える」のキーワードに託していますが、その萌芽はすでに、はるか『生誕』以前期の「主体的適用としての技術」論や「二つの道」論に、くっきりと読みとれます。

それほどまでに強靭で、しかもしなやかな先生の足跡は、どれほど私を魅了し、かつ励みとなっていることか。内田義彦という人に出会えた幸福を、私は「こわい」思いとともに噛みしめています。問題は一人ひとりが、先生をどう「主体的に適用」するかだからです。いつの日かきっと、わが内田義彦を活写してみたいというのが、私の夢です。

内田先生、長い間、本当にありがとうございました。

（一九九〇年三月）

柔軟な精神——内田義彦『形の発見』編集後記

内田義彦の作品に解説はいらない。というよりも、内田義彦はおよそ解説を拒む存在である。百万言の解説よりも、どれでもよい、内田義彦の一篇を味読していただけたら、それが何よりの「解説」となるはずである。どの小篇にも内田義彦そのものがある、そして読者自身がある、つまり世界がある。ここに収められた一つひとつの作品を、読者一人ひとりが直接に読みあじわい読みふかめられて、それぞれ何ごとかを摑みとっていただければ、編集にあたった一人としてこれにまさるよろこびはない。

内田義彦は一九八九年三月一八日、不帰の客となった。七六歳。内田を追悼して、木下順二はつぎのように語っている。

内田義彦よ――

きみの専門分野において、きみの思索は驚くべく深いものであったらしい。そのことをぼくなどは、そのこととしてはただ推測するよりほかないのだが、しかし芸術の分野においてきみが示してくれた深さを知ることによって、そのことを確認できるという思いがぼくにはある。

ほんの一例――

森有正との対話〔『夕鶴』の世界〕の中できみは、ウェーバーの典型論に拠りつつこういってくれている。

――『夕鶴』のつう
みたいな人間は日常世界にいない。いわゆる典型の対極だ。だが、われわれは絶対にそういう存在になれないと感得すればするほどそちらへ心がひかれて行く故にこそ、現実には一人もいない存在だからこそ、つうは典型なのだ。……
このような発想の中に、きみの柔軟な精神の鋭さと深さを、ぼくはつくづくと感じないではいられない。……

内田義彦の思想は、初期の『経済学の生誕』（一九五三年）から、一九六〇年代の『資本論の世界』『日本資本主義の思想像』をへて、晩年の『作品としての社会科学』（一九八一年）にいたるまで、素材や表現を異にしながら、またさまざまなヴァリエーションをともないながら、しかしつねに、ある同じ一つのことをめぐって螺旋状に旋回しつつ深められてきたかのようである。著作としてまとめられたものから小品や断片にいたるまで、ひとつ残らずそうである。内田義彦は全体が一個であり、一個が全容をなす思想家である。

そして、その「一つのこと」とはほとんど語りえぬものであり、語ったところで、それをわたしたちが知識として知ってもほとんど意味がないものであろう。わたしたちが直接に内田義彦にきき、そしてそれ以上に自分自身にきくことなしには、その「一つのこと」は伝わってこない。内田義彦を読むとはそういうことである。この遺稿集に付した「形の発見」というタイトルは、内田義彦のことばから借りたものであるが、その「一つのこと」に通じるひとつの道筋であると確信している。

この本の成立過程や編集意図について、記しておきたい。

一九八八年五月から始まった『内田義彦著作集』全一〇巻（岩波書店）の刊行は、内田義彦の死をはさんで一九八九年一一月に完結し、ここに内田義彦の作品が一か所にあつめられ、容易に接することができるようになった。何よりもまず、このすばらしい大事業の実現にあたられた方々のご努力に敬意を表したい。と同時に、各巻をそれ自体としてまとまりのある読み物にする、また会話形式の作品では対談を重視するという著作集の編集方針や、また著作集としてのさまざまな分量的制限から、やむなく収録を見合わせたものも少なからずあるということを漏れ聞いてもいた。そんなある時、藤原書店の藤原良雄氏から、著作集に収められなかった内田作品を生かす手はないものだろうかとの話があって、本書の企画におずおずと乗りだすことになった。

作業はまず、未収録作品をできるかぎり集めることから始まった。多数の方々のご協力をえて収集されてみると、その総体はとても一冊の書物におさまりきらない分量であるだけでなく、主題や形式においてもまことに多岐にわたっていることが判明した。それらをどうしぼりこんで、あるいはどうふくらませて、内田義彦の全体像を明らかにすると同時に、それがそのまま現代日本に訴える主題と旋律をもった一書をなすようにするかが、最大の問題であった。この過程で、たんなる未収録作品集という当初の方針を改めて、既収録作品——ではあるが、著作集以外の単行本ではなかなか接しえない名篇――をも積極的に取りいれて、ひとつの書物としての、そしておそらく内田義彦の最後の書物としての、まとまりと魅力をもったものに編むことにした。

実際、この二年有半はほとんどその仕事にあてられた。その作業のなかでは、ご子息・内田純一氏の絶大なご尽力と適切なご意見に大きく助けられた。そして、藤原氏をふくめた三人で何度も何度も議論をかさね、ようやくいまある形に落ちついた。わたしたちはこの本を、いわゆる学者向けの専門書としては編まなかった。が、学者をも含めて多くの方々に、とりわけ――それは内田自身の晩年の希望でもあったが――たとえば中学生の方々にも読んでいただけるような本であれば、と願っている。(以下略)

(一九九二年九月)

世紀を超えて――『形の発見』改訂新版へのあとがき

内田義彦は一九一三年二月二五日に生まれ、一九八九年三月一八日に没している(享年七六)。したがって本年(二〇一三年)は生誕百周年にあたり、来年(二〇一四年)は没後二五周年にあたる。こうした画期を迎えて一連の記念出版を企画してきたが、ここにその第一弾として、内田義彦没後に著作集未収録作品を中心に編まれた『形の発見』(藤原書店、一九九二年)の改訂新版を上梓する運びとなった。

生誕後一世紀を経た今日、あるいは没後四半世紀を迎えようとする今日、内田義彦の魅力は少しも衰えていない。それどころか、内田的思索の現代性と普遍性は今日なおいっそう、わたしたちに強く迫ってくるし、そうでなければならない。

本書に収めたどの文章からでもよいので、とにかく読者一人ひとりが読み急ぐことなく、内田義彦にきき、そして何よりも自分自身にきくことを通して、著者が問うたものについて味読していただければ幸いである。

内田義彦が生きた二〇世紀は、世界の政治経済においては一九三〇年代恐慌、第二次世界大戦、東西冷戦、資本主義世界の変貌、社会主義への希望と失望などによって特徴づけられよう。日本では度重なる戦争とその最終的敗北、「戦後民主主義」の浸透、高度成長・経済大国化の光と影などが思い出されよう。この間、日本は物的には豊かになり多くの者が高等教育を受けるようになったが、しかし、それは必ずしも精神や生活の充実感を伴うことなく、また学問は細分化して一般市民から遠のいていった。

そうしたなかで内田義彦は、経済学という自らの専門領域に軸足をおきつつも、それにとどまらず学問一般、教育、社会、文学、演劇、音楽、等々、まことに広範な分野で発言した。それは専門領域を捨てるのでなく、自らの専門なるものの根っこにあるものを求めての旅であり、つまりは一人ひとりの人間が「生きる」ということの意味を求めての旅でもあった。そこから、一人ひとりの人間の魂の成長と新たな社会形成のあり方について、まことに幅広くして底の深い、また強靭にしてしなやかな思考が展開された。そしてそれを、やさしくも胸に迫る言葉でわたしたちに語った。

内田義彦は二〇世紀末の社会主義崩壊や日本のバブル崩壊を知ることなく世を去った。しかし、世紀が変わって二一世紀の今日、わたしたちの世界は、日本経済の長期停滞、ユーロ圏の発足と困難、金融暴走とリーマンショック、中国など新興経済諸国の台頭、資源・環境・エネルギー問題の深刻化、格差社会と新しい貧困などに揺れている。そうしたなか、わたしたちに否応なしに降りかかってくる各種問題に立ち向かおうとするとき、わたしたちは「生きる」ことに結びついた「学ぶこと」の大切さをあらためて痛感せざるをえない。わたしたち自身の日々の営みから学問へと至り、逆に学問の方は、市民一人ひとりにまで届いて彼らに活用されるに値するものへと生まれ変わらねばならない。

こう問うとき、内田義彦の言葉は、わかりやすくも深いがゆえに、世紀を超えて今日の私たちに、しみじみと喰いこんでくることだろう。

『形の発見』旧版は、五〇〇ページ近い大部なものであったにもかかわらず、幸いにも多くの読者を得ることができたが、ここ一五年ほど、品切れの状態が続いていた。旧版出版後二〇年以上たった今日なので、新しい若い読者層も増えてきているだろう。そういう方々にも内田義彦の面白さと深さをわかってもらいたい。そんな思いから、新版の編集にあたっては、もう少し手頃な厚さにとどめて、彼の思索の神髄を的確に紹介すべく、著作集未収録文献を中心に編集するという方針は大筋で維持しつつも、以下のような若干の改訂をほどこした。

第一に、全体の構成を「プロローグ」に次いで、「Ⅰ かたち／ことば」「Ⅱ ことば／いのち」「Ⅲ いのち／まなび」の三部構成とした。部のタイトルはいずれも、内田義彦にとってのキーワードでもある。

第二に、いくつかの文章や座談につき加除を行った。つまり旧版とくらべて、削除したものもあれば追加したものもある。

第三に、新版に再度採録する場合でも、若干の文章については冗長部分を削除し、また部分的に小見出しの追加・変更をした。とりわけ少なからぬ座談・対談・インタビューについては、内田義彦の発言のみに絞りこんだうえで、小見出しの追加ないし変更などによって文意が通るよう工夫した。

第四に、部と部の間に幕間的に小文を配し、読者にしばしの息抜きをしてもらえるよう工夫した。

第五に、旧版巻末に掲載していた「略年譜」「著作目録」については、企画中の別著に移すこ

とし、本書では著作目録中の「著書」についてのみ、追加分を含めて掲載することとした。（以下略）

（二〇一三年一一月）

経済学と人間

「ぼくが経済学の世界にはいっているとき、ぼくの眼に人間はきえ、ぼくが人間と接触しているとき、ぼくは自分が経済学者ではなくなっていることに気づいた。」

敗戦後の混乱と希望のなか、内田義彦を一躍有名にした名著『経済学の生誕』（一九五三年、未來社）のあとがきの一節である。この本はアダム・スミスの研究書であるが、スミス研究として型破りであっただけでなく、右の言葉のように、「経済学と人間」への強烈な問題意識を秘めた著者の姿勢においても異彩を放っていた。そして内田をして異色の経済学者たらしめたものは、彼がこの問いを生涯にわたって追求し、深めていった点にある。

母方の祖父は熱田神宮の宮大工だったという。その影響か、内田には職人気質が宿っており、あるいは天才肌のところがある。時に毒舌家でもあり、そして軽妙なユーモアにも満ちている。と同時に、たんにそれだけでなく決定的に重要なことだが、内田の文章には祈りがこめられている。後年になればなるほど、その祈りは深くなる。

名古屋生まれの岡本（現・神戸市）育ち。東京帝国大学経済学部を卒業し、戦後は専修大学教授。スミス、マルクス、日本近代思想史の研究において独創的な仕事を残した経済思想史家であり、何よりも「市民社会」の思想家と言われている。その市民社会論者のなかでも他の追随を許さないのは、たんに市民社会思想の専門研究者というだけでなく、どうしたらこの日本において市民社会を実際に形成しうるか、生涯をかけて突き詰めていったという点にある。

代表作を概観しておこう。先の『生誕』は、スミスをたんなる封建制度の批判者としてでなく、ある種の近代化を促進した重商主義への批判者として位置づけ、「ホモ・エコノミクスと見えざる手」による「分業」論的市民社会の思想家としてスミスを描いた。『資本論の世界』（一九六六年、以下すべて岩波書店）は、階級闘争一本やりで見られがちなマルクスのなかから、人間と自然との物質代謝という歴史貫通的な基盤を問う視座を取り出し、この物質代謝過程が資本主義という特殊歴史的な社会ではどういう形をとって現れるかを説いて、『資本論』像を刷新した。『社会認識の歩み』（七一年）は、一人ひとりが決断と責任をもって「賭ける」存在になることこそ、個人史においても社会思想史においても、社会科学的認識の出発点なのだという。『日本資本主義の思想像』（六七年）から『作品としての社会科学』（八一年）にかけては、徳富蘇峰や河上肇など、明治以降の諸思想を題材にしつつ、日本における市民社会思想の痕跡を拾い出す。議論の重点は次第に、社会科学や日本語のあり方を問う学問論へと移っていき、いわば「学問する市民社会」が構想されてくる。

内田市民社会論の原点は何だったのか。それは一九三〇〜四〇年代における日本資本主義の問題にあり、そしてこれをめぐる当時の社会諸科学のうちにある。自らの学的テーマを探し求めていた青年内田は、山田盛太郎の講座派理論、武谷三男・星野芳郎の技術論、大塚久雄の比較経済史学、そして大河内一男の社会政策論（生産力論）などを渉猟する。そのなかで彼は、自身のうちに評価のゆれを自覚するようになる。ゆれは二重である。

第一は階級的（社会主義的）なものと市民的（近代的）なものの関係であり、当時の内田は山田・星野・大塚のうちに見え隠れする市民的なものを、階級的観点から批判しもした。その彼はしかし、大河内の「戦争は社会政策（労働力の保全）を遂行する」という命題に対しては一定の理解を示し、戦争が一物一価という近代的関係を生み出すことに期待を寄せる。一方で市民的なものを否定し、他方でそれを肯定する。加えて第二に、ここに肯定される市民社会は、戦時経済下、国家による上からの暴力的な「合理化」のもとで形成されるカッコ付きの市民社会である。階級的なものと市民的なもの、上からの近代化と下からの近代化、——この二重の難問に逢着した内田は、答えを求めてスミスに沈潜する。

その解答が『経済学の生誕』である。ここでスミスは、重商主義という上からの近代化への批判者として描かれる。ということは、内田自身が下からの市民社会形成の道に賭けたということでもある。また内田は、市民的なものと階級的なもののからませ方を問題とし、「スミスが提出している市民社会の問題をすり抜けてもいけないし、スミスを野放しにしておくこともいけない」、「スミスの積極面を出来るだけふくらませた上でマルクスと対置してみる」という絶妙な境地へと至る。戦後日本の思想状況のもとで内田のこのスタンスが意味するのは、市民社会ということの重みであり、しかもそれを「下から」形成することの大切さであった。

では、下からの市民社会形成とは何なのか。自由・平等・人権を求める社会運動や政治運動もあろう。しかし、そうした市民の運動や日々の生活の背後にあるべき決定的に重要なこととして、分業社会における学問（社会科学）のあり方へと内田の関心は集中する。分業は素人と専門家（当面の場合、例えば経済学者）を生む。この時、素人と専門家の間が切れてしまい、専門家は専門家集団向けの「論文」を書いて自己完結する。せっかくの専門的知識が素人に届かない。それによって専門家の研究対象はさらに部分化し、対象の部分化とともに視野も部分化する。全体を見る眼を失う。これが「高度」な社会科学と言われるものの現実である。

一方、素人の側も学問と無縁な存在、学問のたんなる受け手であってよいのか。各人がそれぞれの生きる場に立ち起こってくる問題を、一個の「賭ける」人間として自ら解決するためには、社会科学の創造に参加していく必要がある。「大工も学者にならにゃいかん」。逆に社会科学は、そういった市民による活用と玩味に堪えうるものとして生まれ変わらねばならない。小説家が仲間内でなく一般市民に向けて「作品」を書くように、社会科学も最終的には「作品」として、市民との対話と循環のなかで創造されねばならない。

「科学」による部分の精密な認識は、全体としての確かさを捉える「人間」の眼によって補足されるべきだ、と内田はいう。「全体を見る眼」とは彼にとって、「一人一人の人間が生きるということそれ自体のもつ絶対的意味」から出発することと同義であった。真に意味ある学問的テーマはそこからしか生まれてこないのだ。

『生誕』での「経済学と人間」の悩みは、こうして「作品としての社会科学」を軸にすえた下からの市民社会形成論へと結実していく。分業による物質的ゆたかさの先に、分業をいかに人間的ゆたかさへとつなげるか。その祈りが、内田市民社会論であった。祈りは、内田の時代を超えて二一世紀日本にも底深く響く。

（二〇一三年八月）

問う

内田義彦のおもしろさ

昨年末、中村達也さんらと内田義彦の魅力をめぐって、団欒する機会にめぐまれた。中村さんの「思い」も、私のと同じようなそれであることを発見して、談論風発、じつにたのしいひとときであった。自由な会話で内田義彦を語りあうときは、このようにいつも話がはずむのであるが、いざ内田義彦論として書こうとすると少しも筆がすすまない。内田義彦とは、書きことばや「体系」による理解を拒否し、話しことばや「断片」による理解しか受けつけない存在なのだろうか。

いや別に、いま内田論を書こうとしているわけではない。だが、どう書いても書いても、書いたものからこぼれ落ちる内田義彦の深さに気づかされるのは、私一人ではあるまい。事実、これまで多くの者が内田義彦論を書いてきた。私もまた然りである。だが、いずれの論をとっても、内田義彦自身のおもしろさにはかなわない。内田義彦は「解説」や「要約」によっては絶対にわからないのである。私たち一人ひとりが、自分自身の問題とひっかけながら直接に対話するとき、そのときはじめて内田は語りかけてくれ、問題をアッと分からせてくれ、そしてわが身を自由にしてくれる。不思議な経済学者であり、そして不思議な思想家である。

だが考えてみると、学問とは本来そういうものであったはずである。学問をとおして対象を捉えることとは、対象を捉えることによって自己自身が分かり、分かることによってともに自由な人間になっていくことと不可分なものでなかったか。そういうものとして学問とは、万人によって創造されていかなければならない。「自由な個体というのは、同時に学問創造の一環を受け持っている者でなければならんと私は思います。学問の単なる受け手であるというようなことでは、いくらひまがあり『文化生活』を享受していても、所詮社会に埋没した人間であって、とても自由な個体なんていうことはできない」。内田『作品としての社会科学』のメッセージである。

こういうことをあらためて言わなければならないのは、現実の「学問」や「科学」なるものが、残念ながらそこからかけ離れているばかりでなく、ますますかけ離れていく傾向にあるからだ。さしあたり経済学を例にとっても、厳密な数学的推論や緻密な文献的考証はいよいよ進んでいくが、また専門的分化や学際的交流はますます叫ばれているが、それがはたして「経済」「社会」という対象の全体的認識を深めているといえるのか。そして、私たちふつうの市民が自由な人間同士として結ばれあう道具として、なるほど経済学を勉強してよかったと思われているのか。あるいはまた大学教育ひとつをとってみても、専門家（教授）が講義する「学問」なるものを「素人」（学生）が試験前に暗記するという図式は、たんに教育を歪めているだけでなく、そうであることによって学問そのものを歪めているのではなかろうか。専門家–素人の間の作り手–受け手という固定的関係を打破して、自由をもとめてともに学問創造に参加しつつ育ちゆく人間同士という関係を築かないと、どんなに教養部を解体しどんなにカリキュラムを改革しても、所詮、学問は学生や市民のものとならない。いや、一市民としての専門家のものにさえならない。

だがそうなったとき、いやそうであるためには、学問はいまあるそれとは性格を異にしたものになろう。そうでなければならない。素人の眼を失った専門家が、せまい専門家仲間での栄達を競って、しかも業界仲間でしか通用しない言葉でつくる「学問」なるものが、はたして本当にわれわれ市民一人ひとりの問題を解決することになるのであろうか。専門家向けの生産財でなく、市民向けの消費財として耐えうる学問や言葉――つまり内田のいう「作品」――に仕立てていく努力をしなければ、「学問」は学問にならないし、私たちは自由な個体になれない。教育改革とは本質的に学問改革なのである。

たまたま私がいま、学部でカリキュラム改革という問題に直面しているので、そういった断面からの内田義彦を引っぱり出したにすぎないが、ことほど左様に、私たちが身のまわりの問題をわがこととして問いかけるとき、内田義彦は、いや内田義彦の断片は、胸底ふかく語りかけてくる。何年来しばしば、そういう体験に出くわしてきた。それが私にとっての内田義彦である。いつの日か、内田ほどに深くしなやかに思考する人が、おそらく内田とはちがった分野から出現したとき、その人がきっと内田義彦のおもしろさを存分に「書いて」くれるだろう。

(一九九二年六月)

社会科学を「溶かす」こと

「社会科学」という言葉が死語になってきた。と言えば言いすぎかもしれないが、かつては多くの大学で、例えば「社会科学概論」といった講義科目があり、出版される書物のタイトルにもしばしば「社会科学」の語が踊っていた。この頃はすっかり見かけなくなった。この一〇年、大学での教養部解体とともに「社会科学」も解体してしまったのだろうか。用語だけの空中分解ならまだしも、これが社会科学的思考の解体でないことを祈らずにはいられない。

内田義彦は生涯を通して、社会科学的思考とは何かを問いつづけた。もう少し限定して、経済学的思考、法学的思考、社会学的思考など、どれに重点をおいて考えてもよいが、要するに、私たち普通の市民がいかに社会認識を自分のものとし、また私たちの日常の問題解決に生きるような社会（諸）科学をどう創るか。しかもこの日本に、日本語に立脚した私たちの社会科学的思考をどう育てていくか。それが内田義彦の終生かわらぬ問いであった。

岩波新書『社会認識の歩み』『読書と社会科学』や、論文「社会科学の視座」（『ことばと社会科学』藤原書店、所収〔また『作品としての社会科学』岩波書店、所収〕）など、いずれも手を変え品を変え、社会科学の面白さ、むずかしさ、深さを訴えかけている。そのなかで私を引きつけたのは「溶かす」という言葉だ。社会科学を「溶かす」ことこそ、私たちが本物の社会認識を獲得するために、最も重要なことだという。どういうことだろう。

私たちは、人類の古典的遺産として、あるいは最先端の現代的成果として、社会科学なるものを本で読み、また講義で聞く。時にはマスコミで喧伝される。いわば社会科学との最初の出会いである。だがしかし、何と不幸な出会いであることか。「社会科学の理論体系なるものはこうでありますす」「最先端の成果によればこういう結論になります」といった言辞が横行しすぎていないか。そういう社会科学のあり方や伝達法に何の疑いも持たれていないかのようだ。

この時、社会科学は私たちの外部に、いわば完成品として凝固・凝結した形で存在するものでしかないのであり、その伝達はいわば上から与えられる形でのそれでしかない。成果の伝達がそうであるかぎり、社会科学は所詮、人びとの悩める心に食い入って社会科学的思考を育て、日常の難問を解く手助けになってくれない。いきおい、例えば学生は試験のため結論の暗記に走る。

それでは「社会科学」とは言えない。

本当の社会科学は、その体系や結論を「溶かす」ことから始まる。完了形に凝結した科学はそのままでは死んだ学問でしかない。溶かされ流動化されてこそ真に「社会科学」となり、生きた科学として自分につながってくる。他人事でない、私たち一人ひとりが溶かすのである。どんなに立派な機械体系が据えられていても、それを上手に使って製作するという、現在形の意識的活動がなければ、機械は生きた機械とならないのと同じ。

そして、このとき溶かすべきものは、何も科学の「体系」である必要はない。ほんの「断片」でよい。「断片を自分につなぐ」こと、つまり断片を自分で溶かすこと。これこそ内田社会科学の根源のメッセージだ。それなくして「断片を体系につなぐ」ことのみ先行するところに、社会科学の完成品化があり、凝固死があり、つまりは解体がある。解体させないためには、各人が創造の現場に立って自ら科学を溶かすことが必要なのだ。

（二〇〇一年六月）

内田義彦の問い

日常の疑問から出発する

例えばあなたが学生だとしよう。せっかく意気に燃えて入学したのに、大学の講義が面白くない。授業を聞いても、現実の社会や自然が一向に見えてこない。いや自分自身が見えてこない。教授たちは専門の学界の方ばかり向いていて、就職してから役に立つような授業がない。仕方ないから資格でも取っておこうと、専門学校に通う。でも将来、自分は何になったらいいのだろう、どこへ就職したらいいのだろう。そんな内面の声がときどき聞こえる……。

例えばあなたが若き社会人だったとしよう。いまの会社は、まわりにいい人もいて特別の不満もなく、毎日忙しく、しかし坦々と過ぎてゆく。いまは新米の未熟者だが、早く仕事を覚えたい。一人前の専門家として、同僚や取引先やお客さんから信頼されるようになりたい。だが反面、いまの仕事が自分に向いた「天職」なのかどうか、あまり自信がない。自分の進路はまちがっていなかっただろうか。もっと自分が生きるような仕事があるのでないか。もっと自分が成長できるような仕事、社会のなかで自分が生かされる仕事はないのだろうか……。

誰もが悩んだ問いであり、現に悩んでいる問いである。そうした日常の疑問から出発し、その疑問に答えうるためには、学問や仕事は、社会や人間はどうあらねばならないか。その前に、いまの学問や社会は、こうした市民の日常の問いに立脚し、それに答えているのか。社会科学をはじめとするいまの学問は、そういったごく平凡な、だが真摯な願いをもった市民に学んでもらうに値する内容を備えているのか。「学ぶこと」「働くこと」、そしてさらには「遊ぶこと」「愛すること」が、一人の人間として「生きること」と切れてしまわないような、そのような人間関係や社会をどう築いたらよいのだろうか。

それが内田義彦の問いである。内田義彦の終生変わらぬ問いであり、終生をかけて深めてきた問いである。内田義彦は生涯をかけて、この「たった一つのこと」を考えてきた。たった一つではあるが、しかし無限のヴァラエティと無尽の深みにおいて思索してきた。内田義彦は経済学説史を専門とする経済学者であったが、専門家にしか分からないことばでなく万人に通じることばを語った。消耗品のことばでなく、時代を超えて響くことばを紡いだ。

分業社会のかかえる難問

内田義彦はアダム・スミスについての勉強から出発した。スミスといえば『国富論』で知られ、またその冒頭の分業論は格別に有名だ。未開社会では全員が働き、近代社会では働かない者が多数いる。それなのに近代社会の方が全員はるかに裕福に暮らしている。いったい、それはなぜなのか。――近代社会では「分業」が発展しているからだ。スミスはこう喝破して、「分業」がいかに生産力を高めるかを、ピン・マニュファクチュアの例を引きながら印象的に語る。十名ほどの小さなピン工場だが、各人が別々にピンを作るよりも、分業をするだけで数百倍、数千倍の成果が出るのだという。こうした分業の生産力的効果を確認することから『国富論』が始まり、それだけでなく経済学という学問が始まった。経済学は分業の認識から始まったといっても過言でない。

　内田義彦の問いは、まさにそこから始まる。では、分業しながら生きるとは、人間一人ひとりにとって、つまりあなたにとって、どういうことなのか、と。また、どうしたら分業の恩恵が、たんなる物的ゆたかさを超えて、人びとに行きわたるのか、と。

　分業は「専門家」を生むし、そうでなければならない。誰もが自分の仕事では専門家になり、そして誰もが専門以外では「素人」であらざるをえない。このとき、素人は専門家の言いなりになり、主人と奴隷のような関係になっていいのか。患者は医者に従属し、学生は教授の専門講義のたんなる受け手となるだけでいいのか。せっかくの専門家が素人と切れてしまい、切れることによって素人が専門家に支配され操作されてしまう。分業が人間や社会に恩恵をもたらすどころか、人びとを抑圧してしまう。しかも、社会全体で専門家と素人が分断されるだけでなく、一人ひとりのなかで交差され統一されるべき「専門家の眼」と「素人の眼」が分断される。仕事人たるあなたと生活人たるあなたが別人になってしまう。

これはつまり、専門家と素人の間のコミュニケーションの問題であるが、しかしもっと根源的に「ことば」の問題である。日常語と専門語、日常語と学術語が切れすぎている。人びとの日常の具体的な経験は、具体的な日常語のままでは広く伝わらない。そのままでは個人の知恵や知識が社会全体の財産にならない。このとき学術語は、個人の経験に普遍的な形式をあたえることによって、それを万人にひらく役割をする。本来そのはずである。それによって学術語は、あなたが世界を見る眼を補佐してくれるはずなのだが、現実には学術（語）は日常（語）と切れてしまう。だから専門講義を聞いても、心に響いてこない。こうして学術語は日常的経験と切れ、専門家どうしの隠語になり、そして専門家支配の道具になっていく。ここでも分業は、恩恵よりも弊害をもたらしかねない。

さらにまた、専門家も学者も部分における正確さ、精密さを追い求める。そして、そういった専門的で精密な認識は、もちろん必要なことだ。だがしかし同時に、専門化が進めば進むほど、扱う対象の部分化、細分化も進む。いや、対象の部分化が進むだけでなく、人間の部分化も進み、部分しか眼に入らなくなる。木を見て森を見ずで、全体を見る眼を失う。こうなると部分の真理が全体の真理だと思いこむ。部分が全体にどう作用するかという、部分と全体を交錯させる眼を失う。薬害問題から環境問題まで、その例には事欠かない。精密に認識した部分の真理をもう一度全体とのつながりのなかで検証する眼をもっていたら、どれほど多くの悲劇を避けることができたであろう。これも分業社会がかかえこんだ難問だといってよい。

人間社会をゆたかにするために

専門家と素人の分断、科学のことばと日常のことばの乖離、部分認識と全体認識の分裂、――分業は人びとにこういう難題を突きつける。だからといって逆に、分業を廃止することなど絶対にできないし、廃止すべきでなかろう。それどころか、分業はこれからもさらに進んでいく。だから、分業社会を生きる一人ひとりは、こういう問題を真正面から受けとめ、そして解決していかなければならない。誰かがでなくて、一人ひとりが解決していかなければならない。うまく解決できれば分業の恩恵が広く行きわたるであろうが、解決できなければ分業は害悪となる。

では、どうしたら解決できるのか。アダム・スミスは、分業は経済社会をゆたかにすると言ったが、内田義彦は、分業が人間社会をゆたかにするためには何が必要かを問う。物にあふれかえった社会であっても、生き生きとした人間関係がなかったら、所詮それは貧しい社会ではなかろうか。どうしたら経済的なゆたかさを人間的なゆたかさと共存させることができるのだろうか。要するに分業社会を生きるにあたって、人間として何がいちばん大事なことか、と。

しなやかな思考のなかから、内田義彦は考えるためのヒントをさまざまに語りかける。本書〔内田『生きること学ぶこと』藤原書店〕からほんの一、二の例を引いてみよう。

甲が専門家として自分の領域であるAについて専門語で話しているときに、その専門語は乙には分かりません。そしてたまたま、甲が問題に関連のあるBの領域に立ち入る話をしたとき、甲の言葉は、乙から見ると素人の誤謬にみちた発言としてしかうつらないでしょう。甲と乙がお互いに素人にもどり、素人発言を——専門家の眼で軽蔑するのでなく——まさに専門家の眼でくみとることによって、初めて専門家同士の会話が成り立つのです。その場合に初めて専門ということは生きてくるでしょう。

（「学問の創造と教育」）

何故芸術家が、つまり芸術が、このように冷遇されているか。それは、一人一人の人間が生きるということそれ自体のもつ絶対的意味、その絶対的な意味にかかわって芸術がもつ（これまた）絶対的な意味が無視されるかぎり、芸術は何らの意味をももちえないからです。人間を手段視する雰囲気の下では芸術は育たない。／芸術を無用視する同じ考えが、学問の中にもひずみをもたらします。人間が生きるということそれ自体にかかわって学問の意味づけが行われないかぎり、学問は、学界の権威によりそった学界のための学問になるか、社会的有用性のための、手段としての学問に転落する他ありません。
（「学問と芸術」）

専門を超えた専門家

分業はたしかに物的ゆたかさをもたらした。また、私たちの社会は分業ぬきにはありえない。いや、分業はますます進んでいき、ますます専門化は進んでいく。そうであらざるをえない。だからこそ、現代人にとって「進路」や「適職」への問いが生まれ、「仕事」にかかわる悩みが生まれる。誰もが親の土地を継いで農業を営むという社会では、こうした悩みは発生しなかった。ところが分業は、人間同士の言語不通を生み、専門家による素人の支配を生み、人間の手段視を生む。内田義彦はこの問題を問いつづけた。そして、これを一歩でも超える道を問いつづけた。その一つが、右にいう「一人一人の人間が生きるということそれ自体のもつ絶対的意味」ということばである。そこには、あらゆる専門なるものの奥にある厳然たる事実がしっかりと見すえられている。すなわち、人間が社会をなして自然に働きかけつつ生きており、人間一人ひとりはそのなかにいるのだという事実である。この原事実において人はみな平等であり、人間一人ひとりは、それぞれにかけがえのない絶対的存在である。分業の全体への眼は、一人ひとりが生きることの絶対性への眼につながる。

「達人」とも言われるほどの専門家になると、しばしば専門において深いがゆえに、専門を超えて万人共通の根に響く真理を語る。本当の専門家は右の原点を片時も忘れないからこそ、専門を超えるのである。「達人」まかせではいけない。この社会の誰もが「本当の専門家」になっていかねばならない。一人ひとりが「専門に溺れる」のでなく、専門家であることによって「専門を超える」ことが必要なのである。そして、専門家であらざるをえない私たち一人ひとりがこうした原点をしっかりと踏まえるとき、そのときはじめて、専門家が素人を「軽蔑する」のでなく、「素人発言を専門家の眼でくみとる」こともできるようになるのであろう。それによって、人びとの間にゆたかなコミュニケーションの道がひらかれるのであろう。

これはごく一例にすぎない。別の場所の内田義彦はまた別のことばで語るであろう。しかし、表現はちがっても根はつねに同じであり、「たった一つのこと」である。この「たった一つ」を私たちが共有するとき、そのときこそ、「生きること」と「学ぶこと」がきり結び、分業の人間的な恩恵が行きわたる社会に向かっての歩みがはじまるのであろう。

（二〇〇四年九月）

「学問」ということ

内田義彦の「学問と芸術」という文章（『学問と芸術』藤原書店および『学問への散策』岩波書店に

所収〕は、当初あたえられた「科学と芸術」という論題を、内田自身が「学問と芸術」と改めて講演した記録です。「学問」か「科学」か。最近は何かと「科学」ばやりで「学問」は死語に近くなっている。そんな感じもしますが、はたして「学問」ぬきの「科学」で事足りるのでしょうか。

細かい語義詮索はさておいて、この二つの言葉について私は常々こう思っています。つまり、「学問」は「学を問う」であれ「学び問う」であれ、「問う」という、一人ひとりの日常の主体的な営みを想起させます。他方「科」とは、「内科」「外科」であれ「学科」「科目」であれ、「分ける」という意味であって、だから「科学」とはある全体を細かく分けたうえでの、個々の分化した領域についての専門的客観的な知識ということでしょう。

「学」を各人の生きた全体としての活動に引き寄せて「学問」と捉えるか、部分の正確かつ客観的な知識に重点を置いて「科学」と捉えるか。部分の正確な認識としての科学的結論なのか、それとも、正確でも精密でもないが、自らの生をとりまく全体をそれなりに的確に捉える眼としての学問的営為なのか。

もちろん両者は重なるところがあるし、単純な二者択一の問題でもないでしょう。実際には両方の眼が必要であり、しかも学者であれ市民であれ、二つの眼を交錯させ循環させていくことこそ大切なのでしょう。

だが、それにしても――というところから、内田義彦の問いが始まります。一般的にもそうだが、とりわけ近年の日本では、「学問」を忘れて「科学」が独走していないか。社会科学という場面でも、やれ「先端……」だ、それ「高等……」だと、社会「科学」はそれこそ「がむしゃらな高度成長」を遂げてきた。しかしそれによって、市民一人ひとりの社会を認識し生を充実させていくという「学問力」は高まったといえるのか。問い尋ねるという「フォルシュングの精神」を尊重する雰囲気が出来あがったのだろうか。内田の答えはもちろん「否」であり、そこに日本の社会科学の「ひずみ」を見ます。

その「ひずみ」の奥を洗っていくと――内田によれば――「学」に対する二つの姿勢が問題として浮かび上がってきます。一方は、学を出来あがった成果・結論のところだけで捉え、またその結論がもつ有用性だけで評価する姿勢です。

他方は、学を一人ひとりの人間が日々「生きる」という実践のなかで創りだしていくものと考える姿勢です。「科学」の成果・結論は人類の貴重な財産ですが、しかし市民一人ひとりが、それを自らの生のなかで濾過し検証すること抜きには、つまり「学問」する市民に支えられることがないならば、せっかくの財産も死んだ遺物でしかない。それどころか、一部の専門家の独占物となり、素人を支配する道具となってしまいます。

学を「学問」に引き寄せて捉えるということは、百分の一、千分の一といった数量化され物化されたものとしての人間でなく、「一人一人の人間が生きるということそれ自体のもつ絶対的意味」から出発することだと、内田は言います。重く響く言葉です。

その「一人一人の人間が生きるということそれ自体のもつ絶対的意味」こそは「学問」の根底をなすだけでなく、本当は「科学」の最深の根底でもなければならないでしょう。「学問」を死語にしてしまうと、ひずみなき本来の「科学」も死んでしまうのではないでしょうか。

（二〇〇九年四月）

内田義彦の思い

内田義彦の「学問と芸術」

この「学問と芸術」という文章は、北海道大学図書刊行会が主催する講演会（一九七二年五月）で内田義彦がしゃべった内容に端を発しています。そのときの録音テープをもとに新たに書き下ろし、最初、雑誌『思想』（一九七二年九月号）に発表されました。もう三五年以上前（二〇二〇年から数えれば五〇年近く前）のことです。その後、この文章は内田『学問への散策』（岩波書店、一九七四年）に収められ、やがて後の『内田義彦著作集』第六巻（岩波書店、一九八八年）にも収録されました。

『学問への散策』の「あとがき」には、この本で「私がいいたいことは、内容からいえば、『学問創造と教育』『学問と芸術』にほぼ尽きている」とあります。まことにこの一論は、内田義彦の思想――というか、むしろ「思い」――の真髄を伝えているといっていいでしょう。加えてこの「学問と芸術」は、日本文学研究資料刊行会編『日本文学研究の方法1――近代編』(有精堂出版、一九七四年)や、内田『生きること学ぶこと』(没後編集、藤原書店、二〇〇〇年、新版二〇〇四年)にも再録されていて、長く親しく読み継がれているものです。

学問の根底にあるもの

内田義彦(一九一三～一九八九年)は、戦後日本を代表する経済学者・思想家の一人です。一九八九年に他界していますので、今年(二〇〇九年)はちょうど没後二〇周年にあたります。二〇年たって、いや内田の初中期の仕事が発表された一九五〇～七〇年代から数えて四、五〇年たった今でも、彼の書いたものは新鮮味を失うことなく広範な読者を得ています。例えば第一作『経済学の生誕』(一九五三年)は、そのご増補版(一九六二年)や新版(一九九四年)といった形をとりながら、半世紀以上たった今も多くの読者に届けられています。岩波新書の三部作『資本論の世界』(一九六六年)、『社会認識の歩み』(一九七一年)、『読書と社会科学』(一九八五年)は、すでにいずれも五〇刷前後の版を重ねており、二一世紀の今日なお新しい読者を得ています。

内田義彦は経済学のなかでも「経済学史」「経済思想史」を専門とし、アダム・スミス（『経済学の生誕』）、マルクス（『資本論の世界』）、そして河上肇をはじめとする日本経済思想史（『日本資本主義の思想像』一九六七年、『作品としての社会科学』一九八一年）などについて、それぞれ名著を残しています。名著たるゆえんは、個々の専門研究への沈潜が彼においてはつねに自らの時代に対する尖鋭な問いに支えられているだけでなく、自らが専門家として学問することを、同じく自らが一人の人間として生きることとのかかわりのなかで問うているからです。

こうした問いは、最初の著作『経済学の生誕』でも、

ぼくが経済学の世界にはいっているとき、ぼくの眼に人間はきえ、そして、ぼくが人間と接触しているとき、ぼくは自分が経済学者ではなくなっているということに気づいたのである。

と吐露されていました。専門のための専門、学界のなかだけの学問、人間管理のための学問は内田が最も嫌ったところです。自分自身を含めて市民一人ひとりが日々生きて行くうえで出会うさまざまな問題を解決していく助けとなるような、そんな学問を求めたのでしょう。専門において深いがゆえに専門を超えて万人の心に響き、そして自他ともに人間として成長していけるような、

そんな学問を志したのでしょう。

以後の内田は、歳月を経るとともに、そして日本の社会科学が本当に大切なものを置き忘れて「がむしゃらな高度成長」をするようになるとともに、学問の「ひずみ」に対して根本からの反省を求めつづけます。そして内田は全身全霊をもって、経済学やおよそ学問の根底にあるもの、あるべきものへの探求の旅に出たのです。その内田にとって、学問のあり方の問題は同時に社会のあり方の問題と切っても切り離せないものでした。学問論は社会形成論だったのです。そんな思いが結晶したのがこの「学問と芸術」であり、さらには後年の『作品としての社会科学』です。

生きる現場の学問

さて、この私の一文は「解説」と銘打たれているのですが、内田義彦の文章はその字面を追ったり手際よく「要約」したりしたところで、何の解説にもなりません。そんな「要約」を受け付けないのが内田の文章です。なまなかな「解説」に頼るのでなく、読者一人ひとりが直接に、内田の文章を——その一部でもよいから、しかし思い切り想像力を働かせながらゆっくりと——熟読玩味することの方が、はるかにすぐれた解説になるでしょう。あるいは今回、各界の知性（中村桂子、三砂ちづる、鶴見太郎、橋本五郎、山田登世子）から本書に寄せられた、それぞれに異なりそれぞれに特色のある「コメント」を触媒にして、とにかく自分自身で内田義彦の世界に分け入ってみてください。

それを強調しておいたうえで、一言二言、私の感じたところを述べてみます。この文章は、まえおきにつづいて二部構成の本論から成っています。「一　フォルシュングの探求」では森鷗外やゲーテを持ち出しながら、学問世界――とりわけ日本の社会科学――のなかにある「ひずみ」が問題とされています。Forschung の精神なき Streber が蔓延しているとか、今の自分に対して「心の飢え」を感じてもそれを自らすぐに封殺してしまうとか……。誰が聞いてもドキッとする言葉ですが、こうした「ひずみ」は、市民一人ひとりが学問をその創造の現場で受け取るのでなく、その出来上がった「結果」「結論」のところでだけ受け取ってしまう態度と無関係ではない、と言っています。凝固した学問体系を「溶かして」使ってこそ学問なのだ、ということですね。それが日本では育たない。

「二　学問と芸術」になると、学問にとって芸術無用論と芸術無縁論を批判する形で、学問と芸術の深いかかわりが披瀝されます。前者の無用論批判についてだけ一言加えておきます。学問を「学界の学問」や「役に立つ学問」といったレベルでしか考えない人にとっては、芸術は学問にとって無用の長物でしょう。しかし、そもそも何を学問的テーマとして設定するかというとき、「一人一人の人間が生きるということそれ自体のもつ絶対的意味」から出発しないかぎり、本当の意味のテーマ設定はできないはずであり、そして芸術はまさのこの「絶対的意味」にかかわる活動なのだ、と内田義彦は力説します。

「学界の学問」「役に立つ学問」の立場にとっては、学問は完了形の「結論」のみがあればいいのでしょう。しかし「一人一人の人間が生きる」ことのうえで必要となるのは、生きる現場のなかで結論を溶かし、溶かしてはまた成型しなおすといった試行錯誤の過程です。学問とは物事の「創造過程」に身をおくことであり、根本的に進行形（まさに「フォルシュング」）の営為です。そしてこのとき、学問は芸術魂や想像力をぬきには成立しないのだということでしょう。父親から英才教育的に「学問」をたたきこまれた経済学者J・S・ミルが昆虫学者（むしろ昆虫詩人）ファーブルを前にしていだく「心の飢え」、――これについて語る内田義彦の文章はまことに印象的です。

科学の眼　人間の眼

それにしても、「一人一人の人間が生きるということそれ自体のもつ絶対的意味」という言葉は重く響きます。その対極にあるのは、人間を物化し量化し手段化することでしょう。そして、こういう観点に立つことによって科学が発展してきたことも事実です。いやむしろ、これは科学の方法そのものかもしれません。医学をはじめ、私たちはそういった科学の恩恵を受けていることもまた否定できません。それを確認したうえで、しかし内田義彦にこんな文章があります。

ひとはたとえば、鉱山の爆発に際して「防火壁」の前に立つ一人の人間を思い浮かべてもよい。その壁を閉ざすことによって、壁外の九十九人は助かる。が、内の一人は確実に死ぬという事態で、しかも、その処置が彼（ないしは彼女）ひとりの決断と行為にかかっているという状況における一人の人間だ。生きた総体としての一人の人間と百分の一としての人間が、彼（ないしは彼女）の脳裡にある。

（内田「方法を問うということ」『学問への散策』所収）

九九人を救いえたとしても、一人の人間を意識して死なせたという心の痛みを持ちえない「科学」的発想からは、百人全員を救うための将来的探求すら出てこない。「百分の一としての人間」の眼は科学の特定の局面では必要かもしれないが、学問や技術が本当に発展するためには「生きた総体としての一人の人間」の眼がどうしても必要となる。「心の痛み」によって下支えされてこそ、学問は本当に発展する。にもかかわらず最近の学問は、「生きた総体としての一人の人間」への眼をあまりに忘れて「がむしゃらな高度成長」を遂げてきたのでないでしょうか。それが「ひずみ」だという意識すらない。

考えてみればこれは、たんに科学や学問だけの問題ではありません。私たちの社会形成のあり方の問題であり、また私たちの日々の生きざまの問題でもあります。「百分の一」と「かけがえのない一人」、科学の眼と人間の眼、専門家の眼と素人の眼。この、直接には対立するかのような二項の間をつなぐこと、循環させること、そして少なくともこの対立を一人一人が自らのうちにかかえこむこと、――私たちはいま、そこから出発・再出発しなければならないのではないでしょうか。そしてそこにこそ、人間の自由を求めてやまない内田義彦の思いがあり、祈りがあったのではないでしょうか。

（二〇〇九年四月）

内田義彦は生きている――生誕百年によせて

内田義彦は一九一三（大正二）年二月に生まれ、一九八九（平成元）年三月に没している。だから今年（二〇一三年）は生誕百年の年であり、来年は没後二五年にあたる。大正期に幼少年時代を過ごし、昭和の時代に活躍した経済学者・社会思想家である。思索の跡は『内田義彦著作集』（全一〇巻＋補巻、岩波書店）に収められているし、著作集未収録作品は『形の発見』（藤原書店）で、また一般向きの文章選は『生きること 学ぶこと』（藤原書店）などで読むことができる。

生誕百年であるが、内田義彦の主要作品やその原型が発表されたのは昭和の中頃、つまり今から約五〇年前を中心とする二、三〇年間である。発表後半世紀が経っても、内田作品は今日なお多くの人びとに読まれ続けている。そのことは、岩波新書の三部作『資本論の世界』『社会認識の歩み』『読書と社会科学』が毎年のように増刷され、また、ちょうど刊行後六〇年を迎えた第一作『経済学の生誕』(一九五三年)が、いまなお版を重ねていることからもうかがい知れよう。内田義彦は生きている。

何が内田義彦の魅力なのであろうか。生誕百年にちなんで、幼少期の思い出について語る内田の文章から一例を引いてみよう(『生きること 学ぶこと』所収)。内田少年はカーネーションづくりに凝ったことがあるという。少しでも美しい花を咲かせようと、専門業者のところへ出入りして科学的知識を勉強し、温室で日夜温度調節に精を出し、そして遂に業者からも褒められる見事なカーネーションを咲かせた。「キミのつくった花ならいつでも売ってあげるよ」とまで業者に言われて、一等賞でもとったように鼻高々の義彦少年がここにある。

ところが他方、少年の母は根っからの花好きで、マーガレットやデイジーなどを作って楽しんでいる。ごく普通の花で、しかもごくごく素人流の育て方なのだが、母親の方は、花そのものが本当に可愛くて可愛くて、花の身になって世話をしている。他人の評価など問題でない。そういった母親の花作りをどこかで見下していた義彦少年は、しかし他方で、フッと心のやましさを感じる。一等賞を目指す「専門家」の自分と、花を愛してやまない「素人」の母と、いったいどちらが本物の花作りなのだろうか、と。

内田義彦の原点はここにある。少年型の花作りの延長上には、個々の経験を普遍化するものとしての「科学」に期待を寄せる内田がある。あるいは社会的に役立ち評価されてこそ人間だ、という思想につながっていく。母親型の花作りに内田がわが身を反省することの先には、一人ひとりの人間が生きるということそれ自体のもつ意味に深く根ざそうとする彼がある。あるいは社会的評価と関係なく、「生きる」ことそのものの絶対性においてそれぞれにかけがえのない人間を、それとして包容する思想へと通じていく。

こうして後年の内田の人間社会論は、「科学と人間」「専門家と素人」「論文と作品」など、相反する二極のせめぎ合いのうちに展開されてゆく。どちらかというと、後者の眼の大切さを説きながら。

こうした思索を内田義彦は、戦後日本の高度成長と経済大国化のなか、地方が切り捨てられ、産業公害が深刻化し、しかも社会科学の多くが「技術」化して問題の悪化に加担しさえしている状況のなかで、切々と語った。二一世紀の今日、歴史の舞台は一回りして、グローバル金融の暴走や格差社会の拡大が憂慮される時代となった。経済学は金融工学なるものに席を奪われ、貧困撲滅の初心は富略奪の術に圧倒されてしまった。

「科学」を「人間」の側に取り戻すこと、「専門家」と「素人」がきちんと対話できる社会を築くこと。どんなに迂遠であっても、これ抜きに人間社会の「花」は咲かない。半世紀前、内田義彦が問うた問題は、いかに時代が変わろうとも依然として、否、いやましに、現代の問題であり続けている。生誕百年、内田義彦は生きている。

（二〇一三年一一月）

今なぜ、内田義彦か

（聞き手）藤原良雄［編集長］

――内田さんは年を経るごとに、経済学から離れてしまっている、という経済学者の声をよく耳にするんですが、山田さん自身経済学者としてそのことをどう思われますか。

内田さんがよく言うことだけれども、専門の経済学であれ医学であれ何であれ、眼前の問題を本当に解決しようと思ったら、ある程度専門的になり、細かくならざるを得ない。その限りでは専門的に概念を展開し、部分を究明するということが絶対必要なわけですね。しかしそれのみが「学」だというふうに思われているから、内田さんの考えていたことが経済学ではないと言われてしまう。細かい概念展開や部分の正確な認識は必要だ、しかしそれだけだったら駄目だろう、というのが内田さんの強調点。学が成立する根底の、人間が生きるという具体的な全体の中で、学者自身が、というかおよそ人間一人ひとりが、そのなかに身を置いて、それと専門の学とをつなげていく。そういう、生きることと全体とのつながりなしには、絶対に経済学は成立しない、意味をもたない。それが内田さんの超テーマだと思いますね。

——一九世紀から二〇世紀にかけて、「経済学」概念に変容はあるのでしょうか。また内田さんが使われる「経済学」ということばは何を指しているのでしょうか。

内田さんの念頭にあるのは、アダム・スミスやマルクスでしょうね。

それは、専門用語を使っているけれども、しかし同時に、学びたいという素人のために書かれたものだということです。生き方と関わるものとして、一人ひとりの心に訴えるものとして書かれた。だからスミスやマルクスの一九世紀までは、経済学というのは専門の学であると同時に、学ぼうという素人なら読んでわかるし、しかもそういう人たちに訴えようとする学問であった。

しかし経済学は二〇世紀に入って、教科書化されマニュアル化された。「余分」なものが削ぎ落とされ、「純粋」化された。しかも専門家のみの学となった。そういう変容があります。

——社会「科学」にこだわるというのは、対象の認識の方法を大切にするということではないでしょうか。

内田さんのなかでは「科学」であれ「学問」であれ、それは決して出来あがった「体系」としてあるものではない。では何なのかというと、二つある。二つは同じことなんだけれども、第一に、一人ひとりが日常の生活のなかでさまざまな問題にぶつかりながら、それを解いていくなかで形成されてくる認識。それから第二に、その過程で、これが大切なのだけれども、既成の学問体系を当然利用するわけですが、内田さんのよく使った言葉でいえば、体系を「溶かして」使うこと。溶解させる。そこにこそ学問があるのだと。教室で習った知識そのものでなく、それを現場で自分なりに溶かす、応用し適用する。それによって、自分のものにするということです。学問体系なり理論体系なりがあったところで、それ自体は眠った機械体系と一緒で、何の役にもたたない。一人ひとりがそれを溶かして使えなくては意味がない。そこにこそ、学問はあるのだという見方です。

――それが内田義彦のマルクスの読み方ですね。

そうです。『資本論』だって第一章はこうなっていて第二章はこうなっていて第三章はこうなっていて……と、そんなことをしても意味がない。『資本論』を使ってどう世の中が読めるのか。それがないと学問ではないということです。

今日内田さんの「方法を問うということ」(『学問への散策』『生きること 学ぶこと』所収)という文章を読んでいたのだけれども、これも同じですね。「ハウ・ツー」が重要だと言うんですよ。いかに既成の知識、眠っていて自分のなかにある知識を、動員して、自分が直面している問題を解くのか、ということです。そこで動員されてはじめて学問は学問になる。そういう意味では「実学」ですね。

「溶かす」ということば。私は好きなのでよく使いますけれども、溶かさなくてはだめなのです。必要なものを溶かして取り込む。そして取り込むなかで、既成の学問も加工され新しく作り変えられていく。それも含めて「溶かす」のです。

――つまり学問というのは外にあるものではなくて内に取り込むことが大切なのだということですね。

そういうことです。だからそれは「生きる」ことと同じことなんです。いざという時に使えるために、体系は体系として取り込んでおかなくてはいけないという局面もたしかにある。しかし、自分が生きるということと別に学問があるんじゃない。仰々しく偉い人から聞くという、そんなのが学問じゃない、という学問観ですね、内田さんのは。

――そういう問題意識は、木下順二さん、丸山眞男さん、野間宏さんら当時の友人たちと共有していたんでしょうか。

内田さんの最初のご本『経済学の生誕』の「あとがき」にもありますね。自分が経済学をやっているときには人間というものが消えてしまっている、しかし普通のいろんな人たちと、人間として話しているときには、自分は経済学者でなくなっている。こんなことでいいのか。この悩みですね。

私もささやかながらずっとそういう悩みをいだいてきた。しかしおよそ学問は、あるいは人生は、あるいは仕事は、こうした問い抜きにはありえないだろうと思います。それを問い続けた人なんですよ。

――これから二一世紀に生きる人たちに内田さんのどこを読んでもらいたいのか、話していただけますか。

僕が内田さんから一番学んだことというのは、学問というのは、自分自身がよりよく生きるために、そのために社会や人間をもっとよく見る。学問はそのための「道具」なんだということですね。道具というのはふつう体の外にありますが、学問という道具だけは体の中に入れないと、つまり消化しないと絶対に使えません。

学問といったけれども「概念」といってもいいですね。例えば自然の物体をもっとよく見るのに普通だったら双眼鏡とか望遠鏡という道具を使う。これは体の外にある。ところが人間現象、社会現象をよくみる望遠鏡などない。それでは何を使うか。「概念」を使うしかない。「概念」なんて言うと非常に難しいけれども、ある一点を浮き立たせる象徴的な言葉ですね。そういう特殊な言葉を使うことによって見えてくる何かがある。それは社会科学にとって道具であり眼鏡であるわけだけれども、決して人間の体の外にある道具ではない。体の中に入れなくてはならない。その分大変だけれども、しかしそれは、一人ひとりがよく生きていくための糧となる。あるいはそういう操作そのものが学問であって、学問とは、自分とは無関係に外にある客観的な体系ではないのだということです。

専門家とかいう人だって若い頃は素人だったわけでしょう。それぞれが、若い、溌溂としていた頃は、内田さん的な問いは誰もがもっていたと私は思う。それが専門の世界で長くやっているうちにだんだん忘れていく。忘れるだけではなくて、内田的な問いを素人質問だと言って軽蔑するようになる。しかしそれでは、学問は本当の学問にならない。

――このセレクション〔『内田義彦セレクション』全四冊〕はぜひ若い人たちに読んでもらいたい。山田さんから、若い人たちへのメッセージをお願いします。

若いときの悩みは、やはり、何のために生きるかということだと思います。「生きること」と「学ぶこと」というのは同じことなんですよ、という内田義彦のメッセージを是非くみとってもらいたい。

内田義彦というのはどの年齢の人が読んでも、その年代ごと、年齢ごとにそれぞれの読み方で読める人なんですね。だから一〇代なら一〇代の読み方で、心に残る言葉を大事にするだけで僕はいいと思います。心にささった言葉を大事にするかたちで読んでくれれば絶対に生きてくる、と、そういう存在ですね。

――どうもありがとうございました。

（二〇〇〇年五月）

読む

『経済学の生誕』

この本を最初に読んだのは大学二年生の時だから、一九六一年。前年の安保反対運動のなかで、日本のこと、世界のこと、それを考える道具となるべき社会科学のこと、そしてこれからの私自身のことなど、あれこれと思い悩んでいたなかで出会った本だ。出会ったといっても、当時はまだほとんど理解できなかった。わずかに、アダム・スミスにおける「経済学の生誕」という、今までまったく知らなかった新しい世界を垣間見た思い。

本当にこの本に出会ったのは、同じ内田さんの『資本論の世界』(一九六六年)を読んでから。『世界』を通してはじめて『生誕』がわかってきた。というより、現代に生きる私たちが、「スミスを思い切ってふくらませながらこれをマルクスと対置する」ことの意味がはじめて納得できた。

こうして私は『生誕』を思考の軸とするようになり、経済学史という学問領域に踏みこんでいった。いまの私の専門は学史というより現代経済論に近いが、それでもいつも脳裏には、内田さんから教えられた「スミスとマルクス」や「問題の理論への送りこみ方」があるように思う。

（一九九七年八月）

『資本論の世界』

（1）ここ十年来の日本経済の「高度成長」のなかで、資本主義はその強じんな生命力を謳歌した。同時にそのなかで、産業・科学技術の発展でもって歴史を裁断してしまう「近代化」論が、少なからず風靡しはじめた。他面、この現代に対する批判は、経済学的認識を喪失した疎外論研究の一色に塗りつぶされているかのようである。内田義彦氏の新著『資本論の世界』は、思想家＝理論家マルクスを「白紙になって」あらためて研究することを通して、資本主義の実像を――その矛盾のダイナミックな把握と変革的モメントの検出とともに――批判的に明らかにしたものである。

（2）いったい、「人間にとって資本主義は何を意味するか」、あるいは、「人類の前史の最後の段階」としての資本主義の位置づけは、いかなる内容をもって理解さるべきか。本書において根源的に取りあげられ答えられている問題の一つは、これである。すなわち、「前史の最後の段階」というマルクスの資本主義表象には、資本主義も結局は人類の前史にほかならず私有財産制度の一形態にすぎないというネガティヴな意味と、同じ前史でもその最後の段階であり私有財産制度といっても極めて独自な形態なのだというポジティヴな意味とが、同時に含みこまれており、このことの十全な認識こそ、『資本論』理解の「最初の鍵」であるとして、まず強調される。しかも重要なことは、「厖大な生産力というポジティヴなものがネガティヴに発現し、逆に、ネガティヴな発現を通じてポジティヴなものが展開する」、その資本主義のダイナミズムを『資本論』から読みとることである（ネガ面のみを排他的に固定するとき生産関係主義的誤謬がうまれ、ポジ面だけを見るとき生産力論的誤解が生ずる。「近代化」論＝「産業社会」論は後者の延長線上にある）。

そのポジ・ネガの手法による『資本論』の論理が——したがってまた資本主義的生産力の構造＝矛盾が——美事に解明されるのが、Ⅴ章「相対的剰余価値の論理」である。すなわち人間は、自然との悠久な物質代謝過程（その特質はⅣ章「労働と疎外」で明らかにされている）を通して、生命を発現し発展していくものにほかならないが、その人間の自然に対する管理組織*は、資本主義という特殊歴史的な社会においては、資本の価値増殖の生産力的姿態になってしまっている。つまり財産による人間支配のための土台でしかない。しかし同時に資本主義は、このネガティヴな発現を通じて、旧時代よりもはるかに厖大な生産諸力の展開をもたらさざるをえない。そしてまさにそのなかに、歴史変革の主体的客観的条件も生まれてくる。この、まことに矛盾にみちた資本主義のダイナミックな姿が、『資本論』での協業・分業・大工業制度の叙述を紹介しながら、明らかにされ、人間にとって資本主義のもつ意味が――ポジ・ネガの両面において――鮮明にされるのである。

＊一般に内田氏が自然に対する人間の管理組織という場合、たんに生産力の構造のみならず、交通形態をも含意しているものと思われる。したがって内田氏が『資本論』の世界を第一部―三部構成として特徴づけられる場合の第一部とは、生産過程と流通過程の総体であるように思われる。換言すれば、第一部―三部構成とは、第二部の意識的脱落ではなく、第一・二部―三部構成と解されるべきものであろう。

（3） さて、そのような意味をもつ資本主義の――いや一般に社会あるいは歴史の――運動構造を把握するさいの、マルクスの基礎的視角は何であったのか。著者は、「対象そのものが人間によって構成されている」歴史（社会）にかんする科学は――自然科学とはちがって――「目的定立をする人間を抜きにしては」絶対に成立しえないことを確認したうえで、「歴史の唯物論的理解の基礎」として二点指摘する。第一に、諸個人のたてた目的はその客観的結果＝歴史と異なってくるが、その法則的進行と人間の行為との関係を知ること。第二に、諸個人のたてる目的の背後にあってそれを一定方向におしまげている強い力を検出すること。この基礎視角が十分に生かされてはじめて、経済学は、歴史の基礎科学となることができ、資本主義のもつ意味を考えていくうえに有効な科学となりうるであろう。

そして、ほかならぬ『資本論』こそ、このような「歴史の唯物論的理解」を基礎として展開されたものであることが、あらためて本書から語りかけられる。たとえば、個々の資本家が競争のなかで直接に目的とするのは他の資本家をだしぬくこと（特別剰余価値の追求）であるが、それらの諸行為の客観的帰結は、諸個人の誰もが直接には意図しなかったこと、すなわち社会的生産力と搾取率の上昇（相対的剰余価値の生産）という歴史法則となってあらわれること（第一点）。また第二点、すなわち、「人間が経済的範疇〔見えない強い力〕のたんなる表現＝人格化としてあらわれるという関係をとくこと」は、なかんずくⅥ章「資本と人間の再生産」において、（「教育」の意味を問いながら）示される。そしてそのさい、「経済的範疇の人格化として人間の行動を摑むということは、経済的範疇や法則に含まれる矛盾を、自覚し、止揚するのも、また、人間であるということの確認を同時に意味する」ことが、指摘される。

この点について考えてみよう。そもそも、商品・資本・賃労働等々の経済的諸範疇は、ちょうど資本主義そのものがポジ・ネガ・ポジにおいてとらえられたように、歴史貫通的規定と特殊歴史的規定との矛盾をはらんだ統一体として、つかまれねばならない。たんに商品範疇について使用価値と価値との矛盾的統一だと指摘するにとどまらず、たとえば賃労働範疇についても、労働＝物質代謝というポジティヴなものが賃労働としてネガティヴに発現し、逆にその否定的発現を通じてポジティヴなものが展開する、そういう緊張をやどした範疇として把握されねばならない。したがってその人格化たる賃労働者は、矛盾した人間として生きるほかない。だがしかし、賃労働者は、個人的にも階級的にも、この矛盾した自己を――したがって範疇および法則の矛盾を――自覚し、ネガティヴな自己を否定しようとするのみならず、資本主義の発展そのものがネガを通じてポジを展開させることによって、賃労働者をして、本来の労働する人間としての取りもどすべき自己をいっそう明確に認識させざるをえない。ああ！　彼の胸には二つの霊が宿っていて、その一方は他方を超克しようとする！

（4）以上、とくに心に突きささった二つのことを述べるにとどまった。『資本論の世界』はこの小評に尽きるものでは、毛頭ない。たとえば、疎外論のマルクスと『資本論』のマルクスが生き生きと統一されていることも、よく指摘されている通りだ。私としては、本書から学んだ資本主義をみる眼を大切にして、今後の研究をすすめてゆきたい。

（一九六七年三月）

『作品としての社会科学』

近年、内田義彦は社会科学に関する書物を二点公刊した。『作品としての社会科学』(一九八一年)と『読書と社会科学』(一九八五年)がそれである。「市民社会」なき日本資本主義への批判から出発しつつも、内田は日本における伝統的文化や現代社会科学の省察へと問いを深めてきた。

いわく、――日本では明治維新以来、市民社会を構成すべき自由かつ独立した個人という考えが主張されたのは、社会科学の領域でなく、むしろ文学の領域においてであった。しかしながら、文学において表現された市民社会の思想は、出世主義かつ利己主義という日本型ホモ・エコノミクスに対する文学者たちの反感ゆえに、当代の経済社会の片隅に追いやられ、その結果、市民社会思想は「非社会的」というかたちをとって、自ら孤立し、あるいは社会から孤立させられていった。他方、ヨーロッパ由来の理論を基礎とした社会科学は、日本人の個人的経験や内面的生活にとっていつまでも疎遠なままにとどまった。要するに、近代日本の精神構造を特徴づけたのは、一方で自らの殻に閉じこもった文学的思惟と、他方で個人の経験と何の関係もない社会科学という、この二つの流れの不幸な共存であった。たしかに今日、社会科学は「高度化」している。しかし、それだけになおさら、社会科学は諸個人が自ら生きるということについて彼らに科学的認識をもたらすものになりえているかどうか、自問して然るべきであろう。内田義彦が市民のための社会科学研究を志向するのは、こういった反省のゆえである。彼はいう。

> 私は、人間的自覚の中軸に社会科学的認識がすえられていなければ、人間的自覚もあやしいし、社会科学もまた本物にはならない、そう考えておりますけれども、実状はほど遠いんで、社会科学の方ではせいぜい政治的意味での社会的自覚どまりで、社会科学に人間的自覚を結びつける発想を好まないし、一般の人は、そういう社会科学界の大勢を反映してのことでしょう、人間的自覚がおよそ問題となるフェーズでは、文学あるいは哲学の方を向いて、社会科学にそっぽをむく。そういう状態です。個人的な体験が社会科学という学問で経験にまで高まる、そういう道を考えなければならない。
>
> （『作品としての社会科学』傍点は内田）

> 「社会科学というもの」はやたらに高度成長するけれども、われわれ一人一人が当面する現象を社会科学的にとらえ社会科学的に処理してゆく上に、社会科学が現にどう役立っているか、という点になると疑いを発せざるを得ません。社会科学は社会の成員一人一人に意味があり有効でなければならないでしょう。
>
> （同、傍点は内田）

社会科学が技術的に洗練されていけばいくほど、普通の市民がそれに近づくことはますます困難になる。加えて現に、「科学」という神聖不可侵なる名のもと、社会科学は各個人の科学的思考を不毛にし、大衆を操作することに奉仕している。たしかにこれは日本だけのことではない。こうした状況は多かれ少なかれ世界中いたるところで見られる。だがしかし、社会科学が大衆を支配し操作する学となる危険度は、西洋と比較して日本ではるかに大きい。というのも日本では、社会科学は個人の各種経験とまったく無関係に教条的に受容されてきたからである。日本ではヨーロッパの社会科学がもっぱら結論のレベルでのみ輸入されてきたのであって、自立的個人の形成というヨーロッパ社会科学の基礎的問題意識を省みることがなかったのだといえよう。

こうした危険を回避し日本に根ざした社会科学を樹立する唯一の方法は、各人がそれぞれ固有の問題と経験から出発しつつ、社会を学問的に把握するよう努めることだ、と内田はいう。各人はそれ固有のやり方で学問人にならなければならない。ということは、「学者」や「専門家」から一方的に押しつけられる社会科学なるものを拒否して、諸個人がそれぞれのやり方で社会科学の創造に参加していかねばならないということだ。言いかえれば、一人一人が社会科学のたんなる受動的な「受け手」でなく、社会科学の「作り手」になっていかねばならないのである。そのとき初めて、内田のいう「作品としての社会科学」が生まれてくる。「作品」ということで、普段の生活と不可分に結びついた学問が意味されており、それは各種学術機関という閉鎖空間での技術的産物でしかない科学とは対立する学問のあり方を指している。

経験科学によって経験は客観的に伝達が可能になりました。その限り、修得は誰にでも——約束にしたがって努力するかぎり——容易になりました。各人がいちいち追体験・追実験をしなくても、学説に通じることによって、ためされた経験をうけとることができます。……経験科学によって経験の客観的伝達の可能性が保証され、だから進歩が可能になる。が、ここにその落し穴があります。経験科学の「経験」が人類そのものの経験といかにずれているか、学者集団によって進められている「経験科学」には現実との対応・フィードバック関係に問題があること、申し上げてきた通りであります。

（『読書と社会科学』）

生きた日常的経験に本当の意味で有用な社会科学を作り上げるためには、一方、「学者」は諸個人がかかえる問題を無視する手合いの専門家根性や縄張り意識を捨て、他方、諸個人は自らの問題を自分で見究めていくべく努力し、こうして問題を科学的概念によって把握するようになることが必要である。それが実現するのはひとえに、学者であろうと市民であろうと、社会の各成員が一人ひとり、自立した責任ある人間として社会に参加していく努力をする時なのだ、と内田はいう。これはまことに困難な道かもしれないが、しかしこれこそ、ありうる唯一の出発点なのだ。結論的に内田はいう。一人ひとりのこうした個人的努力を通してのみ、「自由な個体性」が開花する社会が形成されることになるであろうし、また、マルクスによる未來社会の姿はまさにここにあったのである、と。

マルクスは私的所有の生成と消滅を媒介にしながら自由な個体が開花してゆく次第を歴史において見ました。社会的に結合する自由な個体の開花が自己目的で、私有財産制度の廃棄はそのための——但し絶対不可欠な——手段です。その自由な個体というのは、同時に学問創造の一環を受け持っている者でなければならんと私は思います。学問の単なる受け手であるというようなことでは、いくらひまがあり「文化生活」を享受していても、所詮社会に埋没した人間であって、とても自由な個体なんていうことはできない。自由な人間として特定の仕事を分担し、そのわが事を責任をもって遂行するために、高度に専門的な学問を駆使する。その自由な個体が、「生産手段の共有」の実を上げるためには、どういう装置が必要かという問題の設定と解決に参加してゆく。その循環をもっているのが社会主義だと私はおもう。

（『作品としての社会科学』傍点は内田）

（一九八七年一二月）

『読書と社会科学』

内田義彦という思想家がいた。経済学、とりわけ経済思想史を専門としていたが、その思索は専門において深いがゆえに専門を超え、ひろく市民一人ひとりの魂をゆさぶる言葉となった。たんにそうなったというのでなく、内田自身が一級の専門家でありながら、専門家と素人をつなぐような学問を志し、そのような社会を市民の側からいかに創りあげるかに生涯を捧げた。

一九一三年に生まれ、一九八九年に没しているから、昨年〔二〇一三年〕は生誕百年、今年は没後二五年に当たる。望月百合子〔一九〇〇〜二〇〇一年、評論家・女性解放運動家〕とほぼ同時代人である。『経済学の生誕』『作品としての社会科学』など数々の名著を遺しているが、その仕事の全体は『内田義彦著作集』(全一〇巻＋補巻、岩波書店)に収録されている。生誕百年を記念して最近『内田義彦の世界』(藤原書店)が出版されたばかりであり、そこからは内田思想の深さ、広がり、そして面白さと現代性が存分に伝わってくる。

今、なぜ内田義彦なのか。それを考える手がかりとして、ここでは「読む」ということを素材にしてみたい。内田は自らの対談集に『読むということ』(筑摩書房)という題を付けているし、最後の著作『読書と社会科学』(岩波新書)では「読むこと」が大きなテーマとなっている。「読む」

とは、まずは「本を読む」ことだ。だが重要なのは、本そのものでなく、「本でモノを読む」ことだという。いくら暗記するほどに本を読んでも、その本でモノ（社会や現実）が読めなければ、本を読んだことにならない。論語読みの論語知らず。

だが逆に、私たちは本なしでモノが読めるのか。ここに「本」とは、いわゆる書物に限らず、人間と現実の間の何らかの媒介物という象徴的な意味で使っているが、要するに私たちは素手で、あるいは肉眼ひとつで、モノが読めるようになるのか。それも不可能で、どうしても本（「本」的なもの）に補佐してもらう必要がある。

ところが、現実を読むために本に補佐してもらった途端に、今度は本に溺れて現実を忘れてしまう。本に読まれてしまう。その何とも微妙なあわいのなかで、私たちは本と上手に付き合わねばならないが、内田義彦はそれを「本でモノが読めるように、そのように本を読む」ことが肝心だと説く。

さて、その読みには「情報として読む」と「古典として読む」の二つがあるという。前者は交通標識や新聞などに代表されるような、誰がどこでどう読んでも一読明快で一義的な情報を得る場合の読み方である。後者の「古典として読む」は一読明快ではない。それどころか、同じ文でも人によって読み方がちがうし、同一人のなかでも年齢や時代とともに読み方がちがってくる。情報そのものよりも、むしろ情報を受け取る眼の構造を変え、人びとの生き方を変えるような、そのような読みである。「眼から鱗が落ちた」「あの本が私の人生を変えた」と言えるような読みであり、それに耐える本は、世に「古典」として認められていようといまいと、その人にとっては「古典」である。

内田義彦はこの「古典として読む」ことの大切さを語る。古典は「信」の念がなければ読めない。著者への信と自らへの信と。著者と格闘し自らと格闘するなかで「疑」も生まれよう。初めから本を馬鹿にして信じないがゆえの疑でなく、このように深く信ずるがゆえに出てきた疑こそは、学問においても人生においても大いなる飛躍への芽となる。そういう「古典」を持つことによって、各人の人生は深まってゆく。内田義彦はそう語る。

あらためて、今、なぜ内田義彦か。何よりも「古典として読む」という風習が失われてしまったのが、現代である。情報化社会とかいうことで情報は氾濫しているが、私たちはその情報に振り回されるだけで、情報を読み分ける眼を持っていない。古典よりも情報、そして本よりもスマホ、の時代である。しかし同時に、私たちには「このままでいいのだろうか」といった内面の声も聞こえてくる。とりわけ感受性のするどい大学生や、身近な問題を真剣に考えようとしている人びとにあっては、そうした内面の声がどこかで響いているはずだ。その声に自ら真摯に向き合おうとするとき、私たちはおのずから「内田義彦を読む」ことの意味を悟ることになろう。

(二〇一四年五月)

第Ⅲ部　内田義彦への招待

宇野重吉氏と、1982 年

宇野さんは、「逆なで」という、うまいことをいっておられて、流石(さすが)にと感心しているんですけれども、「逆なで」がそうですね。「はてな」という疑問、字面にはこう書いてあるけれども考えてみるとそれはおかしいという疑問は、チェーホフほどの人が、そんな矛盾したこと、あるいは彫りの浅い死んだ言葉を書くはずがないという、作者への深い信の念が裏に無ければ出てこないし、出たとしても、ほんとうに解くべき疑問として、その一句の解読氷解に役者生命をかけて心を砕くという行為は出てきませんね。作品理解に払った努力は必ず酬(むく)いられるはずという信念がなけりゃ。

(「創造としての読み」、初出一九八二年、『読書と社会科学』『内田義彦著作集 第九巻』所収)

1　内田義彦主要作品案内

以下で取りあげる書物は、内田義彦の単著書に限定し、また教科書的色彩の強いもの、小冊子的なもの、対談集は除外した。

『経済学の生誕』（未來社、一九五三年）

内田義彦の最初の著作にして、彼の名を一躍世間に知らしめた代表作。時に内田は四〇歳。主著中の主著。序説につづいて、本論は「前編　経済学の生誕――旧帝国主義批判としての『国富論』」「後編『国富論』体系分析」からなる。前編では、スミス経済学の生誕を、イギリス重商主義以来の経済学の流れのなかからでなく、ホッブス、ロック、ルソーという市民思想のなかからとらえ直し、重商主義的な「上からの近代化」批判の思想家としてスミスが描かれる。それが「旧帝国主義批判としての『国富論』」ということの意味である。後編はスミスの価値・剰余価値・資本蓄積の理論をマルクスと対置させつつ分析している。スミス研究を一新させた書であり、内容はかなり専門家向き。これによって内田は、スミスを思いきりふくらませたうえでマルクスと対置してみるという、独自の視点を確立。そこには同時にまた、戦争へと突進した戦前・戦中の日本資本主義と、戦後の解放感のなかで階級闘争を絶対視したマルクス主義とへの両面批判がこめられていた。

なお、内田は『生誕』出版と同時に、『出版ニュース』誌に本書の趣旨と抱負を次のように語っている。現在では入手困難な文献でもあり、また『内田義彦著作集』にも収録されておらず、「著作目録」（著作集第一〇巻に所収）にも記載がないので、全文を引いておく。

> イギリス経済論（ママ）〔正しくは経験論〕をのりこえること、しかもそれを経済学の深みにさかのぼっておこなうこと、それがこの研究の奥にあるテーマである。ぼくはそれを、歴史の科学としてのイギリス経済学の批判的叙述のなかでおこなおうとした。この本はその第一部であり、「国富論」を旧帝国主義批判の書として見ようとした一つの試みであると同時〔に〕、後続の「一八一五年の過渡的恐慌とベンサム＝リカードウ体系」「一八四八－四九年の革命＝反

革命におけるマルクスとJ・S・ミル」の研究に対する方法的な序説でもある。ぼくは、この研究で、従来法学とか歴史学とかいった社会科学の他の部門と切りはなされていた、経済学研究のワクを外して、それらの諸領域の研究者との討論の共通の広場をつくってゆきたいと考えている。

（『出版ニュース』第二五三号、一九五三年一一月、二〇頁）

前半の指摘は『生誕』あとがきの冒頭部にも見られるものであり、内田のスミス研究が広くリカードウ、ベンサムやマルクス、J・S・ミルまでをも視野におき、それらの研究への方法的序説として位置づけられるべきものであったことを示唆している。その後の内田にあってはしかし、『経済学史講義』（未來社、一九六一年）などでリカードウやマルクスへの論及はあっても、結局、ここに示された当初構想どおりの形では仕事は進められなかった。引用文の後半では、狭き専門としての経済学の枠を乗りこえて、他の社会科学諸部門との対話と交流のなかで人間の学を作り上げていこうという意思と抱負が示されており、まさにその後の内田義彦の原像が映し出されている。

『資本論の世界』(岩波新書、一九六六年)

『資本論』関係の出版物のなかでは、おそらく日本でいちばんよく読まれているロングセラー。『資本論』にはこう書いてありますといった教科書的記述を排して、『資本論』を使ってみることによって、資本主義の現実が私たちにどう見えてくるかといった視点から説かれている。例えば、近代社会を見る際、スミスが「階級的搾取があるにもかかわらずなぜ富裕が一般化するのか」と問題を立てたのに対して、マルクスは逆に、「豊富な生産力にもかかわらずなぜ搾取や貧困がなくならないのか」と問う。近代社会の特徴として、スミスもマルクスも同じ二つの事実を見ている、――「豊富な生産力」と「階級的搾取」と。

しかし、同じ事実を見ていても「問題の理論への送りこみ方」は、スミスとマルクスでは一八〇度逆転する。

スミスは「なるほど搾取や不平等はあるがしかし未開社会とくらべたらみなが富裕だ、それはなぜか」と問いを立て、それは近代では「分業」が発展しているからだ、と答える。マルクスは逆に、「近代はせっかく高い生産力を実現したというのに、なぜそれが支配・不平等・貧困を生むかたちでしか存在しえないのか」と問うて、それは近代では「資本」「利潤追求」が支配しているからだとする。分業を始点におくスミスと、資本の秘密に迫るマルクスの違いは、時代背景の違いもあるが、同時にこうした「問題の理論への送りこみ方」に由来しているのだと内田はいう。

こういう大局的な見方を踏まえたうえで、内田は『資本論』の中身に入っていく。そのとき本書が意図するのは、『資本論』を労資の階級関係一本やりの視点で読む通説を排して、新しい『資本論』の読み方を提起することである。階級関係なるものの奥底には人間‐自然の関係があり、また人間‐人間の日常生活的な関係がある。そういった歴史＝社会の根っこを十分に見据えることがまず肝心なのだ。そのような歴史を貫通して存在する人間と自然との社会的物質代謝過程（労働過程）を基礎に据えること、そしてそのうえで、これが資本主義ではどう歪められ、その歪みのなかから新しい社会形成の要素がどう芽吹いてくるかを問うていく。それがマルクスの『資本論』なのだと語る。

『日本資本主義の思想像』（岩波書店、一九六七年）

毎日出版文化賞受賞作。スミス、マルクスといったヨーロッパ思想と並んで、内田義彦は明治以降の日本の思想史への関心を深めていたが、本書はその最初の成果を示すもの。関心の軸は「市民社会」の問題。つまり、西欧に遅れをとって「近代化」した日本において、コネや特権を排し、自らの能力や努力を基盤にした人権・自由・平等の市民社会を求める思想が、不純物を伴いながらもどう形成されてきたのかを問う。徳富蘇峰、山路愛山、徳冨蘆花、河上肇のほか、関連してスミス、マルクス、ウェーバーにも筆が及んでいる。

「純粋力作型経済人」「市民社会青年」「前近代と超近代の癒着」といった独特の――しかし以後各方面で引用されることになる――概念や見方を打ち出し、また河上のうちに「西洋は天賦人権、人賦国権、日本は天賦国権、国賦人権」「日本は国主国、西洋は民主国」の文言を発掘し、これを現代（当代）日本批判のなかに生き返らせた。

いくつか独立に発表された文章からなる本書のなかで、ひときわ光彩を放っているのは、冒頭の「日本思想史におけるウェーバー的問題」、第三章の「明治末期の河上肇」、そして最後の『資本論』と現代」などであろうか。「ウェーバー的問題」の論文は長大にしてやや難解であるが、主として戦時中の日本――つまり内田義彦自身の学的出発点の時期――において、ウェーバーなどを媒介にしながら、市民社会の問題がようやく文学的世界を超えて社会科学の世界で問われはじめたさまを活写した。「明治末期の河上肇」論文は、戦後日本における常識的な河上像――ある程度社会主義的な青年河上が次第に人道主義的要素をうすめていき、遂には戦闘的なマルクス主義者になったといった図式――を批判する。代わって、古い道学者的要素を残しつつも、経済の面ではブルジョア合理主義者として出発した河上が、分業や人間と自然との物質代謝過程という視軸を獲得しつつ、最後には、不変とされていた日本の「国体」が変化していかざるをないという認識に至る過程をフォローする。それが明治末期の河上肇であるが、さてその後の河上はどういう変貌をとげていったのか。その検討はのちの『作品としての社会科学』に託される。最後の「『資本論』と現代」は、『資本論』における価値論の背後にある西洋思想史の伝統を掘り起こし、価値概念が成立してくる前提として「労働神聖観」「人間的共感」「人間的平等」といった思想や観念が成立してくることのもつ意義が強調される。

『社会認識の歩み』(岩波新書、一九七一年)

題名からすると、近代西欧において社会科学が成立し展開をとげてきた、その歴史をフォローした本だと受け取られるかもしれない。半分はそうだといってよいが、しかし、この本の際立った面白さは、そうした歴史を、現代の私たちが物事の社会科学的認識を深めてゆく営みと重ねあわせて説いている点にある。個体発生は系統発生を繰り返す。つまり、「社会科学の歴史上の結節点、結節点を、一人一人の人間のなかで社会科学的認識が成立してくる結節点、結節点と対応させて考える」。

具体的には、運に身をまかせるのでなく賭ける存在としての人間を押し出したマキャヴェリとひっかけて、文章の断片をまずは自分につなぐ読み方の大切さを教える。以下、ホッブスを読みながら断片を今度は全体の体系構築へとつなぐことへと進み、さらにスミスとルソーを題材にして、無時間的・幾何学的な体系から時間の軸を入れた歴史的認識へと深まってゆく。そういう歩みである。

この本が出た頃、内田義彦は本書成立の経緯や意図について「社会科学にあきたらない人に」と題して、『出版ニュース』の「私のベストセラー」欄に次のような文章を寄せている。以下がその全文である。

『社会認識の歩み』は「あとがき」にもあるように、この五月〔一九七一年五月〕に岩波の市民講座で話したものをもとにして書き下したものである。だから、遅筆の私としては珍らしく執筆の期間が短かかった。少なくとも私の実感では一気に書き上げた気がする。しかし他面、熟成期間でいうと、このちいさな本は私の本のなかでも長いものの一つである。その草案と原型は五年前にさかのぼる。

一九六五年と六六年、私はＮＨＫ・ＦＭの教養講座でそれぞれ十回の話をした。その一つ(六五年のもの)のテーマは「マルクス」(これをもとにして書いたのが『資本論の世界』)。

そして、六六年の分がこんどの新書『社会認識の歩み』の原型になる。この本の第二部の標題（「社会認識の歩み」）、また、同じく第二部の構成（第一章、運命へのチャレンジ——マキャヴェリに胚胎する学問。第二章、国家の制作——常識批判としての『リヴァイアサン』。第三章、歴史の発掘——「スミスとルソー」）は、すべてその時の話に由来している。

さいしょの予定では、『歩み』は六六年の『資本論の世界』につづいて出るはずだった。ただし『歩み』ではなく『社会科学の視座』という題で。そして構成からいえば、第一部「社会科学の視座」、第二部「社会認識の歩み」として。こういう題と構成を考えたのは、「社会科学」が高度成長をとげる一方、一般の人にはますます縁遠いものになりつつあること、だから、社会科学の歴史を単に「歴史として」のべるだけでは駄目だという、放送の時からの意図をより強調したいという考慮からである。

それが私を苦境に追いやることになった。

第一部の「視座」と第二部の「歩み」がなかなか交らない苦しみを五年間つづけ、五月の市民講座でやっときっかけと方法の端緒を得た。そして一気に書いたのが本書である。題名は元へもどったが、「視座」の意図はより鮮明になったかとおもう。

『資本論の世界』を私は、『資本論』圏外の読者を狙いに書いた。こんどの本で私が念頭においたのは、社会科学に関心をもちつつ、それにあきたりない思いの人々である。自分のためにという面も強い。多くの人に読んでほしい。それだけに恐い思いも一しおである。が、その恐さこそ著者冥利というべきものであろう。

(『出版ニュース』第八八四号、一九七一年一一月、二七頁。傍点は内田。この文章は『時代と学問――内田義彦著作集 補巻』に収録されているが、同著作集第一〇巻の「著作目録」には登場しない)

「社会認識の歩み」と聞くと、とかく「社会科学の歴史」を書いた本だと受け止められがちであり、事実、その手の通史的な書物は山ほどある。しかし内田にとって「社会認識の歩み」とは、社会思想や社会科学のいわゆる客観的な歴史を記述することではなくて、私たちふつうの市民が成長していくなかで社会を見る眼(視座)をいかにゆたかにしていくかの歩みでなければならなかった。だからこそ、マキャヴェリ-ホッブス-スミス/ルソーという社会科学の系統発生的な歴史が、断片への賭け-体系の構築-歴史の発掘という、各個人が個体発生的に踏まえてゆくべき社会認識の歩みと重ね合わせて提示されるわけである。なお「社会科学の視座」という問題は後年の『作品としての社会科学』(一九八一年)で存分に展開されることになる。

『学問への散策』(岩波書店、一九七四年)

珠玉のエッセイ集。内田義彦にとってエッセイと学問とは互いに循環しあっており、エッセイという散策を裾野として彼の学問が彫琢されていった。散策の範囲は、社会科学諸分野はもちろん、自然科学、文学、音楽、演劇、絵画、あるいはチェーホフ、森鷗外、加藤周一、木下順二、等々、きわめて広く、かつどの文章も深く魂に食い入ってくる。本書に出会って、青春の迷いに光明がさしたという人も少なくないと聞く。

「あとがき」で内田自身が語るところによれば、言いたいことは比較的長文の二論、すなわち「学問創造と教育」と「学問と芸術」に尽きているとのこと。いずれも専門家と素人の関係のあり方を問い、学問が一人ひとりの人間にとって意味あるものになるためには何が必要かを問うている。一、二の印象的な章句を紹介するのがよかろう。

私は、すべての人間が、人間的本性の一つとしてフォルシェンする能力を持っている、そして、巨視的にいえば、将来、すべての人間が、人間の「固有の力」たるフォルシュングの能力を――学者になるかどうかには関係なく――開花させることができるようになるし、そうなるべきだ、と考えています。ところが現実は逆行している。「研究」と「教育」の分化はますます強化され、「研究」水準の上昇を名目として、教育は、いよいよ受け身の、学問とは縁のない、したがって本来の教育とは離れたものになりつつあります。（「学問創造と教育」）

何故芸術家が、つまり芸術が、このように冷遇されているか。それは、一人一人の人間が生きるということそれ自体のもつ絶対的意味、その絶対的な意味にかかわって芸術がもつ（これまた）絶対的な意味が無視されるかぎり、芸術は何らの意味をもちえないからです。人間を手段化する雰囲気の下では芸術は育たない。／芸術を無用視する同じ考えが、学問の中にもひずみをもたらします。人間が生きるということそれ自体にかかわって学問の意味づけが行なわれないかぎり、学問は、学界の権威によりそった学界のための学問になるか、社会的有用性のための、手段としての学問に転落する他ありません。（「学問と芸術」）

他にもやや長めの文章として、「方法を問うということ——看護人的状況としての現代における学問と人間」という名編がある（初出は『看護技術』一九六八年四月臨時増刊号）。内田自身、学問を生産者の側からでなく消費者の側から考えてみなければならないのでないかと考えていた矢先、『看護技術』誌から看護師に向けての文章を、ということで引き受けた文章だ。「一人ひとりの患者を眼の前にして医学というものを考えてみざるをえない立場におかれた看護人を包みこむ問題状況」を眼前にした内田が、その「看護人的状況」は決してたんにひとり看護師の問題ではなく、ひろく「学問と人間」の間にゆれる現代人一般がかかえる問題なのではないかとの問題意識のもと、渾身の力で書きあげた文章だ。内田はのちに「なんとも未熟なエッセイですが、その後の仕事のいわば方向を定めるというぐらいの意味を私にはもっていた」、と述懐している（『形の発見』四〇九頁）。事実、この文章を書いた頃以降、内田義彦の書くものには――『社会認識の歩み』といい『作品としての社会科学』といい――大きな変化が見られる。その意味で、この「方法を問うということ」という文章は、内田義彦理解のコーナーストーンとしてもっと光が当てられてよい。

『作品としての社会科学』（岩波書店、一九八一年）

「もし私の著作を大づかみに二つにわけるならば、『経済学の生誕』と『作品としての社会科学』の二つが、それぞれ時期を劃したものであろう」と、内田義彦は死の一か月半前に記している（『内田義彦著作集』第八巻「後記」）。いわば第二の主著である。大佛次郎賞を受賞した本書は、そのほとんどが大手術後の後遺症と闘うなかで執筆された。

冒頭の「社会科学の視座」では、社会科学が私たち一人ひとりがモノを見る眼を補佐する道具として役立つようになるためには、社会科学はどうあらねばならないかという内田の年来のテーマが、「作品」という言葉を浮かびあがらせることによって切々と説かれる。小説家が一般読者に向かって「作品」を書くように、社会科学者も専門業界向けの「論文」にとどまるのでなく、一般市民の評価と玩味と活用に堪える「作品」を指向すべきだという。他にアダム・スミス、河上肇、中江兆民などが取り上げられ、さらには「自然と人間」と題していわゆる環境問題が考察される。

なかでも河上肇論は「Ⅳ『ある日の講話』の河上肇」と「Ⅴ河上肇——一つの試論」からなり、この両論だけで本書の半分近くを占めている。『日本資本主義の思想像』での「明治末期の河上肇」と合わせて、この三論で内田の河上像——それは通例の河上論とくらべてまことに独創的だ——のほぼ全容が伝わってくる。特に「Ⅴ」は発表当初の原稿（一九七七年）が約二倍に拡充されたものであり、ここで内田は自分史にひきよせて河上を語り、また河上に託して自らを顧みている。といっても、内田は自らを河上と同一視しているのではない。批判的視点をもちつつも、河上のなかに——「不純物」と混ざりながらも——見られる人間と自然との物質代謝過程という視座、分業論・産業論的な歴史観、ブルジョワ的国民主義、そして人間的自覚と自由な個人への希求などを高く評価する。その河上が昭和初期、こういった視点を捨てて、生産関係一本やりのマルクス主義に移ったとき、内田はこれを「いたましい」思いで愛惜している。

内田が河上の魅力として何よりも強調するのは、西洋から続々と輸入される学問を次々と表層的に受け入れては捨て去っていく「着替え」の学問態度でなく、これと自らの「宗教」にさえなった旧思想とを徹底的に対質させつつ格闘し、そのモタモタした歩みのなかで「手作り」の形で新しい思想的境地を開いていくというスタイルである。間違いを犯すかもしれないが、それでもそこには、一人ひとりの人間がモノを見る道具として社会科学を創り上げていくという、「作品としての社会科学」が芽生えているからである。

『読書と社会科学』（岩波新書、一九八五年）

『作品としての社会科学』がどちらかというと専門家向けに書かれたとすれば、本書は同じテーマを一般市民に要請すべきこととして扱ったもの。冒頭の「『読むこと』と『聴くこと』と」は、「読む」という私たちがいつも経験していることを深く掘り下げていく。「本でモノが読めるように、そのように本を読む。それが『本を読む』ということの本当の意味です」（傍点は内田）。

読みのあり方としても「情報として読む」と「古典として読む」の二つがあって、前者は交通標識のように一読明快を旨とするが、後者はそうでない。人によって読み方がちがうし、同じ人でも時期によって読み方が変わる。古典は情報を読む眼を養ってくれるのであり、読み手の眼の深まりとともに読み方も異なってくる。そういった「古典」と格闘しつつ成長することの必要を説く。――こういう読書論に始まって、私たちが自分の眼を補佐するために「概念装置」を手に入れることの必要が、やさしい言葉で語られる。

そのなかで、内田は私たちに、とりわけ若い人びとに切々と訴える。「お互い、危機を生誕の場にするほかない創造現場にある人間の一人として、有効な社会科学の創造に努力しましょう。それにはあい倶(とも)に、専門家意識を捨てて素人の立場にもどり、お互いの発想、お互いの経験の中に伏在する貴重な宝を耳ざとく発掘し育て上げる学問的態度が必要であります。/日本の教育システムでは、成果としての学問の――『能率的』な――伝達に追われて、一人の――自由を目ざす自由な――創造主体として学問活動の仕方をじっくり修得するという作業の修練を怠ってきております。……学問を『学問として』うけとっちゃ駄目だ。ずぶの素人になり切ること。学問によりかからず、自由を希求する一個の自由な人間として、自分の眼をぎりぎり使い、自分の経験を総動員しながら学問にきく。そういう体あたりの努力によって、学問は初めて有効に身についてくるものです」(『読書と社会科学』傍点は内田)。深く噛みしめたい言葉である。

2　内田義彦名言選

内田義彦への何よりの招待は、何からでもどこからでもよいから、内田義彦自身の文章を直接に味わっていただくことである。それへの入口として、以下、「科学」「言葉」「分業」にかかわる内田の名言をいくつか拾い出してみた。タイトルは私のもの。傍点は内田のもの。

科学を考える

科学の眼　人間の眼

物事をつきつめて認識してゆくには二つのそれぞれに重要な局面があって、この二つの局面をどう織り交ぜてゆくかは、とくに社会科学という学問領域ではかなめだといってもいい。一つは分析による正確な認識の面であり、一つは、まるごとの人間がまるごと対象にぶつかることによって生まれる認識の的確さです。

これも私、以前に書いたかあるいはしゃべったことがあって、あるいは読まれた方があるかもしれませんが、学生時代、時局がいよいよ混とんとしてきた時代〔一九四〇年代前半〕、勉強を一所懸命やっていて、しかし、何をどうやってよいかどうしても分からなかったとき、友人に武谷三男さんと野間宏さんがいましてね、その二人に、それぞれ別の方面からコテンパンにやられたんです。

そのころ私は日本経済の現状分析をやっていましたが、計算機を使ってうっかり――数字は覚えていないのででたらめですが、例えば――日本の軍需産業が一二・五%ふえたといったのです。そうしたら武谷さんからやられまして、一二・五%のコンマ五という数字はどこから出てきたのか、こうつめよられて、しまったと思ったのですね。そのころタイガー計算機というのがあって、それをガラガラ廻しているといくらでも出てくるんですよ、コンマ五でもコンマ五六でも。めんどうくさいからコンマ五ぐらいで切っちゃったのですが、コンマ五というのはどういう意味があるのかといわれて返事に窮したわけです。

彼がいうには、「君たちは僕たち自然科学者が数字を一ケタおろすためにどれだけ苦労するか知っているのか」「君たちが知っている程度のことなら十何・何%はおろか一〇%でもいかん、一割くらいという方がいい」というのです。というのは一〇%というと正確らしく聞えましょう。一割というと幅がひろい。だから君たち程度の不正確な知識を正確に表現するには一〇%よりは一割といった方がいい。それを学者づらして一二・五%なんていう言葉をつかうのは「けしからん」というわけです。いわれてみればその通り、返す言葉がないのです(ついでにいいますと、この一割という数字は絶対に一割でなければならないので1割ではこまる。五十歩百歩、あるいは五分五分とはいうが、50歩100歩や5分5分とはいわんでしょう。人格が一まわり大きくなったのであって1まわり大きくなったりは絶対にしない）。このごろ新聞なんかでもよく意識調査などで何コンマ何という数字が出ますが、あれはほんとなのでしょうかね。正確らしくみえるだけのことと違いますか。

社会科学の領域ではもちろん何割ていどでは困るのであって、何%、できれば何コンマ何%という数字が使えるようにならなければならないし、なりたいわけですが、この正確さは、複雑な物事を上手に切ることによって初めて生きるわけですね。

ところで、これとはまったく別の方面から私の議論のあいまいさをついてきたのが文学者の野間宏さんです。

当時私は野間さんともよく議論をたたかわせましたが、野間さんと議論すると、議論では私が勝つんです。とにもかくにも私は社会科学の勉強をしている。ものを切って処理するにはなれていますから、議論は私の方がうまいわけですよ。今ではどうか知りませんけれども、当時はだいたい勝つことが多かったですね、議論するということでは。で、彼は不承不承最後にね、「そうかなあ」というようなことをいう。そこで意気揚々と帰ってくるんです。そこまではいいのだが、夜中に一人になるとね、「そうかなあ」という疑問を含んだ肯定の言葉がはねかえってくるんです。そうするとどうもいかん。野間君の体重がずしりと重く感じられてきて、こっちの体が宙に浮いちゃう。私の議論そのものの空虚さに気づかされるわけです。そこで私は、正確さということのほかに、確かさとか的確さということがあると考えさせられた。

つまり武谷さんは科学的正確さの面で私の議論のあいまいさをついてきた。野間さんによっても私の議論のあいまいさがつかれたわけですが、野間さんは武谷さんのような意味での正確さで私の議論のあいまいさをついてきたのではない。しかし、正確ではないがあいまいとは決していえないものなんですね、野間さんの言葉は。それはまるごとの人間がまるごと対象にぶつかっているなかで生まれる手ごたえの確かさなんです。その確かさに接するとこちらの議論のあいまいさがみえてくる。これを私は言葉の正確さと区別して、言葉の確かさ、的確さと名づけておきたい。私は私の言葉、私の議論のあいまいさを、武谷、野間両氏によって二つの方面からつかれたわけです。

私は社会科学の困難さというものを、そのとき初めて知ったと思います。社会科学という言葉をつかうと、学者だけに縁のあることだと思いちがいをされるおそれがあるので、およそ人間が社会を何らかの形で学問的に考えてゆく場合の困難さというように理解してほしいのですけれども、社会科学にはこの両面がどうしてもいるんですね。つまり一方では武谷さんのいうような正確さを持っていなければならない。たとえばインフレ対策にしても雇用対策にしても一割ぐらいというような大ざっぱな議論ではなくて、なるべくなら一〇%、もっとできれば一〇・何％というような数字を有効数字として使って考えてゆかなければ、有効な手はうてないわけです。だが、それがすべてではない。
一方で、何かこう、何％か何割か知らないけれども、確かに貧しくなってきているなあという事実がある。「理論」で「武装」して不感症になっている人にはわからんかしれないけれども、私どもが先祖からうけつぎ子孫につたえのこしてゆかねばならぬ日本の国土と人間は確かに貧しくなってきていますね。この貧しさの増加は、国民所得の増加を否定するものでもなければ、国民所得の増加によって貧しさの増加という事実が否定されるものでもない。並存する二つの事実です。その二つの極を、あいまいにせず、常にみすえていなければ、社会科学上の推論はできない。どちらか一極を失うと、社会科学はあるいは思想を失った技術論になり、あるいは科学性を失って単なるイデオロギー論になってしまう。科学の眼と人間の眼と、その両方の眼を交錯させなければならない。

（『改訂新版 形の発見』一九三〜一九七頁）

科学的方法の意味と限度

近代科学の方法の本質は、異質の諸要素が複雑にからみあって出来上っている対象を、一定の視角・方法から切り取ることにより、可能なかぎり単純化して観測することにある。切り取り単純化する操作ではじめて科学的に正確な考察ができる。実際に存在するものは時空ともに切り離し難くつながっている具体的なものであるけれども、これを特定の課題の下に一定の視角と方法できちんと切り、定められたチェック・ポイントをもうけて測定しないことには、正確なことは何一つわからない。いわんや数量化は不可能である。A氏の体重とか肺活量ならB氏のそれ、あるいは一年前のA氏のそれとの比較は何パーセント単位でもって数量的に表示可能であるけれども、その生命力が全体としてB氏のそれより（あるいは一年前のA氏のそれより）何パーセントはおろか何割程度大きいとか小さいとかはいいえない。いわんやA氏の人格がB氏にくらべて、あるいは一年前のA氏にくらべて、一〇・五パーセント大きいとか大きくなったなどとは言えないだろう（いかに数字信仰の国でもさすがにそこまでは言わない）。人間を総合的に表示する人格については、せいぜいのところ、ひとまわり大きいとか、ひときわ深くなったとか言えるにとどまる。

　生命力とか、さらには人格とかが、現実的基礎をもたない主観的なものであるかというと、むろん、決してそうではない。治療という、個々の、具体的な存在たる患者を対象とする行為における認識のばあいには、生命力――あるいは自然治癒力ないし復元力の総体――なる数量的にとらえがたきものが、本来数量的なものが優位を占めるこの世界にあってもなお、チェック・ポイントによって測りえたものの総体をこえて厳存することを認めざるをえないであろう。いわんや、人間の総体にかかわり、それゆえに数量化を許さない世界においては、人格という表示は、現実的基礎をもたぬどころか、まさに他に表示方法をもたぬ現実的なものであって、それゆえに、人格がひとまわり大きくなったという表現は――当該のばあいにあてはまるかどうかは別として、表現そのものについて言えば――、科学的に正確な表現ではなくても決して曖昧なものではなく、的確な、あるいは確かな手ごたえを持つ表現なのである（この講座〔岩波講座『文学』〕に即して言うと、X氏の文学がひときわ深みを増したという表現が十分に基礎をもつこと、いうをまたぬであろう）。ただ、そういう表現が対象についての科学的に正確な表現ではない、言いかえれば、そういう表示しか許さぬ具体物の把握は科学の手におえぬ、ということにすぎない。

　科学の方法がそういうものである以上、科学で摑みえたものは具体的なものそれ自体ではない。そのことを意識したうえ、あえて、一定の視角、一定の方法によって学問的対象を具体的なものから切り取る。それ以外に科学的正確さをもって対象に近づく方法はないからだ。科学で認識しえたものと現実そのものとのこうしたギャップは、まともな科学者ならば十分に意識しているけれども、亜流になると、エスタブリッシュメントとしての科学に溺れて物自体を見とどけたと思いやすい。また、そういうふうにして科学的に見とどけたものを、しかもそれだけを、具体物についての科学的認識として信じこみやすい。科学を現実そのものの中から自ら作り出した国ではなく、科学（じつは諸科学）の輸入国、ないしは加工輸出国で、それぞれの分野での受け売り学問に身を固めた学者がいばっている国ではとくにそうである。

（『作品としての社会科学』一八〇〜一八二頁）

科学と人間の相剋

科学は多かれ少なかれ、人間を物として取り扱う側面をもっており、許されれば生体実験をという悪魔的な衝動を内にもった人間によって担われている。この人間の物化は、抽象という作用でさらに人間の量的な把握になる。ここでは、一人一人の生きた患者＝人間は抽象されて、ある——学問的テーマによって、規定された——共通の標識をもつ人間集団が問題であり、個々の人間はその生きた姿においてではなく、抽象的な人間集団の単に一つの細胞（あるいは一例）としてだけ取り扱われる。科学の成果の人間への適用にあたっても、人間が量として捉えられているので、部分的利益よりは「全体的」利益が優先する。そしてこのことは、多数の、あるいは将来の無数の人間の利益という観点から、現在に生きる一人一人の人間を無視することのジャスティフィケイション（正当化）として利用される傾きをもつ。生きた一個の人間が問題ではなくて何々病の治療だけが問題である限り、一人の人間をいま犠牲にしても、それを犠牲にした何々病学の発展により、将来の多くの患者が治されるとすれば、その犠牲は止むを得ぬという正当化が当然に生じる。いや職業意識が進むに従って、ジャスティフィケイションの意識すらなくなってくる。なんらかの「生体実験」的要素を含まぬ新療法があるだろうか。学界の全部が「任務」の大きさに湧き立っている分野ほど、そして、その「任務」の遂行に対する学問的・技術的な膳立てが新機軸・新学説によって整いかけている最前線部隊ほど、生体実験が起りやすい。「生体実験」としてボロが出るのは、九牛の一毛にすぎない。学界では誰もがやっている。おれだけ問題になったのは運が悪かった、あるいはスケープ・ゴートだ、とそういう場合に人はいう。

私はなおここで、科学の世界が一般の人間から独立するとともに、科学者の世界そのものの中でも細分化＝専門化が進むこと、そして科学の世界の中で専門化が進むにつれて、科学研究に従事する専門家自体、視野狭小な部分人間となるばかりでなく、その部分人間としての専門家が専門にかかわりあう人間を見る場合の人間は、いよいよ部分人間化するということを指摘しておきたい。学問が進化すると対象だけが細分化されるのではなくて、研究主体自身が部分人間になるのである。極限状態として医者ではない外科医を考えよ。彼は一人の医者として一人の人間である患者に対するのではなく、一人の外科医として外科の一患者に対する。何々の病根さえ摘出すればいい。それが外科医たるおれの仕事だ。こうした部分人間による部分科学の総合化が試みられても、科学によって部分人間化された人間は救えない。医者でない外科医、医者でない神経医等々の間をさまよい歩かねばならない患者——それはひとり医学界だけのことではない。

人間を物化し量化する科学の方法と操作によって「全体としての科学」が発展し、「諸科学の分化と総合」による「全体としての人間」の生命の存続と充実が可能になったということを、歴史的事実としてわれわれは認めざるをえない。だれが、「医学界」という分業を伴った集団の手による現代医学の恩恵を日々受けていることを否定できようか。が、医学の全体としての発展が、部分人間によって部分人間視され、意識的ないし無意識的な生体実験の対象とされた、無数の生きた人間の人柱の上に立っていることも否みない事実である。

これを、歴史的事実としてのみみるかぎり、歴史は過去の事実でしかなくなる。また「疎外を通じる発展」という便利な哲学用語で整理すれば、事態は「理解」されることによって、そこに潜む問題の核心は抜き去られてしまう。われわれは、このことばの安易な使用を拒否することによって、その意味を掘り出さねばならぬ。

人間を物として取り扱う科学を拒否することもできなければ、それに包み込まれてしまうこともできない――そういった科学と人間との格闘に、他人事としてではなく、その場その場の状況に応じて、しかも瞬時の決断によって、身をもって参加せざるをえないもの、それが現代に生きる人間であり、その人間の宿命を極限状態において日常意識せざるをえない存在として、私は看護人というものを考える。

私は、看護人的状況という言葉で、職業の如何を問わず、科学と人間との相剋を感じ、克服せざるをえない現代の人間的状況を表現したい。

（『学問への散策』三一五〜三一八頁）

学問と芸術の共働

学問の本質は真理への漸次的接近です。論証ずみと見えたものも誤りであるかも知れない。部分的な正確さを失わないとしても、物自体の具体的な把握において決定的なあやまりを犯している場合もありうる。部分的に正確であったが故にそれだけ全体として不正確であったということは、薬や農薬で手いたく知らされたことです。不謬ではないところに学問の本質があります。もし、既成の学問のルートの上で、それもただ精密にしてゆくということならば、学問において想像力のもつウエイトは低くなります。しかし、何らかの創造的な学問をしようとすれば、想像力の役割は、テーマを立てるにあたっても、仮説を立ててまたこれを進めるにあたっても、きわめて大きくなります。事実を無視して想像力を働かせろなんて言っているんじゃありません。想像（イマジネイション）は、空想（ファンシー）ではない。眼にうつらなかった事実が確かな手ごたえを持った事実として見える、そういう想像力についていっているのです。

そうした想像力を養うにも、仮説に仮説として必要な重さをあたえるためにも、学問と芸術との共働が必要です。

人類のあけぼのの時代、未分化な形で結びついていた学問と芸術が人間を支えました。洞窟に残された未開人の画は、これを芸術作品として見れば芸術的にすばらしい。あれはしかし、狩猟をする人間にとっては科学的な記録であったのかも知れない。そこから科学もさまざまな芸術も生れる、人間独自の探究心の所産であったと見ることが出来ます。

（『学問への散策』三七六〜三七七頁）

言葉を考える

日常語と学術語

学問というのは、ある程度習得すれば誰でも獲得できるもの、その意味でやさしい、それが特色だと思う。たとえばソクラテスの偉さは、私たちがどうひっくり返ってみてもそう簡単にはソクラテスのようにはなれない、そこにある。アリストテレスにしてもそうでしょう。しかし学問として追っかけた場合は、簡単ですよ。つまり昔なら、ちょっと別のテーマをやろうと思ったら一生かかったけれど、いまはわりあい簡単にできるんじゃないか。昔は学問というのは天才にしかゆるされなかったけれど、いまは学問というものを真面目に上手にやっていけば、天才でなくてもできる。そういうふうに加工したのが学問だ。したがって学問的伝授は、そういう意味でやさしい。それがひとつ。

それから、片一方の学問以前の社会、つまり単純には経験の世界、——これは日常語を使いますね。この日常語というのは漠然としている面があるけれど、ある意味で極めて精密なんですよ。精密すぎるんだ。たとえば、いま書いていることだけれど、味付けするのに「塩何グラム」なんて言わない。「適当に」と言うでしょう。「適当に」というのは漠然としているけれど、しかし多少とももののわかった調理人がいう場合の「適当に」というのは、「零コンマ何グラム」みたいな、そんな粗雑なことばでは言いあらわせないものを「適当に」味付けして、という意味でしょう。適当に味付けなんかして馬鹿にするな、とよく言ってしまいますが。つまり「適当に」という日常語は、それを含んでいるんですよ。だから「適当に」ということを覚えるためには、十年なら十年やってなければわからない。「零コンマ何グラム」というのには限度がある。

それから、このあたりの山道でひとに会うと、村のひとは「おばんです」と言っていくんですね。あれはちょっと注意してみると、まさにうまい時に、ある距離から、ある大きさで、「おばんです」って言うんですよ。それが私は癪にさわるもんだから（笑）、「おばんです」と言おうと思ってもね、ある適当な距離で、適当な大きさで「おばんです」と言うことは、至難にちかい。これはつまり「適当に」なんだ。

日常語というのはつねにそういう精密な世界にあるんです。ぼやっとしていたら別ですよ。

多少ともまともに生きようと思えば、その「適当に」を覚えようと思ったら、たとえば職人なら職人にならなければならない、ある意味では。そういうふうに日常語は非常に精密なんだけれど、しかし、どういうふうに精密かということを概念的に規定しようと思ってもできないくらいの精密さだから、逆にそれを習得しても他のところへは全然役にたたない。

ところが学術語というのは、そんなに精密じゃない。そのかわり一度規定しておけば、あるところで経験したことは他のところでそのまま使える。それが大づかみにいって学術語という専門語であって、大工さんの専門語とはちがう学者の専門語なんです。学術語というのは本来、そういう便利さをもっている。

アダム・スミスが言っているでしょう。農夫は非常に頭がいる、と。ところが分業的世界になると、そんなに頭がいらない。頭がいらないから粗雑になる、と。つまり学問というのは、ある意味で粗雑であっても済むんだ。粗雑であっても済むくらい、学問は有用なんですよ。そのかわり馬鹿になってしまっても気がつかない。

しかしそういう学問装置を使うということは、ぼくはやはり絶対に意味をもつと思う。だから、学問語がある意味で日常語になっているということが、つまり学術語が日常語のなかに溶けこんでくるということが、いろいろな経験——それぞれの経験としては非常に精密な経験、歪みも含みながら非常に精密な経験——をとにかく媒介し、みなの経験にしていくためには、絶対に必要だと思う。本来はそういうものでしょう。ところが残念なことに、それは歪みですけど、学術語はやはり日常語と分かれて出てきますから、学術語は学者用語として、そういう意味のジャーゴン〔隠語〕になってしまう。学者用語が共通語になってこない。

日本ではとくにそうだし、ヨーロッパでもそうだ。医者のことばはわからない。でも人権の意識いかんで、学者用語はかなり日常語にちかい、たとえばアメリカなんかでは。いかに普通のひとにわかるようにするか。病院なら病院で、あなたがこうしたらこうなりますよということを言わないと、責任をとらなければならない。ですから、専門用語が日常用語のなかにはいるはいりかたは、その意味ではアメリカの方が強い。ぼくはそれも市民社会的現象とみるんだけど、だからその意味では、学術語が日常語のなかにはいりこむ程度、これは市民社会成熟度のひとつのメルクマールになる。ということは逆にね、学術用語がそういうものとして日常用語にはいってくるということを無視して、ぼくは市民社会は考えられないと思う。市民社会をまずそこのところから考えてみる。つまり日常語が学術語とあるつながりをもっているということですね。その意味での学術語を媒介にしながら、一人ひとりの世界とみなの世界をひろげていって、あるいはくっつけていって、ある共通の媒介項をつくっていく。

(『改訂新版 形の発見』二八四〜二八七頁)

何のために専門語を使うのか

平素、学生諸君と経済学の勉強等をしながら考えさせられている面で話をつづけますと、社会科学の勉強を、あまりにも「社会科学というもの」の世界の中でする傾向がありすぎる。社会科学の世界の外に出て、日常の世界との接点で社会科学的にものを見る風習を身につけなければいけないんじゃないか。高度に専門的な社会科学の獲得に気を取られすぎて、自分の眼を使うこと、自分の眼で見るために社会科学を使うことがなおざりにされている。第一、社会科学の専門語を必要以上に使うくせが気になるんですね。論文でもそうですし、研究会やゼミナールでも、やたらに、ふつうの日常語ですむところまで専門語を使う傾向がある。もっと、行けるところまで、自分の言葉でものを言ってみたらどうか。社会科学の専門語を覚え社会科学というものを勉強するのも重要だが、要するに、社会科学も、人間が社会を認識してゆくための一つの迂回手段にすぎない、日常語では考えられないから――やむを得ず――専門語を使うという、あたりまえのことが少々無視されすぎている。

専門語をなくしちゃえとか、外国語を放逐しろなんてことを言っているのではありません。必要なら専門語結構、専門語として輸入語が便利なら、大いに使うべきだと思います。私が言うのは、なぜ、なんのためにこの専門語を使うかをつねに意識して、目的に必要なかぎりにおいて専門語を使う態度が欠けているということです。

専門語を無意識的に、たとえば経済学の方ではこういう用語を使うことになっているからという理由だけで使いつけますと、なぜこの専門語が使われなければならないか、その論理的な理由がはっきりと意識にのぼってきません。同時に、専門語がこのように無意識的に使われるかぎり、いつまでたっても日常使う日本語とはまったく無関係な「社会科学の用語」に止まるでしょう。日常語と専門語のどちらを使うかが問題になる場合、何故という理由を挙げる責任は、日常語の側にではなく専門語の側にある、ということを私は強調しておきたい。挙証の責任が専門語の側におかれ、そういう操作をへた上、意識的に、ぎりぎりこれだけは必要として使われた専門語は、少なくともその人の日本語の文脈の中に、日本語を豊富にするものとして入ってくるはずです。そして、それは、専門語が本当に意味のある専門語になるためにも、つまり社会科学がその人の身についた本物の社会科学になるためにも必要、と私は考えます。……

専門語の使用への「問い」は、でき上がったものとしての学問体系を絶対視し、それを学ぶことをもって学問とするという安易な態度をやめて、自分の眼でものそれ自体をとらえるそのために既成の学問を徹底的に理解し動員するということでないと出てきませんね。「なぜ」という疑問をもち、その疑問を真剣に考えぬいた場合に初めて、専門語は、専門語の体系からなる社会科学は、自分の眼そのものを明確にしてくれるものとして役立ってきます。そうでないかぎり、学問は自分の眼に無関係なものに止まり、眼そのものをその人から奪う役割をも果しかねません。

（『作品としての社会科学』五〇～五三頁）

社会科学と日本語

国民の社会科学ということが言われます。しかし、お互い、日本語にならん文章を読み書きしながら社会科学をやっていて、内容だけ、あるいはテーマだけ国民の社会科学を狙っても、日本の社会科学と本当にいいうるようなものは、まず、出来っこありません。他方、言葉の方でいいますと、日本語が、社会科学の思考を育てあげる機能を果しえていないようでは、言葉として当然持つべき機能をまだ欠いている、といわねばならないでしょう。社会科学が日本語を手中に収めえないかぎり社会科学は成立してこないし、日本語が社会科学の言葉を含みえないかぎり、日本語は言葉として一人前にならない、こう思うんです。

この頃、各方面で言葉の問題が関心をひくようになりましたけれども、この問題側面は、日本語研究者の側も、社会科学者の側も、取りあげておりません。不思議でもあり、残念なことでもあります。しかし、考えようによっては、これも、ある意味では、かえってよかったのかも知れません。何もかも共同研究ばやり、個人研究が古ぼけて受け取られる今日になると、そうも思えてきます。

社会科学の用語を取りいれた日本語の創出という仕事は、社会科学者のなかでたまたま言葉に関心をもっている者が、国語学や言語学その他さまざまな部門の専門家と組んで「共同研究」をやる、といった形でできるような性質のものでは決してない。そうではなくて、社会科学を勉強する人すべて——先生と生徒、作り手と受け手をふくめていうわけで、だからまた国民のすべてと言いかえてもいいわけですけれども、そのすべての人——が、一人一人、他人ごとではなく自分のこととして、社会科学の用語を自分の言葉にとけこませながら社会認識の勉強をすすめてゆく、その総結果として自ら出来上るもの、と私は思うんです。

もちろん、そういう大きな渦を前提すれば、その渦の中で専門家の果すべき仕事、専門諸家の共同研究の果す役割は大きい。不可欠です。しかし、そういう前提を欠いたところで共同研究なるものだけが行なわれても、問題は一歩も前進しない。むしろ百害あって一利なしと割り切っておいた方がいい。

「日本の社会科学の成立と日本語の成立」という、同時に解決されてゆくべき社会的な問題（課題）は、こういうふうに、お互い国民の一人一人が、しんどくはあっても、またそれだけでは所詮素人仕事のうらみはあっても、さしあたってある程度まで一人で解決してゆくべき問題として、個人のなかに結びついて存在しております。この場合、「さしあたってある程度まで一人で」というのは、現在ではという意味ではありません。将来においても、常に、要するに事の本質においてそういうものだと私は思っております。

私は、参加という言葉が、日常的なところから極限状態を含めてのあらゆる意味内容を包含する日本語になるということと、社会科学的思考が国民一人一人のなかに育ってくることとは別問題ではない、つまり、一人一人が賭ける存在主体として社会に参加する人間になるということと、一人一人が社会認識を自分のものにするということ、そして、思想や社会科学の用語を日本語として手中に収めるということは別問題じゃない、同根のものと考えております。同時的に、しかも将来長きに互って解決されてゆくべき社会的な制約条件のなかで、その制約をうけながらやらねばならぬことですから、社会科学の勉強は大変です。しかし、そうであるからこそ、しんどくっても、その多方面の仕事を同時に、さしあたってある程度まで一人でやることが必要です。

（『作品としての社会科学』二二五〜二二七頁）

分業を考える

社会的分業ということ

約二年ばかり前に、ある平和集会で岡村昭彦さん——あの『南ヴェトナム戦争従軍記』の岡村さんです——が、話の結びとしてこういうことを言われました。「魚屋さんが新鮮な魚を提供するように、われわれ写真屋もサラリーマン根性を捨てて、やはりいい写真を読者に提供しなければいけない。読者の方も、果していい写真、いい報道を提供する写真屋なり報道機関であるかどうかを、魚屋をえらぶのと同じように監視していただきたい」——ほぼこういう趣旨のことだったかと思います。この集会では、多くの方が話されそれぞれ感銘をうけましたが、私にとくに鮮烈な印象を与えたのは、ある、飛び入りで立たれた女学生の方の素人に徹した話と、この岡村さんの、まことに職業に徹した話でした。とくに、この結びの言葉に私は大変同感したのでありますが、同時にショッキングでもあった。というのは、魚屋さんにたとえてみると、いったいわれわれ学者は何を作っているか。『資本論』から利潤を引き出しているのじゃ困る（笑）。いや利潤ならまだいい。利潤にはあるカケがある。生産は消滅と再生を意味するのであって失敗すればモトも子もなくなっちゃう。それが利潤なんだが、『資本論』をノレンにしてだまってただ地代をうけとっているんじゃ困るじゃないか。ということが一つ。しかしもっとショッキングだったのは、社会的分業という言葉の持つ意味を、岡村さんにつきつけられたということです。お互い平等な人間なんだから、お前はいい魚を提供する。俺はいい写真を提供する。それを結びつけてゆかねばダメじゃないかということ。現在の機構がその結びつきを妨げているかも知れないが、お互いにやり甲斐のある仕事をしましょうやという気持ちで、失われた結びつきを作ってゆく努力を別にしては、機構の批判はありえないだろうといっていると私には響いたわけですが、これは、社会的分業という、経済学の基本用語としてふだん使いつけていた用語の意味内容を、じつに新鮮に、しかも深いところで正確に伝えている。社会的分業などという言葉が一言も使われなかっただけ、この言葉を経済学の用語として使っていた私にはショッキングであった。そういうことを直接のキッカケにして、私は日常見聞きするいろんなことを社会的分業という概念にひっかけながら考えるようになりました。

（『日本資本主義の思想像』三二一〜三二二頁）

分業における人間のあり方

Guter Mensch, schlechter Musikant という言葉がある。ein guter Mensch, aber ein schlechter Musikant の略。人間（Mensch）としてはいい奴だが、音楽家としてはだめだ、という意味で、日常の会話でよく使われる。むろん、音楽家に対して使われるだけではなく、絵書きや学者や政治家に対しても使われるし、訴訟がうまくいかない時、頼んだ弁護人を指してそういう。Musikant（音楽家）という結びのすわりがいいので、トゲトゲしい感じが柔らげられ、それでいていいたいだけの内容は結構伝わるので、まことに重宝な言葉だ。むろん医者にだって使う。レーニンが、いい同志だが医者としてはねといったという話を、私はきいたことがある。

それに当たる日本語はちょっと思い浮ばない。が、人が仕事を通じて人と交渉を持つかぎり、この種の感情を持たないでいることはまず珍しい。そしてまた、人が人と交渉を持つということは、（それはつまり人が家庭とか職場とかいう社会の中に生きるということに他ならないのだが）、何らかの意味での「仕事」を抜きにしてはありえないし、また仕事は、仕事をする無数の生きた人間との交渉を通じてしか行われないのが常だから、われわれは、仕事を通じて触れ合う人間に対して、直接本人に、またしばしば第三者に、この種の言葉をいろいろと表現を変え、あるいは怒りを言葉の上では隠しながらやたらと使うし、また使わざるを得ない。お料理をやらせるのは惜しいようないい奥さんをお持ちですな等々。

だが、他人に対してご機嫌で使ったこの言葉が、突然、自分自身の中に入り込み、きびしい響きをたてる瞬間がある。という経験をもたぬ人間は、これまた、人が人間であろうとする存在であるかぎり、――というのはつまり、社会科学の用語を導入しておくと、人が社会をなして存在する個体であるかぎりというに等しいのだが――、ないはずである。……

この瞬間において、この言葉は、すり切れた日常会話での慣用句たることをやめ、社会において社会を成しつつ存在する人間的実存のほとんどあらゆる局面を包みこむほどの、奥深い意味をもって現われてくる。大科学者でなくていい。私は科学者としていい人間といいうるか。どうすればまさしくこの瞬間、この状況において、一個のいい科学者たりうるか。私は悪い科学者（看護人）であるのではないか。

「方法を問う」という言葉が意味を持つのは、この瞬間における人間のあり方への問いとのかかわりあいにおいてに他ならない。……

社会科学者は、「分業のあり方」を社会認識の基礎におく。なぜそうか。その底にあるものを社会科学方法論の問題として追究することは別の本にゆだねよう。ここでは、この問題状況は、経済学でいう分業論の問題に関連するんだということだけ指摘しておいて、この局面での人間主体のあり方をなお追究してゆくことにする。——といえば、ピンとこない読者は不親切と思うだろうが、生半可な解説は読者自身の中での「出会い」を断つ。さしあたって読者は、日常、仕事の上でどういう人とどういう交渉をもっているか、逆の面でいえば自分はどういう人に対してどういう仕事を果しているかを、出来るだけ個別的且つ鮮明に思い浮べるよう努力してほしい。そしてそれとは一応別個に、社会科学の勉強としてそれなりに、——ただし、経済学では分業論を基礎にすえているというようなことではなく、なぜ経済学では分業論を基礎にすえて社会を分析しているのだろうかをも考えながら——勉強を進めていってほしい。何時か必ず、その二つの勉強は、——社会的分業のあり方というものの二つの局面での映像は、——ピタリとくっついてくるはずである。

（『学問への散策』三〇六〜三〇九頁）

分業の場としての私

とにかくＩＣＵという孤独な場所で、ぼくがひとりで耐えるほかない苦しみを支え、生物としてのぼくの回復力をひき出してくれたのは——努力を義務づけることによって、可能態にある回復力をひき出してくれたのは、と言い直します——そういう人々の思いです。

経済学上で「分業」という言葉をしょっちゅう使っていたわけですけれども、分業というのをそういう形で知ったのは病院だな。あとで経済学文献を読んでも「分業」という言葉が出てくると、今までとは違ってきましたね。

ぼくはＩＣＵに一週間いたんです。ほかの人は次々に出て行くのにぼくはなかなか出してもらえない。あそこは、人間を生物として取りあつかう場所ですね。むろんその間は、家族や友人には会えない。一人ぼっちでいるわけです。一人ぼっちで闘っている。ところがその一人ぼっちのぼくの闘いが、一人の闘いではない。私を支えてくれている多くの人々があって、そのさまざまな人が織りなしている分業組織の場として私がある、ということをＩＣＵの経験が私に教えてくれた。

家族も友人もそばにいない。社会から直接には切れて孤独でいるということによって、逆に、人間は一人ではないということが見えてきた。社会のなかにいた時には全然見えなかったことです。

夜中に救急車の音がしましょう。すると一人の人間を救うために待ち構えている救急組織——分業の体制——が、私のためにチームをつくってくれたお医者さんのそれなどと一緒に、血液をくださった方、私の救護組織をつくってくださっている方への思いと重なって意識されてくるんですね。そういうことを教わった場所がＩＣＵを一環としてもつ病院という場所でした。

そういう意味で社会的な、人間という特殊な生物が直接には孤独で行なわねばならぬ医療の場で病院はあるわけですね。

マルクスをもち出して申しわけないけど、マルクスは道具とともに、人間が生活をする場所としての自然というものを大事に考えているでしょう。この「場所という自然」概念を病院に即して考えると、むろんあとで考えたことですが、病院には一方で「道具としての医学」みたいなものがあって、その面では看護婦さんもお医者さんとともに、その患者への伝達者ですけど、病院はそのほかに「患者が治る場所」です。

患者が一人ひとり、一人の人間として環境のなかで社会的に物質代謝を行なっている。孤独で、しかし社会的に、そういう場所、つまり「治る場所をつくる」ということがとても大きいんじゃないかな、と思ったんです。病院の体質、そのかもしだす雰囲気次第で、その面は動く。手術をする前の何週間かは、とても大切です。そして手術室から出たあとも……。

経済学では総体としての社会に着目して、社会的物質代謝を考えてきました。しかし、直接には個々人が物質代謝を行なっているわけでしょう。その個々人の物質代謝行為のなかに、いま言ったような形で社会が入りこんでいる。
社会が入りこんだ形で、しかし個々人が治る——一般化すると、生きており「育って」いるわけですね。その、社会と個々人の双方をからませて「生存の場」ということを考える。すると「育つもの」としての人間、育つという人間独特の、変化を含んだ自己同一のあり方がきわだってくるでしょう。それまで、そういうことを意識していなかった。個々人の物質代謝に視点をすえて社会的物質代謝を考える、という視野をぼくはもっていなかったんです。

(『改訂新版 形の発見』三四二〜三四四頁)

結にかえて——分業社会をどう生きるか

「いいお仕事を」

内田義彦さんが亡くなってから、もう三〇年が経ってしまったのですね。専門が同じ経済学という分野だったせいもあって、幸運にも私は大学院生の頃から内田さんにお会いする機会がありました。といっても、そんなに頻繁にお会いしたわけでなく、むしろ私が勝手に内田さんに「私淑」していた、といった方が正確です。いろいろな思い出がありますが、そのなかから一番印象に残っていることを一つだけ紹介します。

内田さんからは何かの折にふれて時々、お葉書をいただくことがありました。そのなかで印象的なのは、最後に「いいお仕事を」と書いて結ばれているのです。普通なら「お元気で」とか「またいつか」といった言葉がくることが多いのでしょうが、内田さんはたいていは「いいお仕事を」なんですね。私自身、自他ともに納得のいくような「いい仕事」が出来ているとはとても思えませんが、内田さんの「いいお仕事を」はそんな私への叱責というよりはお励ましの言葉として受けとめていました。そんな独特な励ましの言葉が、三〇年、四〇年後の今も、私には妙に新鮮な印象として残っているのです。

内田経済学の根底としての「分業論」

前おきはそのくらいにして早速本題にはいります。今日のシンポジウムは、内田さんの多彩多方面なお仕事や深いがゆえに万人に響く思索を反映して、経済学だけでなく分野を越えて各界からのご発言が並んでいます。そのなかで私としてはやはり「経済学者」内田義彦について語るべきだろうと思いますし、そもそも編集部から与えられたタイトルも「内田義彦の経済学」でした。その内田経済学には、もちろんふつうの経済学とは一風変わった独特の味みたいなものがありますし、世間で通例に言われている経済学というものの枠を超えたところに内田経済学はあるのだろうと思っています。

もっとも「内田義彦の経済学」といっても、大変に広く深い内容からなっているので、今日はそのほんの一部の話です。一部ではあるが、同時に「基礎」でもあり「根底」でもあるようなところに焦点を当てます。具体的には「分業論」です。

事実、内田さん自身、「社会科学者は『分業のあり方』を社会認識の基礎におく」と語りつつ、「なぜ経済学では分業論を基礎にすえて社会を分析しているのだろうかをも考えながら……勉強を進めていってほしい」（『学問への散策』三〇九頁）と私たちに求めています。また内田さんの最初の著書『経済学の生誕』（一九五三年）では、『国富論』体系の分析に際して、具体的な分析に入る前に「分析の基礎——分業論」（後編第二章）という章を立てています。経済学の基礎にして根底をなすのは「分業」だということですね。その分業ということをもう少し押し詰めていくと「人間と自然との社会的物質代謝」という、およそ人間的生存の根源的事実にもつながっていきますが、今日はそこまでは立ち入りません。

アダム・スミスの分業論

さきほどの『経済学の生誕』という本ですが、これは「経済学の父」と言われるアダム・スミス研究の書とひとまず言えます。しかし実は大変にむずかしい本です。むずかしいが大変によく読まれている本で、出版後六五年以上経ったいまもなお版を重ねていると聞きます。

さて、スミス『国富論』（一七七六年）が分業論から始まっていることは、みなさんもご存知のことと思います。経済学の歴史上、本格的な経済学は分業論から始まったと言えます。当然、内田さんもスミス分業論には最大の注目をする。いや、スミス論にかぎらず、およそすべての内田作品の根底にはつねに分業論があると言ってもいい。「私は日常見聞きするいろんなことを社会的分業という概念にひっかけながら考えるようになりました」（『日本資本主義の思想像』三一二頁）、と内田さんは述懐しています。

ところでスミス分業論とはこういうことですね。つまり、未開社会では全員が働き、近代社会では働かない者がけっこう多数いる。それなのに近代社会の方が全員はるかに豊かな暮らしをしている。いったい、それはどうしてなのか。こうスミスは問うて、近代社会では「分業」が発展しているからだ、と答える。分業がどれほど生産力を高めるかを、ピン・マニュファクチュアの例を引きながら、生き生きと描いています。一〇名ほどの小さなピン工場だが、各人が別々にピンを作るよりも、分業をするだけで数百倍、数千倍のピンが作れるのだという。工場と同じことが社会全体でも行われていて、その社会的分業（と交換）によって、社会全体の生産力が向上し、人びとに物が豊かに行きわたる。それが近代社会なのだ、というわけですね。

要するにスミスは、「分業は経済社会を豊かにする」と説いた。重商主義による「上から」の個々の政府政策（例えば工業振興策とか輸出奨励策）でなく、人びとの間に「下から」の自由・平等な市場交換がなされるようになれば、そしてそのための法や制度が整備されれば、「見えざる手」の導きによって分業が発展し、社会全体は物的に豊かになっていく。――スミスはそう言った。そして内田さんもまずはそこを確認します（ここでは分配や不平等の問題はひとまず脇に置いておきます）。

内田義彦の問い

内田さんの問いはまさにそこから出発します。では、分業社会のなかで生きるということは、人間一人ひとりにとって、つまり現代を生きる私たち一人ひとりにとって、何を意味するのか。「分業は経済社会を豊かにする」「分業こそが物的社会を豊かにする」とスミスは言ったが、では分業は人間を、人間社会を豊かにしているのだろうか。もしそうでないとすれば、どうしたら「分業が人間社会を豊かにする」ことができるのだろうか。この問いが『生誕』以降の内田さんのなかにずぅーと存在しつづけ、やがて晩年の名著『作品としての社会科学』（一九八一年）のなかで答えの方向性が出されてきます。

問題は分業の生産力効果（ポジ）の裏面にある分業の弊害（ネガ）です。実はスミス自身、分業の弊害を無視していたわけではありません。『国富論』冒頭章では分業がもたらす富の増加を力説したスミスですが、『国富論』も終わりに差しかかるところでは分業の弊害を語ります。分業によって人間は「愚かで無知」になり、人間はある職業で高い腕前を得るかわりに「知的社会的軍事的な徳」が失われてしまうと言っています（『国富論』第五編）。

分業は人びとを無知にし、人びとから知的社会的な徳を奪ってしまう。スミスはそう言いました。内田さんは現代社会を見据えながら、それをさらに一歩進めていきます。スミスの時代とは比較にならないほど、現代は分業が進んでおり、また分業の弊害も進んでいる。そのあたりを内田さんは、専門家と素人の分断（専門家の支配）、日常語と学術語（専門語）の分断、部分と全体の分断など、さまざまな形で問題にしていきます。どの問題も互いに絡み合っていますので、ここでは部分認識と全体認識の切断という切り口から、内田さんの議論をフォローしてみます。

部分認識と全体認識の切断

分業は専門家を生みます。誰もが自分の仕事では専門家になります。専門家は分業社会の全体のなかで、ある一つの部署（部分）を受け持って、それについて素人ではとても及ばないような知識や腕前や人間関係を築きあげて、私たちの生活の役に立ってくれます。そのはずです。

がしかし、専門家が部分における精密さを追い求めていけばいくほど、専門家が扱う対象は狭くなり部分化・細分化していきます。重要なことは、対象の専門化・部分化とともに、主体（人間）も部分化していくということです。人間の視野が狭小化していくのです。こうなるとごく狭い部分の分析から見えたことが、そのまま全体の真理だと思いこんでしまう。部分と全体との関係を見る眼を失ってしまう。

木を見て森を見ずで、一本一本の木は精密に分析し調べ上げるが、木々が生えている全体（森）については無関心であったり、何も知らなかったりする。いや、文字通りの木を見て森を見ずならまだいい。人間についてその一部を見て全体を見ないことだって起こってくる。何々病患者とか、何々党支持者とか、何々科目の成績優秀者とか、とにかく一側面だけを見て、ひとつの生きた人格として人間を見ない。こうした人間の部分視は、人間の物化、数量化、そして手段化へとつながっていきます。科学の世界や専門家の世界ではこれが必要な局面もありますが、そこで終わってはならないはずです。

分業社会はそういった弊害に満ちています。スミスの言葉でいえば、人間がかえって「無知で愚か」になり、「知的社会的な徳」を失ってしまう。他人を部分人間扱いすると、自分自身も部分人間になってしまいます。それがどれだけの多くの悲劇を生んだか。内田さんは薬害問題や公害問題などの例をあげてこれを訴えます。このように部分認識と全体認識の切断というのは、分業社会がかかえこんだ大きな難題です。

どうしたら分業は人間社会を豊かにしうるか（1）

せっかく社会的分業によって経済的に豊かになったとしても、人間が全体を見る眼を失って人間的に貧しくなってしまったら、元も子もないわけです。「人間は、分業という機構により、部分人間として再び自然と社会にうずもれつつある」（『学問への散策』三二一頁）、と内田さんは言います。今日、どうしたら分業による物的豊かさを人間的豊かさにつなげていけるのか。それが内田義彦の根底的な問いでした。

その問いへの解答の糸口を内田さんは二つの点に求めていたように思われます。第一は「仕事」への心構えの問題です。私たちは、収入を得る職業人としてであろうとボランティアなどの活動を通してであろうと、働く人間としては社会的分業の一環を担い、分業全体のなかの一部署を受け持っているわけです（その限りでは部分人間であらざるをえません）。そうであるならば、仕事においてドウデモイイヤ根性を捨てて、お互い、最大限にいい物やサービスを提供しあい、そのなかで働く人間としての共感――さらには専門家（専門人）と素人（顧客）との共感――を作り上げていくよう努力しようではないか、と内田さんは呼びかけます。内田さんの言葉を引けばこうです。

お互い、平等な人間なんだから、お前はいい魚を提供する。俺はいい写真を提供する。それを結びつけてゆかねばダメじゃないか……。現在の機構がその結びつきをさまたげているかも知れないが、お互いやり甲斐のある仕事をしましょうやという気持ちで、失われた結びつきを作っていく努力を別にしては、機構の批判はありえないだろう。

（『日本資本主義の思想像』三三二頁）

つまり人間は、その仕事において、あるいは職業人に徹したところで評価されるべきだし、またそれを通して人間は人間になっていくのだということです。分業社会のなかで与えられた（あるいは選びとった）仕事で、お互い、少しでもいいモノを提供するよう心がけようではないか、ということです。

どうしたら分業は人間社会を豊かにしうるか（2）

第二は、しかし仕事や職業人に徹して本当にいい仕事をするためにも、究極的に必要とされるのは、社会全体への眼であり、その社会のなかで一人ひとりの人間が「生きている」ということのもつ絶対的重みへの眼だ、と内田さんは言います。「かけがえのない一人ひとり」への眼こそが「社会的分業の全体への眼」につながっていくのであって、逆に人間の部分化・手段化は全体への眼を閉ざしてしまう、ということに注意してください。

つまり、人間がもつ他方の重要な事実として、「仕事ができるかどうか」と関係なく、人間は「ただ生きている」ということだけで意味をもつということです。人間を物化し、数量化し、手段化しないで、一人ひとり「生きている絶対的な存在」として接する心がないと、本当によい仕事はできないはずだと言います。「人間としての共感がふつふつとたぎっていなければ、社会的分業という用語は、単に経済学の用語でしかなくなっちゃう」(同三二三頁)。

同じことは、こうも言いかえられます。一人の人間を「百分の一」「千分の一」としての数量化され物化された人間として扱うか、「生きた総体としての一人の人間」として見るか。専門家や科学の世界は往々にして前者に傾いていくが、それが果たして本当に――究極のところで――科学や専門的事業を発展させ、「いい仕事」につながることになるのか。内田さんは鉱山爆発に直面した一人の技術者の例を引いて大略次のように語ります。前にも紹介した文章ですが、何度も何度も嚙みしめるに値する文章だと思います。

鉱山の爆発に際して防火壁の前に立つ一人の人間を思い浮かべてみよ。その壁を閉ざすことによって、壁外の九九人は助かる。が、内の一人は確実に死ぬという事態に、その人は直面している。その人の前には生きた総体としての一人の人間と百分の一としての人間がある。よき技術者、適切な判断者たらずして百人を殺したものは、よき人間とも言えぬ。逆にしかし、よき技術者として九九人を救いえたとしても、一人の人間の生命を意識して断ったといういたみを持ちえない「技術的」人間の発想からは、一人を殺さずして百人を救いうる可能性の探求は絶対に出てこない。その一パーセントの可能性の探究こそ、科学や技術を発展させていくものであり、つまりは本当によい仕事をすることにつながっていく、と。（『学問への散策』三一八頁）

　鉱山爆発と同じような事態は、今日、原発事故、いじめ自殺、医療事故、震災孤独死など、無数にあります。ここにいう「いたみ」には「百分の一としての物化・量化された人間」でなく、「生きた総体としての一人の人間」への思い、「一人一人の生きているということの絶対的意味」への思いがあります。そして、この「いたみ」の思いこそが学問や仕事に本当の意味でのブレークスルーをもたらし、さらに「いい仕事」をしていくための出発点になるのだということだと思います。

　あの医者は他人（ひと）を人とも思ってないヤツだが、こと手術にかけては抜群の腕前を持っている。つまり、人間としてはイヤなヤツだが、専門家としてはスゴイ人だ。――こう、よく言われます。だがしかし、人間としては悪いが専門家としては優秀だという人が、はたして本当に――究極のところで——よき専門家たりうるのか。分業社会に人間的豊かさをもたらすことができるのか。そういった問題を内田義彦は提起しているのではないでしょうか。

「いい仕事」とは

分業による経済的豊かさを人間的豊かさへとつなぐもの、——それは、第一に、職業人（専門人）として「いい仕事」を提供しあうことによる「共感」の形成と、第二に、職業云々と関係なく、一人ひとりが人間として「生きている」という絶対的事実への人間的「共感」の形成と、この二つを分業社会に生きる私たちが前へと押し進めていくことにある、と内田さんは訴えているのだと思います。この二つ、時には矛盾して私たちの心の中で葛藤を引き起こすかもしれません。だがしかし「分業社会に生きる」ということは、私たちがその葛藤を引き受ける覚悟をもつべきだということではないでしょうか。「いたみ」を共有するということではないでしょうか。そして、そこまで問い深めたところに分業論を基礎にした「内田義彦の経済学」の独特の存在感があるのだと思っています。

はじめにもご紹介した、お葉書での「いいお仕事を」の言葉は、いまの私にはそういうものとして響いてきます。

あとがき

「学問」という語ほど内田義彦に似つかわしいことばはない。「科学」というよりも「学問」なのだ。

「科学」というときの「科」は、区分けすること、そして区分けされた一つひとつを意味している。したがって科学とは「学を分ける」ことであり、また区分けされ専門化された個々の学なり法則的・体系的知識なりを指す。内科・外科……、経済学科・経営学科・会計学科などの用語を想起してほしい。これに対して「学問」の方は、細かい語源的詮索は措くとして、この語を素直に理解すれば「学び問う」「学を問う」とも読めるように、それは人びとの「問い」と不可分である。そこには区分けされた知識といった含意はあまりなく、むしろ「学芸を修める」(『広辞苑』)といったように、ある種全般的な、あるいは全人間的な知識や知恵といったニュアンスが含まれていよう。

西洋語で考えてみるならば、「科学」は science であり、それは知識を、とりわけ体系化された知識を意味するものであった。しかし学の専門分化とともに natural science や social science といった語が生まれ、さらには同じ社会科学のなかでも法学、経済学、社会学などへの細分化とともに、社会科学はしばしば social sciences と複数形で表されることが多くなった。他方「学問」の方は science と英訳されることもあるが、「問う」「探究する」というその重要な含意を生かすとすれば、すぐれて inquiry（少し意味を狭めて academic inquiry）の語に相当し、ドイツ語でいえば、内田義彦自身が言っているように Forschung がこれに該当しよう。

冒頭、「科学でなく学問だ」と言わんばかりの言辞をはいたが、もちろんこれは言いすぎだ。内田義彦は右にいう意味での「科学」を否定していないどころか、そのまっとうな発展を心底から希求している。と同時に、科学がともすると陥りがちな部分的知識の絶対化、科学者の部分人間化、科学的結論の受動的受容、それらによる人間精神と社会関係の貧困化を強く戒めているのだ。そして、それを乗りこえるために「学問」の眼、すなわち市民一人ひとりによる主体的な Forschung の必要を訴えているのである。いわば科学を包みこむ学問、学問に裏打ちされた科学、要するに科学と学問の相乗的な好循環こそが、内田義彦が「学問」ということばで語ろうとしたことだった。

そういう含意において、内田義彦の思想は「学問の思想」なのである。内田義彦は「学問の思想家」なのである。こう言ったからといって、このことは、ほとんど内田の代名詞となっている

「市民社会の思想家」内田義彦と矛盾しはしない。内田義彦の思想は「市民社会の思想」であり「学問の思想」なのである。そしてまさに、この「学問の思想」を把持している点で、内田義彦は他の多くの市民社会論者とは区別される。内田にとって「学問」とは倫理や人生の問題であると同時に、なによりも社会形成の問題でもあった。学問による市民社会形成こそが内田思想の根幹にある。内田義彦の市民社会は、すぐれて「学問する市民社会」なのである。

という直感をいだきながらも、私は長らく内田義彦をきちんと論ずることができなかった。論ずるにはあまりに困難な思想家であった。若いとき以来、内田義彦の作品に限りなく魅了され、常日頃から学ばせていただいてきたのは事実なのだが、とても私ごときの手に負える思想家ではなかった。それでも、学会やシンポジウムなどで話す機会を与えられ、また雑誌などから求められるままに書き継いできた大小さまざまな私の内田義彦論を振りかえってみると、一本の線が貫いていることに気づいた。それが右に述べてきたことであり、つまりは「学問」あるいは「学問する市民社会」の思想家という内田義彦像である。本書タイトルを「内田義彦の学問」としたゆえんである。

研究者としての私が最初に公表した文章は、内田義彦『資本論の世界』への小さな書評であった(一九六七年)。その末尾は「私としては、本書から学んだ資本主義を見る眼を大切にして、今後の研究をすすめてゆきたい」と結ばれている。また、内田義彦への追悼文に私は、「いつの日かきっと、わが内田義彦を活写してみたいというのが、私の夢です」と書いた（一九九〇年）。本書でその「活写」が実現しているとはとても思われないが、それでも本書は、いまの私が、そしていままでの私が書きうる精一杯の内田義彦論である。残された課題も多く、特に河上肇論の延長線上にであろうか、後年の内田が三浦梅園、熊沢蕃山に対して強い関心をいだいていたことの意味など、残念ながら手つかずのままである。

本書の精髄は第Ⅰ部「内田義彦の学問」に収められた文章に集約されている。なかでも第1章と第3章はその軸心をなしている。第Ⅱ部「断想・内田義彦」は内田義彦をめぐるエッセイというか、小文を集めている。初出は一九六七年から二〇一四年にわたっているが、ごく大まかながらテーマ別に分類した。第Ⅲ部「内田義彦への招待」は藤原書店編集部の求めに応じて加えたものである。「1　内田義彦主要作品案内」のなかでは、内田著作目録に載っていない内田の文章を紹介することもできた。「2　内田義彦名言選」を編んだのは、私の文章を読むよりも内田義彦の作品に直接当たっていただくのが内田義彦への何よりの「招待」になる、との思いからである。第Ⅳ部「内田義彦論 文献目録」は、内田義彦研究に関するきちんとした文献目録がまだ存在しない現状に鑑み、個人の収集・編集能力には限界があることを覚悟のうえで、あえてここにたたき台として呈示したものである。不備のご指摘はもちろんありがたいが、これを機会に内田義彦研究が――それもフォルシュングとしての内田義彦論が――広がり深まっていけば、と念じている。

書物の最終的な準備段階にある今、日本は、そして世界は、コロナ・パンデミックの危機にある。この大事件は私たちの当面の生活だけでなく、経済や社会を、そして歴史を大きく変えていくことは間違いない。新型ウイルスの蔓延は、「科学」「文明」なるものに驕っていた現代社会が、その根底を支える社会的物質代謝や社会的分業という「生の原基」において、いかに脆いものであったかを白日のもとに露呈した。科学・文明・社会の在り方に対して根本的な反省を迫っているかのようだ。事態の進行はジグザグとしていて予断を許さないが、そのなかで他方、わずかながら光明も見え隠れしている。すなわち今日、誰もが医学・疫学上の専門用語をわが事として学ぼうとし、また専門家も科学的知見を分かりやすく伝えようとしている。内田義彦のいう、科学と学問の好循環の一端と言えるかもしれない。「危機そのものを新しい文明創造の場にすること」(内田義彦)ができるかどうか。危機を奇貨として「学問する市民社会」へと一歩でも前進することを祈るのみである。

この本を藤原書店から出版できることを何よりの喜びに思う。同社社長の藤原良雄さんとは若き日、そう、もう五〇年近く前になろうか、内田義彦論で意気投合し、寝食を忘れて（?）長時間議論しあった。それが最初の出会いであった。以後、私のなかでは「内田義彦」はますます存在感が増してくる一方、なかなか内田義彦像が焦点を結ばないまま重い宿題をかかえるような歳月を過ごしてきた。本書でその宿題が果たされたとは言えないにしても、私としては半世紀来の重荷をやっと一部降ろさせていただいた感がある。この間、藤原さんの変わらぬご厚誼に感謝するのみである。

編集を担当していただいた藤原書店編集部の山﨑優子さんとは、「内田義彦セレクション」（二〇〇〇〜〇一年）の企画でお仕事を共にしていただいて以来、これまた長年にわたって内田企画をはじめとして、各種企画でお世話になってきた。また、内田義彦のご令息にして建築デザイナーの内田純一さんとは、内田遺稿集『形の発見』（一九九二年）の編集でご一緒して以来、いつも的確なご発言に大いに教えられてきたばかりでなく、今回、貴重な資料のご提供を賜った。お二人にも衷心から御礼申し上げたい。

二〇二〇年五月一日

山田鋭夫

初出一覧

序　「生きる」を問う　（初出）藤原書店編集部編『内田義彦の世界——生命・芸術そして学問』二〇一四年、原題「内田義彦『生きる』を問い深めて」

第Ⅰ部　内田義彦の学問

1　河上肇論——「科学」と「学問」のあいだ　（新稿）

2　内田思想の原型——「市民的なもの」と「階級的なもの」のあいだ　（初出）『経済科学』（名古屋大学）第三八巻二号、一九九一年一月、原題「内田義彦論ノート」

3　市民社会論——「交換的平等」と「人間的平等」のあいだ　（初出）山田鋭夫／植村博恭／原田裕治／藤田菜々子『市民社会と民主主義——レギュラシオン・アプローチから』藤原書店、二〇一八年、原題「内田義彦における市民社会——交換的平等と人間的平等のあいだ」

〈補〉内田義彦はどう受け継がれたか——経済学の場合　（初出）山田鋭夫／植村博恭／原田裕治／藤田菜々子『市民社会と民主主義——レギュラシオン・アプローチから』前掲、原題「市民社会論継承の二つの視角——平田清明と望月清司」

第Ⅱ部　断想・内田義彦

小さな橋　（初出）『内田義彦著作集月報2』岩波書店、一九八八年七月

一つのことを　（初出）『追悼・内田義彦』藤原書店、一九九〇年三月（『機』第二号、一九九〇年六

／七月に再掲）
柔軟な精神――内田義彦『形の発見』編集後記　（初出）内田義彦『形の発見』藤原書店、一九九二年九月、原題「編集後記」、原文を一部省略
世紀を超えて――『形の発見』改訂新版へのあとがき　（初出）内田義彦『改訂新版 形の発見』藤原書店、二〇一三年、原題「改訂新版へのあとがき――内田義彦生誕百年によせて」、原文を一部省略
経済学と人間　（初出）『週刊エコノミスト』第九一巻三七号、二〇一三年八月二七日、原題「内田義彦――経済学者の思想と理論〈温経知世 vol. 94〉」
内田義彦のおもしろさ　（初出）『機』第一七号、一九九二年六月
社会科学を「溶かす」こと　（初出）『機』第一一六号、二〇〇一年六月、原題「社会科学を『溶かす』こと――内田義彦の学問世界」
内田義彦の問い　（初出）内田義彦『生きること 学ぶこと』新版、藤原書店、二〇〇四年
「学問」ということ　（初出）『機』第二〇六号、二〇〇九年四月
内田義彦の思い　（初出）内田義彦『学問と芸術』藤原書店、二〇〇九年、原題「〈解説〉内田義彦の思い」
内田義彦は生きている――生誕百年によせて　（初出）『機』第二六〇号、二〇一三年一一月、原題「内田義彦は生きている――内田義彦生誕百年に思う」
今なぜ、内田義彦か　（初出）『機』第一〇四号、二〇〇〇年五月
『経済学の生誕』　（初出）『書斎の窓』第四六六号、一九九七年八月、原題「『経済学の生誕』（内田義彦、未來社）」（一〇〇人の研究者へのアンケート）
『資本論の世界』　（初出）『歴史の理論と教育』第八号、一九六七年三月、原題「内田義彦著『資本

論の世界』を読んで」
『作品としての社会科学』(初出) *Actuel Marx*, no. 2, décembre 1987. 原題 'Y. Uchida à la recherche d'une science sociale <pour les hommes ordinaires>' 仏文を和訳
『読書と社会科学』(初出)『現代女性文化研究所ニュース』第三八号、二〇一四年五月、原題「内田義彦を読む」

第Ⅲ部　内田義彦への招待

1　内田義彦主要作品案内「内田義彦主要作品解説」(藤原書店編集部編『内田義彦の世界――生命・芸術そして学問』前掲、所収)をもとに大幅に増補
2　内田義彦名言選　新編

結にかえて――分業社会をどう生きるか(新稿)　内田義彦没30年シンポジウム「内田義彦の世界」(二〇一九年三月一六日、東京)での報告メモ(原題「内田義彦の『経済学』」)をもとに書き下ろし

第Ⅳ部　内田義彦論 文献目録

著者作成

山田登世子『朝日新聞』2001 年 7 月 8 日.

（17）『**対話 言葉と科学と音楽と**』（谷川俊太郎との共著，内田没後編集，2008 年刊）

（無署名）『日本経済新聞』2008 年 5 月 11 日.

F　資料紹介など

野沢敏治「『健全な常識』が学問を支える――内田義彦『われら何を為すべきか――コロンブスの小さな卵の話』，『文化会議』第 1 号，1946 年 1 月 20 日印刷」『千葉大学経済研究』第 14 巻 1 号，1999 年 6 月.

野沢敏治「内田義彦訳，ローザ・ルクセンブルグ『獄中からの手紙』」（1）（2），『千葉大学経済研究』第 17 巻 4 号，第 18 巻 1 号，2003 年 3 月，6 月.

専修大学図書館編『専修大学図書館所蔵 内田義彦文庫目録』専修大学図書館，非売品，2005 年 3 月.

（無署名）「『内田義彦の世界』――生誕 100 年記念し刊行」『ニュース専修』第 526 号，http://www.senshu-u.ac.jp/library/00_spdata/koho/nsweb/pdf/1407/nsweb_2014_07_02.pdf

小林　昇「内田義彦『作品としての社会科学』を読む」『社会科学年報』第16号，1982年3月．（→『小林昇経済学史著作集』第XI巻，未來社，1989年）
宇佐見義尚『亜細亜大学紀要』第7巻2号，1982年1月．
高田　求『唯物論研究』第6号，1982年4月．
山田登世子『毎日新聞』1992年4月14日（シリーズ私の新古典）．（→山田『都市のエクスタシー』前掲）
井上義朗『週刊ダイヤモンド』第91巻42号，2003年11月1日（名著再読）．

（13）『**読書と社会科学**』（1985年刊）
（無署名）『朝日新聞』1985年2月11日．

野沢敏治『東京新聞』1985年2月15日．

（無署名）『聖教新聞』1985年2月20日．

森田真樹『サンデー毎日』第64巻10号，1985年3月3日．

（無署名）『毎日新聞』1985年3月4日．

鷲田小弥太『週刊読書人』第1573号，1985年3月11日．

（無署名）『週刊東洋経済』第4583号，1985年3月30日．

宮岸泰治『月刊民藝の仲間』第370号，1985年4月．

宇佐見義尚『亜細亜大学紀要』第10巻3号，1985年12月．

（14）『**形の発見**』（没後編集，1992年刊）
島森路子『毎日新聞』1992年9月21日．

相良竜介『東京新聞』1992年10月4日；『西日本新聞』1992年10月11日．

桜井哲夫『日本経済新聞』1992年10月18日．

山本万喜雄『愛媛民報』1992年11月15日．

永井義雄『週刊読書人』第1959号，1992年11月16日．

内田　弘『エコノミスト』第70巻53号，1992年12月15日．

（15）『**生きること 学ぶこと**』（没後編集，2000年刊；新版2004年；新装版2013年）
中村桂子『毎日新聞』2000年7月23日．（→［文献2］，「自分の言葉で考える存在になるには——『生きること 学ぶこと』を読む」）

大野更紗『読売新聞』2013年12月1日．

（16）『**「日本」を考える**』（没後編集，2001年刊）

（無署名）『京都大学新聞』第 1542 号，1971 年 10 月 25 日．

（無署名）『週刊朝日』第 2763 号，1971 年 11 月 12 日．

山之内靖『週刊読書人』第 906 号，1971 年 12 月 20 日．

山本進『エコノミスト』第 50 巻 2 号，1972 年 1 月 11 日．

（無署名）『ニュース専修』第 36 号，1972 年 1 月．

大林信治『経済学史学会年報』第 10 号，1972 年 11 月．

神津善三郎『信濃毎日新聞』1973 年 10 月 22 日．

（10）『**読むということ——内田義彦対談集**』（1971 年刊）
（無署名）『調査時報』第 154 号，1971 年 12 月．

相良竜介『サンデー毎日』第 50 巻 54 号，1971 年 12 月 26 日．

（無署名）『週刊東洋経済』第 3645 号，1972 年 1 月 29 日．

古川　原『エコノミスト』第 50 巻 6 号，1972 年 2 月 8 日．

（11）『**学問への散策**』（1974 年刊）
（無署名）『毎日新聞』1974 年 3 月 25 日．

宮川　透『北海道新聞』1974 年 4 月 14 日．

（無署名）『朝日新聞』1974 年 4 月 22 日．

水田　洋『エコノミスト』第 52 巻 18 号，1974 年 4 月 30 日．

長　幸男『日本経済新聞』1974 年 5 月 5 日．

（無署名）『週刊朝日』第 2902 号，1974 年 5 月 10 日．

（無署名）『マネジメント』第 33 巻 7 号，1974 年 6 月．

（12）『**作品としての社会科学**』（1981 年刊）
今村仁司『エコノミスト』第 59 巻 10 号，1981 年 3 月 17 日．

内田　弘『図書新聞』第 246 号，1981 年 3 月 21 日．

宮崎犀一『東京新聞』1981 年 3 月 23 日．

（無署名）『毎日新聞』1981 年 3 月 24 日．

長　幸男『日本読書新聞』第 2101 号，1981 年 4 月 6 日．

新村　聡『ほん』第 90 号，1981 年 4 月．

大野英二『エコノミスト』第 59 巻 17 号，1981 年 4 月 28 日．

（無署名）『週刊朝日』第 3298 号，1981 年 5 月 15 日．

花崎皋平『週刊読書人』第 1382 号，1981 年 5 月 18 日．

花崎皋平『朝日ジャーナル』第 23 巻 31 号，1981 年 7 月 31 日．

梅津順一『神学』（東京神学大学）第 43 号，1981 年．

小林　昇『週刊読書人』第 390 号，1961 年 9 月 4 日．
（無署名）『エコノミスト』第 39 巻 38 号，1961 年 9 月 19 日．
松尾　博『彦根論叢』第 80/81/82 号，1961 年 11 月．

（5）『**〈経済学史講座第 1 巻〉 経済学史の基礎**』（内田義彦ほか編，1964 年刊）
遊部久蔵『週刊読書人』第 530 号，1964 年 6 月 15 日．

久保田明光『早稲田大学政治経済学雑誌』第 188 号，1964 年 8 月．

（6）『**資本論の世界**』（1966 年刊）
降旗節雄『図書新聞』第 891 号，1967 年 1 月 1 日．

花崎皋平『世界』第 255 号，1967 年 2 月．

平井俊彦『日本読書新聞』第 1393 号，1967 年 2 月 6 日．

横山正彦『週刊読書人』第 667 号，1967 年 3 月 20 日．

山田鋭夫『歴史の理論と教育』第 8 号，1967 年 3 月．（→［文献 5］）

佐々木友芳『読書の友』第 218 号，1967 年 4 月 3 日．

岡崎栄松『立命館経済学』第 16 巻 1 号，1967 年 4 月．

（7）『**日本資本主義の思想像**』（1967 年刊）
（無署名）『朝日新聞』1967 年 11 月 21 日．

長　幸男『図書新聞』第 940 号，1967 年 12 月 16 日．

水田　洋『日本読書新聞』第 1439 号，1968 年 1 月 1 日．（→水田『人のこと　本のこと』ミネルヴァ書房，1984 年）

田中真晴『京都大学新聞』第 1360 号，1968 年 1 月 22 日．

高島善哉『エコノミスト』第 46 巻 5 号，1968 年 2 月 6 日．

長洲一二『毎日新聞』1968 年 10 月 31 日．

（無署名）『毎日新聞』1969 年 1 月 16 日，夕刊．

はやししげる『京都大学新聞』第 1473 号，1970 年 5 月 25 日．

（8）『**〈経済学全集 3〉 経済学史**』（内田義彦ほか著，1970 年刊）
遊部久蔵『エコノミスト』第 48 巻 36 号，1970 年 8 月 25 日．
小林　昇『経済学史学会年報』第 9 号，1971 年 11 月．

（9）『**社会認識の歩み**』（1971 年刊）
（無署名）『読売新聞』1971 年 10 月 11 日．

（無署名）『名古屋大学新聞』第 367 号，1971 年 10 月 14 日．

青田晟一「わが師匠の教室」
内田純一「『うん，良い！』」

E 書評

(1)「**イギリス重商主義の解体と古典学派の成立（上）**」（潮流講座『経済学全集第 1 部』1949 年刊）
水田 洋『一橋新聞』第 431 号，1950 年 1 月 20 日．
行沢健三『民主主義科学者協会京都支部経済部会会報』第 4 号，1951 年 11 月 12 日．

(2)『**経済学の生誕**』（1953 年刊）
水田 洋『日本読書新聞』第 721 号，1953 年 11 月 16 日．

田添京二『成蹊大学新聞』第 21/28 合併号，1953 年 11 月 22 日．

遊部久蔵『三田新聞』第 720 号，1953 年 11 月 30 日．

平田清明『図書新聞』第 224 号，1953 年 12 月 5 日．

行沢健三『関西学院新聞』第 295 号，1953 年 12 月 7 日．

小林 昇『経済評論』第 3 巻 1 号，1954 年 1 月．（→『小林昇経済学史著作集』第 IX 巻，未來社，1979 年）

河野健二『立命館学園新聞』第 649/650 合併号，1954 年 1 月 11 日．

行沢健三『経済学論究』第 7 巻 4 号，1954 年 1 月．

横山正彦『一橋新聞』第 516 号，1954 年 1 月 20 日．

川尻 武『経商論纂』第 54 号，1954 年 2 月．

水田 洋『思想』第 357 号，1954 年 3 月．（→水田『アダム・スミス研究』未來社，1968 年）

（無署名）『エコノミスト』第 32 年 14 号，1954 年 4 月 3 日．

(3)『**古典経済学研究 上巻**』（内田義彦編，1957 年刊）
山﨑 怜『六甲台論集』第 4 巻 3 号，1957 年 10 月．

田中真晴『商学論集』第 26 巻 3 号，1957 年 12 月．

高木暢哉『九州大学新聞』第 411 号，1958 年 1 月 25 日．

(4)『**経済学史講義**』（1961 年刊）
藤塚知義『図書新聞』第 616 号，1961 年 8 月 12 日．

平田清明『日本読書新聞』第 1117 号，1961 年 8 月 14 日．

木下順二「はじめに」
平田清明「追悼 経済学者 内田義彦——その風格と作品」
山本安英「追悼」（→『図書』第 479 号，1989 年 5 月）
尾崎宏次「内田義彦さんとともに」
小林　昇「内田義彦君 人と学問」（→『未來』第 272 号，1989 年 5 月）
野間　宏「わが内田義彦」
大塚久雄「内田義彦さんを偲ぶ」（→『図書』第 479 号，1989 年 5 月）
青田晟一「わたしの中の内田義彦」
村上輝久「たった一日の出会い」
丸山眞男「内田義彦君を偲んで」
木下順二「閉会にあたって」

★『追悼・内田義彦』藤原書店, 1990 年 3 月．（→『機』第 2 号, 1990 年 6/7 月）
野間　宏「日本人そして世界人である稀有の社会科学者」（→［文献 2］）
山本安英「内田先生の『さようなら』」（→［文献 2］）
杉原四郎「内田先生の書簡」
平田清明「薄れゆく感触のなかで偲ぶ」
住谷一彦「或る思い出——自己思考型の内田さん」
田添京二「調査マンとしての内田先生」
羽鳥卓也「晩年の内田さん」
吉澤芳樹「なすべきことをなし終えた内田先生」
内田　弘「内田分業論の精髄」
山田鋭夫「一つのことを」（→［文献 5］）
中村達也「内田義彦先生への思い出」
酒井　進「失語症」
野沢敏治「はげましの言葉」
西岡幸泰「内田先生から医療論も学ぶ」
山﨑　怜「デンノッホ」
谷川俊太郎「三度だけ」
加藤亮三「無垢と剛直と」
山田登世子「内田義彦の軽さ」（→山田『都市のエクスタシー』前掲）
島森路子「やさしかった」
藤久ミネ「〈ことばの勉強会〉の内田義彦さん」
石原重治「逝ってしまわれた」
生田幹夫「一市民として」

加藤亮三「時代を生きた人々への共感」第111号, 2001年1月.（→［文献2］）
福田歓一「今も残る未練の思い」第115号, 2001年5月.（→［文献2］）
遠藤郁子「個の中にある社会」第116号, 2001年6月.

★内田義彦『学問と芸術』（藤原書店, 2009年）へのコメント・解説
中村桂子「『生』のある知へ——私にとっての『inquiry』」
三砂ちづる「手段にしないで生きるということ」
鶴見太郎「想像力と仮説」
橋本五郎「『人間の学としての社会科学』を求めて」
山田登世子「学問なき芸術の退屈さ」（→山田『都市のエクスタシー』前掲）
山田鋭夫「〈解説〉内田義彦の思い」（→［文献5］）

D　追悼・追想

西島建男「ある経済史家の死——内田義彦さんを偲ぶ」『朝日新聞』1989年3月22日夕刊.
寺田光雄「内田義彦氏を悼む——社会科学と対象化」『新潟日報』1989年3月24日ほか（→寺田『生活者と社会科学——「戦後啓蒙」と現代』2013年）
西谷能雄「内田義彦氏と『経済学の生誕』」『図書新聞』第636号, 1989年4月8日.
平田清明「追悼 内田義彦先生——お別れのことば」『週刊読書人』第1778号, 1989年4月10日.
平田清明「内田義彦教授の仕事と思い出」『経済セミナー』第413号, 1989年6月.
小林　昇「内田義彦会員を悼む」『アダム・スミスの会会報』第59号, 1989年9月.
水田　洋「内田さんとのつきあい」『アダム・スミスの会会報』第59号, 1989年9月.
吉澤芳樹「日本の社会科学を目指した経済学史家——内田義彦先生を偲ぶ」『経済学史学会年報』第27号, 1989年11月.
福島新吾「内田義彦——What was he ?」『専修大学社会科学研究所月報』第447号, 2000年6月.

★『私の中の内田義彦〈内田義彦著作集第10巻別冊〉』（1989年3月30日「内田義彦さんを偲ぶ会」記録）, 岩波書店, 1989年11月.

杉原四郎「二本足の経済学者」『月報 4』1988 年 11 月.
石田　雄「言葉と発想方法」『月報 4』1988 年 11 月.
長　幸男「経済学批判の人・内田さん」『月報 4』1988 年 11 月.
江藤文夫「対談が対談になるとき」『月報 5』1989 年 1 月.
島森路子「こわかった」『月報 5』1989 年 1 月.
大野英二「内田義彦さんと私」『月報 5』1989 年 1 月.
福島新吾「遊び友達」『月報 6』1989 年 3 月.
住谷一彦「内田さんのことども」『月報 6』1989 年 3 月.
山之内靖「アダム・スミスと古代史の知恵」『月報 6』1989 年 3 月.
尾崎宏次「内田さんは Regisseur」『月報 7』1989 年 5 月.
吉澤芳樹「ありじごく」『月報 7』1989 年 5 月.
宮崎犀一「経済学史の内田的方法」『月報 7』1989 年 5 月.
杉浦明平「未来の会」『月報 8』1989 年 7 月.
玉垣良典「『自由の季節』の内田さん」『月報 8』1989 年 7 月.
西島建男「『と』の思想家」『月報 8』1989 年 7 月.
木下順二「いま思うこと」『月報 9』1989 年 9 月.
羽鳥卓也「対話のなかから」『月報 9』1989 年 9 月.
内田　弘「内田さんのある寸言」『月報 9』1989 年 9 月.
小林　昇「生残者と『生誕』」『月報 10』1989 年 11 月.
山﨑　怜「的確性について」『月報 10』1989 年 11 月.
唄　孝一「病床体験の重さ」『月報 10』1989 年 11 月.

★『内田義彦セレクション』(藤原書店) 推薦文 (『機』第 104 号, 2000 年 5 月)
木下順二「柔軟な精神の鋭さと深さ」
中村桂子「経済の原点——生き方を示す知」
石田　雄「日本語と『社会科学の視座』」
杉原四郎「『貧乏物語』の新版を書きえた人」

★リレー連載「内田義彦とわたし 1 〜 8」(『機』第 106 〜 116 号, 2000 年 7/8 月〜 2001 年 6 月)
住谷一彦「内田義彦の青春」第 106 号, 2000 年 7/8 月. (→ [文献 2])
江藤文夫「日常を学問する」第 106 号, 2000 年 7/8 月. (→ [文献 2])
天野祐吉「内田さんを聞く」第 107 号, 2000 年 9 月. (→ [文献 2])
水田　洋「『悪口の一つも』」第 108 号, 2000 年 10 月.
野沢敏治「笑いと認識」第 109 号, 2000 年 11 月. (→ [文献 2])

山田鋭夫「『学問』ということ」『機』第 206 号，2009 年 4 月．（→［文献 5］）
小野寺研太「『種（たね）』としての市民社会――内田義彦における『近代』の論理」『創文』第 532 号，2010 年 7 月．
山田鋭夫「内田義彦――温経知世 vol. 94」『週刊エコノミスト』第 91 巻 37 号，2013 年 8 月 27 日．（→［文献 5］）
山田鋭夫「内田義彦は生きている――内田義彦生誕百年に思う」『機』第 260 号，2013 年 11 月 15 日．（→［文献 5］）
山田鋭夫「内田義彦を読む」『現代女性文化研究所ニュース』第 38 号，2014 年 5 月．（→［文献 5］）
中村達也「内田義彦とピグーとハロッドと――経済学へのタイムトリップ 第 13 回」『書斎の窓』第 635 号，2014 年 9 月．
山﨑　怜「内田義彦の河上肇論」『山﨑怜先生インタビュー 河上肇と村山籌子のことなど――両人没後 70 年にあたって』（『河上肇記念會会報』第 114 ～ 117 号, 2016 年 5 月～ 2017 年 5 月よりの抜粋合冊）編集代表＝森岡孝二，非売品，2017 年 10 月，所収．

★『内田義彦著作集』（岩波書店）推薦文（パンフレット，1988 年）
大塚久雄「待ち望んでいた著作集」
伊東光晴「専門をこえる知識人としての知の躍動」
花崎皋平「生きた思想が持つ力」
野間　宏「自然と人間を問いつめる学」

★『内田義彦著作集月報』岩波書店，1988 年 5 月～ 1989 年 11 月．
福田歓一「一枚の読者カードから」『月報 1』1988 年 5 月．
平田清明「いま『生誕』に想う」『月報 1』1988 年 5 月．
田添京二「『生誕』のころ」『月報 1』1988 年 5 月．（→田添『虫の居どころ』八朔社，1991 年）
水田　洋「内田さんとその本」『月報 2』1988 年 7 月．
望月清司「内田作品の謎と断片」『月報 2』1988 年 7 月．
山田鋭夫「小さな橋」『月報 2』1988 年 7 月．（→［文献 5］）
加藤周一「内田義彦とはどういう人か」『月報 3』1988 年 9 月．（→『加藤周一自選集』8，岩波書店，2010 年 4 月 ;『加藤周一著作集』18，平凡社，2010 年 9 月）
堀尾輝久「学問と教育を結ぶもの」『月報 3』1988 年 9 月．
中村達也「読み手のコペルニクス的転回」『月報 3』1988 年 9 月．

山田登世子「星の声――聴くことのできる非凡」『朝日新聞』名古屋本社版，1992年11月14日，夕刊．（→［文献2］改題「星の声のひと 内田義彦」；山田『都市のエクスタシー』藤原書店，2018年12月）
伊東光晴「内田義彦『経済学の生誕』」伊東ほか編『近代日本の百冊を選ぶ』講談社，1994年4月，所収．
山田登世子「学問のレッスン〈涙のかたち32〉」『西日本新聞』1994年10月19日．（→山田『都市のエクスタシー』前掲）
杉山光信「『経済学の生誕』（読書 新しいスタート）」『図書』第562号，1996年4月．
只腰親和「内田義彦――独自のマルクス理解で市民社会を提示」藤井隆至編『経済思想――日本史小百科〈近代〉』東京堂出版，1998年，所収．
山田鋭夫「『経済学の生誕』（100人の研究者へのアンケート）」『書斎の窓』第466号，1997年8月．（→［文献5］）
今井弘道「〈体制選択論争以後のマルクス主義〉の二報告に対するコオーディネーターからのコメント」『20世紀の法哲学〈法哲学年報（1997）〉』有斐閣，1998年10月，所収．
山田鋭夫「今なぜ，内田義彦か」『機』第104号，2000年5月．（→［文献5］）
山田鋭夫「社会科学を『溶かす』こと――内田義彦の学問世界」『機』第116号，2001年6月．（→［文献5］）
酒井　進「『内田義彦文庫』の設置によせて」『専修大学図書館だより』第49号，2002年11月．
山田鋭夫「内田義彦の問い」内田義彦『生きること 学ぶこと』新版，藤原書店，2004年，所収．（→［文献5］）
国谷裕子「私のすすめる3冊（『生きること 学ぶこと』）」『学級担任必携 中学教育』2005年7/8月号．
小田中直樹「内田義彦『経済学の生誕』――経済学史学という学問領域の独立宣言」（名著再訪・20世紀日本の経済学編3）『経済セミナー』第616号，2006年6月．
山﨑　怜「内田義彦先生のこと」『大阪又信会報』第45号，2008年10月．
近藤和彦「『社会認識の歩み』（私のすすめる岩波新書）」『図書』第717号，2008年11月．
松本三之介「『読書と社会科学』（私のすすめる岩波新書）」『図書』第717号，2008年11月．
山田登世子「『社会認識の歩み』（私のすすめる岩波新書）」『図書』第717号，2008年11月．

Yamada, Toshio, 'Yoshihiko Uchida and His Thoughts on Civil Society: Between Equality in Exchange and Equality as Human Beings,' in Toshio Yamada, *Contemporary Capitalism and Civil Society: The Japanese Experience*, Singapore: Springer, August 2018.

C 小文

水田　洋「人物スケッチ――内田義彦」『日本読書新聞』第1214号，1963年7月8日．（→水田『人のこと 本のこと』ミネルヴァ書房，1984年）

堀内武雄「内田義彦著『学問への散策』」（予想出典アタックコーナー）『学燈：受験の国語：大学入試マガジン』27（7），1974年7月．

水田　洋「これから読む三冊の本／経済学史――内田義彦『社会認識の歩み』『日本資本主義の思想像』」『経済セミナー』第294号，1979年4月．（→水田『人のこと 本のこと』前掲）

（無署名）「内田義彦氏『作品としての社会科学』――平易な表現を追究，知的厳密さを維持しつつ」『朝日新聞』1981年10月1日．（→ドキュメント人と業績大事典編集委員会編『ドキュメント 人と業績大事典』第4巻，ナダ出版センター，1999年11月）

望月清司「〈内田義彦教授最終講義〉経済学部長挨拶」『専修大学社会科学研究所月報』第235号，1983年2月．

吉澤芳樹「同僚代表謝辞」『専修大学社会科学研究所月報』第235号，1983年2月．

望月清司「献辞」『専修経済学論集』第17巻3号，1983年3月．

Yamada, Toshio, 'Y. Uchida à la recherche d'une science sociale <pour les hommes ordinaires>', *Actuel Marx*, no. 2, décembre 1987.（→［文献5］）

（無署名）「社会科学論の一大パノラマ――『内田義彦著作集』全10巻」『岩波書店営業部だより』第25号，1988年4月．

木下順二「内田義彦のこと」『悲劇 喜劇』（早川書房）第483号，1991年1月．

南堀英二「本は読むべし 読まれるべからず」『図書』第507号，1991年9月．（→［文献2］）

長　幸男「解題」内田義彦『作品としての社会科学』（同時代ライブラリー）岩波書店，1992年2月，所収．

山田鋭夫「内田義彦のおもしろさ」『機』第17号，1992年6月．（→［文献5］）

木下順二「内田義彦について」『機』第19号，1992年9月．（→［文献2］）

杉原四郎「私にとっての内田義彦」『機』第19号，1992年9月．（→［文献2］）

杉山光信「『近代化』と『二つの道』——内田義彦氏の『市民社会』再考」『明治大学心理社会学研究』第 8 号，2013 年 3 月．

寺田光雄「内田義彦の模索——主体化をめぐる視座の旋回」寺田『生活者と社会科学——「戦後啓蒙」と現代』第 2 章，新泉社，2013 年 6 月．

Suzuki, Nobuo, 'Uchida Yoshihiko: A Japanese Civil-Society Economist and Historian of Economic Thought of Postwar Japan', *The History of Economic Thought*（『経済学史研究』経済学史学会）, vol. 55, no. 1, July 2013.

渡辺恵一「内田・小林論争とアダム・スミス研究」『経済学論究』（関西学院大学）第 67 巻 2 号，2013 年 9 月．

山本建雄「優れた言語生活者に学ぶ——内田義彦氏の場合」『国語と教育』（長崎大学）第 38 号，2013 年 12 月．

韓立新「内田義彦」韓立新編『当代学者視野中的馬克思主義哲学——日本学者巻』北京大学出版社，2014 年 7 月，所収．

田中和男「内田義彦における社会認識の『生誕』」出原政雄編『戦後日本思想と知識人の役割〈同志社大学人文科学研究所研究叢書 XLIX〉』法律文化社，2015 年 1 月，所収．

恒木健太郎「内田義彦の『信』——『情報の氾濫』のなかで生きぬくために」『季報唯物論研究』第 131 号，2015 年 5 月．

小野寺研太「『人民』の水平的連帯——戦後初期の内田義彦」小野寺『戦後日本の社会思想史——近代化と「市民社会」の変遷』以文社，2015 年 6 月，所収．

——「戦後社会の文化変容と市民社会論——60 年代の内田義彦」同上所収，2015 年 6 月．

——「内田義彦——戦後啓蒙の『市民社会』論」大井赤亥／大園誠／神子島健／和田悠編『戦後思想の再審判——丸山眞男から柄谷行人まで』法律文化社，2015 年 10 月，所収．

Sakamoto, Tatsuya, 'Adam Smith's Dialogue with Rousseau and Hume: Yoshihiko Uchida and the Birth of the *Wealth of Nation*,' *The Adam Smith Review*, edited by Fontana Forman, vol. 9, London and New York: Routledge, 2017.

高橋　聡「『資本論の世界』を『ふくらませて』読む」『政経論叢』（明治大学）第 86 巻 1/2 号，2017 年 11 月．

山田鋭夫「内田義彦における市民社会——交換的平等と人間的平等のあいだ」山田鋭夫／植村博恭／原田裕治／藤田菜々子著『市民社会と民主主義——レギュラシオン・アプローチから』第 1 章，藤原書店，2018 年 7 月，所収．（→［文献 5］）

Berkeley- Los Angels- London, 2004. 山田鋭夫訳『近代日本の社会科学——丸山眞男と宇野弘蔵の射程』NTT 出版，2007 年）
村上俊介「内田義彦と社会科学——内田市民社会論を中心に」『アソシエ』第12 号，2004 年 2 月.
野沢敏治「日本における戦中・戦後のスミス研究」『千葉大学経済研究』第 18 巻 4 号，2004 年 3 月.
野沢敏治「内田義彦——その原点と『市民社会青年派』」『市場と国家，そして市民社会』(千葉大学人文社会科学研究科プロジェクト報告書第 73 集)，2004 年 3 月，所収.
安孫子誠男「創造現場の内田義彦——野沢敏治・酒井進編『時代と学問 内田義彦著作集補巻』によせて」同上所収，2004 年 3 月.
住谷一彦「『戦後啓蒙』範疇の措定——結に代えて」住谷『日本を顧みて——私の同時代史』未來社，2004 年 7 月，所収.
鈴木信雄「内田義彦——『人間的平等の感覚』に裏打ちされた市民社会論」同編『〈経済思想 10〉 日本の経済思想 2』日本経済評論社, 2006 年, 所収.（→［文献 1］）
竹本　洋「『青年文化会議』の設立と内田義彦」『経済学論究』(関西学院大学) 第 63 巻 3 号，2009 年 12 月.

2010 年代

小野寺研太「内田義彦の市民社会論」『相関社会科学』(東京大学) 第 19 号，2010 年 3 月.
——「日本における市民社会論の生成——戦時・戦後のアダム・スミス受容とその思想的射程」『社会思想史研究』(社会思想史学会) 第 34 号，2010 年 9 月.）
竹本　洋「内田義彦と『青年文化会議』の啓蒙活動」『大阪経大論集』第 61 巻 1 号，2010 年 10 月.
竹本　洋「内田義彦におけるテクストの問題——方法としてのフィクションとレトリック」『経済学論究』第 64 巻 3 号，2010 年 12 月.
新村洋史「社会科学・人間科学における学問論と教養論——内田義彦が提起し続けたものを手掛かりに」『中京女子大学研究紀要』第 44 号，2010 年.
植村邦彦「市民社会派マルクス主義」植村『市民社会とは何か——基本概念の系譜』第 6 章，平凡社新書，2010 年.
野沢敏治「内田義彦の戦間期——『経済学の生誕』を理解するための準備」近畿大学日本文化研究所編『日本文化の攻と守』風媒社，2011 年 3 月，所収.

之内靖／ヴィクター・コシュマン／成田龍一編『総力戦と現代化』柏書房，1995年，所収．（→杉山『戦後日本の〈市民社会〉』みすず書房，2001年，改題「内田義彦における『市民社会』――その成立と戦時動員体制をめぐって」）
野沢敏治「物質代謝の再建――内田義彦の遺産」（1）（2）『千葉大学法経研究』第10巻1，2号，1995年6，9月．
新村　聡「戦後日本の社会科学と市民社会論」『経済科学通信』第80号，1996年2月．
田中秀夫「内田義彦とイギリス思想史研究」『経済論叢』（京都大学）第157巻5/6号，1996年5/6月．（→田中『近代社会とは何か――ケンブリッジ学派とスコットランド啓蒙』京都大学学術出版会，2013年）
田中秀夫「権威の原理と功利の原理――ヒューム，スミス，ミラー」『思想』第879号，1997年9月．（→田中『社会の学問の革新――自然法思想から社会科学へ』ナカニシヤ出版，2002年）
坂本達哉「戦後『市民社会』思想の再検討に向けて」『神奈川大学評論』第26号，1997年．
安孫子誠男「日本における市民社会思想」八木紀一郎／山田鋭夫／千賀重義／野沢敏治編『復権する市民社会論』日本評論社，1998年，所収．

2000年代
吉澤芳樹「河上肇と内田義彦」『東京河上會会報』第73号，2001年1月．

今井弘道「『市民社会』と現代法哲学・社会哲学の課題――第一次〈市民社会〉派の批判的継承のために」今井編『新・市民社会論』風行社，2001年，所収．

野沢敏治「日本市民社会思想と公共性――内田市民社会論の原点とその自己克服」『聖学院大学総合研究所紀要』第24号，2002年2月．

野沢敏治「解題一」野沢敏治／酒井進編『時代と学問〈内田義彦著作集補巻〉』岩波書店，2002年12月，所収．

酒井　進「解題二」野沢敏治／酒井進編『時代と学問〈内田義彦著作集補巻〉』岩波書店，2002年12月，所収．

Barshay, Andrew E. 'Capitalism and Civil Society in Modern Japan: Perspectives from Intellectual History', in Frank Schwartz and Susan Pharr eds., *The State of Civil Society in Japan*, Cambridge University Press, Cambridge, U.K., 2003. (→ 'Social Science and Ethics: Civil Society Marxism', in A. E. Barshay, *The Social Science in Modern Japan: The Marxian and Modernist Traditions*, University of California Press,

山田正範「ウェーバーの『意味解釈』論覚書――内田義彦『作品としての社会科学』によせて」『立教経済学論叢』第25号，1984年6月．
中村雄二郎「読書のドラマトゥルギー――内田義彦氏への手紙」『世界』第474号, 1985年5月．（→『中村雄二郎著作集』第8巻, 岩波書店, 1993年）
Yamada, Toshio, 'La théorie de la société civile: Un nouveau marxisme au Japon', *Critiques socialistes*, No. 1, Automne 1986.
平野喜一郎「ネオ・マルクス主義を受け入れる日本の思想的土壌――内田義彦氏の考え方について」『唯物論と現代』第3号，1989年11月．

1990年代

猪野　滋「内田義彦氏の経済認識のモデルを組み込んだ社会科教科内容の研究」『社会系教科教育学研究』（兵庫教育大学）第2号，1990年10月．

広岡守穂「欲望の自由――内田義彦『経済学の生誕』におけるスミスと市民社会を手がかりとして」『法学新報』第96巻9/10号，1990年．

山田鋭夫「内田義彦論ノート」『経済科学』（名古屋大学）第38巻2号，1991年1月．（→［文献5］）

吉澤芳樹「内田義彦の学問世界――『日本から日本へ』の経済学史研究」『専修大学社会科学研究所月報』第333号，1991年3月．

長　幸男「内田義彦と日本の経済思想像」『専修大学社会科学研究所月報』第333号，1991年3月．

小沼堅司「社会主義と市民社会――内田義彦氏の所説に触れて」『専修大学社会科学研究所月報』第333号，1991年3月．

酒井　進「ラディカル・デモクラットの生誕――初期の内田義彦」『思想』第804号，1991年6月．

安藤隆穂「市民社会と資本主義――内田義彦への一道標」『社会思想史研究』（社会思想史学会）第15号，1991年7月．

後藤康夫「再生産論の具体化における媒介項をめぐって――N.N.N.論文が提起するもの」『商学論集』（福島大学）第60巻3号，1992年1月．

長　幸男「解題」内田義彦『作品としての社会科学〈同時代ライブラリー95〉』岩波書店，1992年2月，所収．

田島慶吾「市民社会派思想の遺産」上・下，『静岡大学法経研究』第41巻3, 4号，1992年11月，1993年3月．

吉澤芳樹「内田義彦と日本経済思想史研究」『日本経済思想史研究会会報』第2号，1993年4月．

杉山光信「『市民社会』論と戦時動員――内田義彦の思想形成をめぐって」山

点――結社形成的デモクラシーの模索」.

B 論説

1940年代

星野芳郎「産業防衛斗争と技術論の焦点――内田義彦,大谷省三両氏に答える」『前衛』第41号,1949年9月.

1970年代

和田重司「二つのスミス論」『経済学論纂』(中央大学)第12巻5号,1971年9月.(→和田『アダム・スミスの政治経済学』ミネルヴァ書房,1978年)

杉山光信「『講座』理論と『経済学の生誕』――内田義彦の『市民社会』についてのノート」『思想』第569号,1971年11月.(→杉山『戦後啓蒙と社会科学の思想』新曜社,1983年,改題「『経済学の生誕』の成立――内田義彦の『市民社会』をめぐって」)

上野俊樹「内田義彦氏の経済学史の方法とその経済学的意義についての一考察」『経済学雑誌』第67巻2号,1972年8月.

加藤周一「学問の包括性と人間の主体性」『世界』第342号,1974年5月.(→鷲巣力編『加藤周一著作集』第7巻,平凡社,1979年,改題「内田義彦の『散策』について」;鷲巣力編『加藤周一自選集5(1972-1976)』岩波書店,2010年)

内田 弘「『資本論』解釈の問題像――内田義彦・小論」『現代思想』第3巻13号(12月臨時増刊号),1975年12月.

平野喜一郎「経済学史研究の現代的課題(上)――内田義彦氏のアダム・スミス研究の検討」『社会科学論集』(高知短期大学)第29号,1975年.

1980年代

後藤康夫「内田義彦『資本論の世界』の理論的意義――日本資本主義のあらたな展開と対抗に即して」『経済科学通信』第28号,1980年7月.

寺田光雄「内田義彦論ノート――社会科学的認識のあり方について」『埼玉大学紀要』社会科学篇,第29巻,1981年.(→寺田『内面形成の思想史――マルクスの思想性』未來社,1986年)

内田芳明「文化受容としてのヴェーバー受容」『歴史と社会』第2号,1983年5月.(→内田『ヴェーバー受容と文化のトポロギー』リブロポート,1990年,特にその第3章「日本におけるヴェーバー受容とマルクス主義」)

長　幸男「人間の学としてのソーシャル・サイエンス」
吉澤芳樹「重さの中の茶目っけ」
山之内靖「戦時期日本の社会科学」
有馬文雄「社会科学と日本語」
田添京二「かけがえのない修行」
山﨑　怜「専門家の素人と素人の専門家」
南堀英二「自然に対する思考方法への興味」
山本稚野子「愛・光・希望としての思考」
永畑道子「旋律としての言葉，その力」
福島新吾「窮屈な読み方の周辺」
福田歓一「日本の社会科学のあり方を問う」
唄　孝一「患者側からの one of them」
玉垣良典「『資本論の世界』生誕の周辺」
石田　雄「主体としての社会科学者の役割」
江藤文夫「『学問と日常』，『芸と思想』の関係」
内田純一「永劫する時の流れ——父とハルさん」
内田宣子「心やさしいあたたかい人」
III　内田義彦が語る
内田義彦の生誕——内田義彦はいかにして内田義彦になったか（山田鋭夫編）
内田義彦の知られざる文章から
内田義彦　覚書世界史年表（1934.4 〜 1941.1）
〈エピローグ〉内田純一「内田義彦の書斎——遺されたものに思う」
〈付〉内田義彦 主要作品解説（山田鋭夫）（→［文献 5］）
内田義彦 略年譜（1913 〜 2013）
内田義彦 著作目録

★［文献 4］野沢敏治／一ノ瀬佳也編『内田義彦へ，内田義彦から』
野沢敏治「まえがき」
小野寺研太「内田義彦の学問論と戦後の市民社会論」.
野沢敏治「内田義彦の合唱活動とその音楽史的位置——『経済学の生誕』成立の一つの軸」.
齋藤英里「大塚久雄を読む内田義彦——『レンブラントの大塚さん』とその周辺」.
野沢敏治「『資本論の世界』を読んで改めて考えたこと」.
安孫子誠男「丸山眞男−内田義彦−平田清明の思想史的関連に伏在する一論

山﨑　怜「内田義彦における音楽」
竹内　洋「ある思い出」
海勢頭豊「内田義彦から程遠い，今の日本」
山田登世子「内田義彦の痛切さ」
稲賀繁美「譬話の伝授――知性の世代相続のために」
田中秀臣「内田義彦の音楽論」
松島泰勝「内田義彦の思想から考える『新琉球学』」
宇野重規「社会科学における新たな文体の創造」
小野寺研太「『内田義彦』はどんな味がしたか」
II―1　内田義彦と私
野間　宏「日本人そして世界人である稀有の社会科学者」
山本安英「内田先生の『さようなら』」
木下順二「内田義彦について」
杉原四郎「私にとっての内田義彦」
福田歓一「今も残る未練の思い」
竹内敏晴「河上肇と内田義彦」
江藤文夫「日常を学問する」
天野祐吉「内田さんを聞く」
住谷一彦「内田義彦の青春」
山﨑　怜「私のなかの内田義彦」
一海知義「内田義彦さんとの往復書簡」
加藤亮三「時代を生きた人々への共感」
中村桂子「自分の言葉で考える存在になるには――『生きること 学ぶこと』を読む」
山田　真「内田義彦から学んだこと」
山田登世子「星の声のひと 内田義彦」
野沢敏治「笑いと認識」
笠井賢一「『三人の隠者』と『えんまさま』」
南堀英二「本は読むべし 読まれるべからず」
朴　才暎「人間的学問のススメ――内田義彦を読んで」
都築　勉「青年文化会議と内田義彦」
II―2　内田義彦を語る夕べ
山田鋭夫「真理のこわさ」
木下順二「専門の違いをこえた共鳴」
川喜田愛郎「人間に関するすべてに関心」

1　以下は内田義彦について論じた文献のリストである．収録対象は，タイトルに「内田義彦」ないしこれにかかわる語を含むもののほか，内容的に内田義彦が相当な比重において論じられている文献とした．

2　A「単行本」（冊子体を含む），B「論説」，C「小文」，D「追悼・追想」，E「書評」，F「資料紹介」などのカテゴリー別に，それぞれ発表年月順に配列した．なお，Aの「単行本」については［文献1］［文献2］……などの略号を付した．

3　初出後に再録・再掲されたものは収録先を（→　）で示した．

4　A「単行本」のうち編書（［文献2］と［文献4］）については内容目次を★のもとに示した．

5　C「小文」，D「追悼・追想」のうち，同一出版物内やシリーズ形式で発表されたものは，発表年月順でなく元の発表形式（総タイトル）ごとに一括して★のもとに示した．

6　この目録は完全なものではないので，今後，補訂の余地がありうる．

A　単行本

鈴木信雄『内田義彦論――ひとつの戦後思想史』日本経済評論社，2010年1月．［文献1］

藤原書店編集部編『内田義彦の世界 1913-1989――生命・芸術そして学問』藤原書店，2014年3月．［文献2］（内容目次についてはA項末尾に掲載）

野沢敏治『内田義彦――日本のスミスを求めて』社会評論社，2016年8月．［文献3］

野沢敏治／一ノ瀬佳也編『内田義彦へ，内田義彦から』発行＝内田義彦を読む会，非売品，2018年10月．［文献4］（内容目次についてはA項末尾に掲載）

山田鋭夫『内田義彦の学問』藤原書店，2020年6月．［文献5］

★［文献2］藤原書店編集部編『内田義彦の世界 1913-1989――生命・芸術そして学問』

〈プロローグ〉山田鋭夫「内田義彦　『生きる』を問い深めて」（→［文献5］）

I―1　〈座談会〉今，なぜ内田義彦か　中村桂子／三砂ちづる／山田鋭夫／内田純一

I―2　今，内田義彦を読む

片山善博「難しい本をどう読むか」

花崎皋平「内田義彦さんから受けた影響」

第IV部
内田義彦論 文献目録

著者紹介

山田鋭夫（やまだ・としお）

1942年愛知県生。1969年名古屋大学大学院経済学研究科博士課程単位取得退学。名古屋大学名誉教授。理論経済学・現代資本主義論。著書に『レギュラシオン理論』（講談社現代新書），『さまざまな資本主義』（藤原書店），*Contemporary Capitalism and Civil Society*, Springer 等。

内田義彦の学問（うちだよしひこ　がくもん）

2020年6月10日　初版第1刷発行©

著　者　山　田　鋭　夫
発行者　藤　原　良　雄
発行所　株式会社　藤　原　書　店

〒162-0041　東京都新宿区早稲田鶴巻町523
電　話　03（5272）0301
FAX　03（5272）0450
振　替　00160‐4‐17013
info@fujiwara-shoten.co.jp

印刷・製本　中央精版印刷

落丁本・乱丁本はお取替えいたします
定価はカバーに表示してあります

Printed in Japan
ISBN978-4-86578-273-8

あらゆる切り口で現代経済に迫る最高水準の共同研究

レギュラシオン・コレクション（全4巻）

ロベール・ボワイエ＋山田鋭夫＝共同編集

1　危　機――資本主義

Ａ５上製　320頁　**3689円**（1993年4月刊）**在庫僅少**◇978-4-938661-69-4

R・ボワイエ、山田鋭夫、G・デスタンヌ＝ド＝ベルニス、H・ベルトラン、A・リピエッツ、平野泰朗

2　転　換――社会主義

Ａ５上製　368頁　**4272円**（1993年6月刊）◇978-4-938661-71-7

R・ボワイエ、グルノーブル研究集団、B・シャバンス、J・サピール、G・ロラン

3　ラポール・サラリアール

Ａ５上製　384頁　**5800円**（1996年6月刊）**在庫僅少**◇978-4-89434-042-8

R・ボワイエ、山田鋭夫、C・ハウェル、J・マジエ、M・バーレ、J・F・ヴィダル、M・ピオーリ、B・コリア、P・プチ、G・レイノー、L・A・マルティノ、花田昌宣

4　国際レジームの再編

Ａ５上製　384頁　**5800円**（1997年9月刊）◇978-4-89434-076-3

R・ボワイエ、J・ミストラル、A・リピエッツ、M・アグリエッタ、B・マドゥフ、Ch-A・ミシャレ、C・オミナミ、J・マジエ、井上泰夫

新しい経済学の決定版

増補新版

レギュラシオン・アプローチ

（21世紀の経済学）

山田鋭夫

新しい経済理論として注目を浴びるレギュラシオン理論を日本に初めて紹介した著者が、初学者のために「レギュラシオン理論への誘い」を増補し、総合的かつ平易に説く決定版。［附］最新「レギュラシオン理論文献」（60頁）

四六上製　三〇四頁　**二八〇〇円**

（一九九一年五月／一九九四年一二月刊）

品切◇978-4-89434-002-2

なぜ資本主義を比較するのか

さまざまな資本主義

（比較資本主義分析）

山田鋭夫

資本主義は、政治・労働・教育・社会保障・文化……といった「社会的なもの」と「資本的なもの」との複合的総体であり、各地域で多様である。このような"複合体"としての資本主義を、国別・類型別に比較することで、新しい社会＝歴史認識を汲みとり、現代社会の動きを俯瞰することができる。

Ａ５上製　二八〇頁　**三八〇〇円**

（二〇〇八年九月刊）

◇978-4-89434-649-9